U0755840

中國史學基本典籍叢刊

宋史全文

三

汪聖鐸 點校

中華書局

宋史全文卷十一

宋神宗一

戊申熙寧元年春正月甲戌朔，日有食之。詔改元。復命武臣同提點刑獄。壬午，詔州縣春首檢視暴骸，給錢葬祭之。丙申，權三司使唐介參知政事。執政坐待漏舍，故事，唯宰相省閱所進文書，介謂曾公亮曰：「介備位政府，而文書皆不知，上若顧問，何辭以對？」公亮乃與介同閱視，後遂以爲常。詔太學增置外舍生百員。初，太學置内舍生二百員，官爲給食。至是，待次而入者蓋百餘人，諫官以爲言，故有是詔。

二月乙卯，孔宗愿子若蒙爲新泰縣主簿，襲封衍聖公。丙辰，种諤奪四官，隨州安置。初，有司奏劾諤擅興生事。詔繫長安獄。諤乃悉焚當路所與簡牘，置對無一語罣人，惟自引伏。司馬光進讀資治通鑑至蘇秦約六國從事，上曰：「蘇秦、張儀掉三寸舌，乃能如是乎？」光對曰：「秦、儀爲縱横之術，無益於治。臣所以存其事於書者，欲見當時風俗專以辯説相高，人君委國而聽之，此所謂利口覆邦者也。」上曰：「朕聞卿進讀終日忘倦。」上謂文彦博等曰：「天下弊事至多，不可不革。」彦博對曰：「譬如琴瑟不調，必改而更張之。」韓絳曰：「爲政立事，當有大小先後之序。」上曰：「大抵威克厥愛，乃能有濟。」

三月癸酉朔，上謂文彦博等曰：「當今理財最爲急務，養兵備邊，府庫不可不豐。大臣共宜留意節用。」又曰：「漢文身衣弋綈，非徒然也，蓋亦有爲爲之耳。數十年間，終有成效，以此言之，事不可不勉也。」乙酉，上謂文彦博等曰：「任人各以所長，乃可立事。至於有過寡行之人，或可使，但不宜使在左右。」乙未，詔河北轉運司預計置賑濟饑民。

夏四月壬寅朔，富弼入見。問以治道，弼以上鋭於有爲，對曰：「人君好惡，不可令人窺測，可窺測則奸人得以傅會其意。陛下當如天之鑒人，隨其善惡，若自取。然後以誅賞從之，則功罪得其實矣。」上稱善。又問北邊事條目甚悉，弼曰：「陛下臨御未久，當先布德澤，且二十年未可言用兵，亦不宜重賞邊功，干戈一起，所繫禍福不細。」上默然良久。又問所先，弼曰：「阜安宇内爲先。」上善之。詔新除翰林學士王安石越次入對。上曰：「方今治當何先？」對曰：「以擇術爲始。」上問：「唐太宗何如主？」對曰：「陛下每事當以堯舜爲法，唐太宗所知不遠，所爲不盡合法度，堯舜所爲，至簡而不煩，至要而不迂，至易而不難。但末世學士大夫不能通知聖人之道，故常以堯舜爲高而不可及，不知聖人經世立法，常以中人爲制也。」上曰：「卿可謂責難於君。然朕自視眇然，恐無以副卿此意。卿可悉意輔朕，庶幾同濟此道。」試爲朕詳言施設之方。」對曰：「願陛下以講學爲事，講學既明，則施設之方不言而自喻。」安石退而上疏，極言累世因循末俗之弊。且謂理財無法。庚申，翰林學士兼侍講呂公著、王安石等言：「竊尋故事，侍講者皆賜坐。自乾興以來，講者始立而侍者皆坐聽。臣等竊以爲侍者可使立，而講者當賜坐。」禮官韓維、刁約、胡宗愈言：「臣等以爲宜如天禧舊制，以彰陛下稽古重道之意。」龔鼎臣、蘇頌、周孟陽、王汾、劉攽、韓忠彥等言：「乾興以來，侍臣立講，歷仁宗、英宗兩朝，行之且五十年，豈可一旦以爲有司之失而輕議變更乎。」上問曾公亮，但稱：「臣侍仁宗書筵亦立。」後安石因講賜留，上面諭曰：「卿當講日可坐。」安石不敢坐，遂已。權判南京留司御史臺劉敞卒。慶曆前，學者多守注疏之學，至敞爲七經小傳始異諸儒之説。後王安石修經義，蓋本於敞。癸亥，孫覺爲右正言，赴諫院供職。上與覺言欲革積弊，覺對：「弊不可不革，革而當其悔乃亡。」他日，上語左右曰：「孫覺頗知理。」

五月癸酉，上謂文彥博等曰：「丁謂、王欽若、陳彭年何如人？」彥博等各以所聞對，因言：「當時修建宫殿皆謂等開之，耗祖宗儲積過半，至今府庫不復充實。」上曰：

「王旦爲宰相不得無過。」韓絳曰：「旦嘗諫，上不從，求去位又弗許。」上曰：「事有不便當極論列，豈可以求去爲是也。」國子監言：「補試國子監生以九百人爲額。」從之。

六月癸卯，以同州明法魏道嚴爲本州司士參軍，前邠州觀察推官狄國賓注擬隴州職官一任。以判永興軍韓琦言：「道嚴唐鄭國公徵裔孫，國賓梁國公仁傑十二代孫。」故也。詔諸路與監司訪尋州縣可興復水利〔一〕，如能設法勸誘興修塘堰圩垾，功利有實，當議旌寵。乙卯，賜知唐州光禄卿高賦敕書奬諭。賦在唐凡五年，比罷，增户萬一千三百八十，增田三萬一千三百二十八頃，而山林榛莽之地皆爲良田，歲益税二萬二千五十七，作陂堰四十有四云。丙寅，命司馬光、滕甫同看詳裁減國用制度，仍取慶曆二年數比見今支費有不同者，開析以聞。光登對言：「國家所以用不足者，在於用度太奢，賞賜不節，宗室繁多，官職冗濫，軍旅不精。此五者，非愚臣一朝一夕所能裁減，若但欲知慶曆二年裁減制度比見今支費數，此止當下三司供析〔二〕，其同與不同，立可盡見，不必更差官置局。」上深開納，明日即罷裁減司。

秋七月乙亥，詔秦州新築大甘谷口寨曰甘谷城，即肇築城也。丁丑，布衣王安國賜進士及第，仍注初等職官。己卯，群臣表上尊號曰「奉元憲道文武仁孝」，詔不許。及第三表，司馬光入直因言：「上尊號之禮非先王令典，起於唐武后、中宗之世，遂爲故事，因循至今。太祖尊號有『一統太平』字，太祖以燕晉未平卻而不受。太宗尊號盡省去，且曰以理言之，皇帝二字亦未可兼稱。」詔賜光曰：「朕方以淫雨地震，日虞傾禍，被此洪名，有慚面目。」遂終不許。新知大名府陳升之知樞密院事，文彦博、吕公著爲使，韓絳、邵亢爲副使。樞密並置使副及知院自此始。辛巳，孫覺責授太子中允，仍知諫院。先是，陳升之登對，上面許擢置中樞。覺相繼登對，上因與言：「陳升之宜居宥密，邵亢不才，向欲使守長安，而執政以爲無過。」時升之已有成命，而覺不知，退即上言宜使亢知永興，升之爲樞密使。上以覺爲希旨收恩，且區處大臣非小臣所宜，故責之。覺又言滕甫貪污頗僻，斥其七罪。上不信，悉以覺疏示甫。甫謝曰：「陛下無所疑臣，無媿足矣。」甲申，京師地震。乙酉，又震。是夜，月食。有司言明天曆不效，當改曆。詔司天更造新曆。降將作監主簿、助教告敕七十道，付河北安撫司募人入粟。戊戌，知諫院錢公輔言：「祠部遇歲饑河決，鬻度牒以佐一時之急。欲乞自今宮禁遇聖節恩賜度牒並裁損，或減半爲紫衣，稍去剃度之冗。」從之。賣度牒蓋始此年。

八月壬寅，京師地又震。同知諫院孫覺通判越州。覺既降官，累章求出，不許。覺以爲去歲有罰金御史，今兹有貶秩諫官，未有罰金貶秩而猶居其位者也。覺遂移牒閤門、御史臺云論邵亢、滕甫奸邪，方待罪，更不入朝及釐務。閤門以聞。上批出曰：「覺牒與所言事不同，宜與外任差遣。」甲辰，京師地又震。辛亥，邇英進讀已，召司馬光問以河北災變。光對以：「饑饉之歲，金帛無所用，惟食不可一日無耳。宜多漕江淮之穀以濟之。」上因論治道言：「州縣長吏多不得人，政府不能精擇。」對曰：「人不易知，天下三百餘州責其精擇誠難，但能擇十八路監司，使之擇所部知州而進退之，知州擇所部知縣而進退之，得人多矣。」又問：「諫官難得人，誰可者？」對曰：「臣賤官，何敢薦人。」上固問之，對曰：「凡擇言事官，當以三事爲先，第一不愛富貴，次則重惜名節，次則曉知治體。具此三者誠亦難材，鹽鐵副使呂誨、侍御史呂景此兩人似堪其選。」癸丑，宰臣曾公亮等言：「伏見故事，南郊禮畢陪祀官並蒙賜。方今河朔菑沴，調用繁冗，欲望大禮畢，兩府臣僚罷賜銀絹。」詔送學士院取旨。司馬光奏曰：「朝廷宜布惠澤，則宜以在下爲先。撙節用度，則宜以在上爲始。臣愚以爲將來大禮畢，所賜並宜減半，俟他日豐稔自依舊制。臣知此物未能富國家，因此漸思減其餘浮費，自今日爲始耳。」安石曰：「國用不足，由未得善理財之人故也。」光曰：「善理財之人，不過頭會箕斂以盡民財，如此則百姓窮困、流離爲盜，豈國家之利耶？」安石曰：「此非善理財者也。善理財者，民不加賦而國用饒。」光曰：「此乃桑弘羊欺漢武帝之言，司馬遷書之以譏武帝之不明耳。」安石爭論久之。上曰：「朕亦與司馬光同。今且以不允答之可也。」是日適會安石當制，遂以上前所言意草批劄曰：「方今生齒既蕃，而賦入又爲不少，理財之義殆有可思。此之不圖，而姑務自損，衹傷國體，未協朕心，所乞宜不允。」公亮等遂不敢復辭。甲子，手詔曰：「昔我藝祖之興，以天縱之聖，再造區夏，大謨偉烈，被諸萬世而莫高焉。其令中書門下考太祖之籍，以屬近而行尊者一人，裂土地而王之，使常從獻於郊廟，世世勿絕。」乙丑，詔復行崇天曆。鹽鐵副使吕誨同知諫院。用司馬光之言也。詔自今試館職並試策論，罷詩賦。

九月辛未，涇州觀察使從式進封安定郡王。初，韓琦自長安入覲，問曰：「推崇太祖之後，令擇一人封王，常從獻於郊廟，不知何故及此。自古主鬯從獻皆太子事，今忽擇一人令郊廟從獻，豈不疑駭天下視聽乎。」上悟，遂罷從獻之旨。甲申，詔自今内批指揮，並作奉聖旨施行。戊子，莫州地震，有聲如雷。

冬十月壬寅，詔講筵權罷講禮記。先是，王安石講禮記數難記者之非是，上以爲然。是日，上因留安石坐曰：「且欲得卿議論。」上曰：「唐太宗必得魏鄭公，劉備必得諸葛亮，然後可以有爲。」安石對曰：「陛下誠能爲堯舜，則必有咎夔稷契。陛下誠能爲高宗，則必有傅説。魏鄭公、諸葛亮皆有道者所羞，何足道哉。」

講義曰：三代以來，書生得君自安石始。其始見神宗也，直以文帝、太宗之不足法者爲言，復以魏證（徵）、諸葛亮之不足爲者自任。此其智識之卓然，又皆秦漢以來諸儒所未聞者。所謂擇術講學之方，雖孟子告君，殆不是過，人主安得不信其知道哉。神宗詰其設施之方，而再三不肯條對者，蓋其所施設之方，止於青苗、助役之類，而遽條陳之，則人必不我信。故粗言一二而不肯録進，欲使人主之深聽，而後舉朝聽其所爲也。未幾，讀吴申謹奉成憲之疏，於是謂成憲不足道，流俗不足聽，勞民非所恤，嚴刑非所緩，人主當示人以好惡，當懼人以不測。且謂勞民重刑，三代亦然。而安石施設之藴、理財之法、變法之心盡露矣。

丙午，上問講讀官富民之術。司馬光言：「凡富民之本在得人，縣令最爲親民，欲知縣令能否莫若知州，欲知知州能否莫若轉運使。陛下但能擇轉運使，轉運使按知州，使知州按縣令，何憂民不富也。」

十一月癸酉，太白晝見。丁亥，合祭天地於南郊，以太祖配。甲午，司馬光入辭，因請河陽、晉、絳。上曰：「汲黯在朝，淮南寢謀。卿未可去也。」京師及莫州地震。

十二月壬寅，詔自今内批指揮事，俟次日覆奏行下。癸卯，瀛州地大震。庚戌，賜夏國主嗣子秉常詔：「候誓表到日即遣使封册，並以綏州給還。所有歲賜，自封册後並依舊例。」庚申，命入内副都知張若水進所造神臂弓。初，民李宏獻此，其實弩也。詔依樣製造。至是以進。

己酉熙寧二年春正月丁亥，上謂輔臣曰：「近見内藏庫籍，文具而已。財貨出入略無關防。嘗聞太宗時，内藏財貨每千計用一牙錢記之，名物不同，所用錢色亦異，他人莫能曉也。嘗匣而置之御閣，以參驗帳籍中定數。晚年嘗出其錢示真宗曰：善保此足矣。今守藏内臣皆不曉帳籍關防之法，當更擇人領之。」知同州趙尚寬知唐州。高賦知齊州。王廣淵條奏置義倉事，知陳留縣蘇涓亦言：「臣勸諭百姓置義倉以備水旱，條上措置事。」詔曾公亮曰：「近王廣淵於齊州創置義倉，已勸率十萬餘石，當得人繼守，其事可持。」詔廣淵舉知州一人。

二月己亥，富弼除守司空兼侍中。初，以集禧觀使召弼赴闕。弼既辭不受，上乃罷集禧之命，以左僕射兼門下侍郎平章事。庚子，王安石參知政事。先是，安石見上論天下事。上曰：「人皆以爲卿但知經術，不可以經世務。」安石對曰：「經術者，所以經世務也。果不足以經世務，則經術何賴焉？」上曰：「卿所施設，以何爲先？」安石曰：「變風俗，立法度，最方今所急也。凡欲美風俗，在長君子、消小人，以禮義廉耻由君子出故也。」上以爲然。丙午，翰林學士司馬光登對，乞一州。上不許，曰：「君子小人皆知卿方正。吕公著使契丹，亦問有司馬光者其人甚方正，今爲何官。名爲夷狄所知，奈何出外。」光初罷御史中丞〔三〕，虜因問公著以光何不爲中丞，公著歸告於上，故上乃知。甲子，命知樞密院陳升之、參知政事王安石取索三司應干條例文字看詳，具合行事件聞奏，別爲司，名曰同制置三司條例。先是，安石言：「泉府一官，先王所以摧制兼并，均濟貧弱，變通天下之財，而使則出於一統者，以有此也。」安石因請以呂惠卿爲制置司檢詳文字。從之。富弼以足疾未能入見，有於上前言災異皆天數，非人事得失所致者，弼聞之歎曰：「人君所畏惟天，若不畏天，何事不可爲者，去亂亡無幾矣。此必姦臣欲進邪說，故先導上以無所畏，使輔拂諫争之臣無所復施〔四〕。吾不可以不速救。」即上疏數千言，雜引春秋洪範及古今傳記人情物理，以明其決不然者。

胡安國春秋傳序曰：春秋非五經比也。「洚水警予」與「鳳皇來儀」並載於虞書，「大木斯拔」與「嘉禾合穎」同垂於周史，春秋不書祥瑞而盡書災異。史外傳心之要典也。自安石建議以春秋爲腐爛朝報，經筵不以進讀，科目不以取士，馴至崇觀之間，姦臣用事，一卉一木之異指爲嘉瑞，天地災變，隱而不言，是與春秋正相反也。胡氏之論，蓋攻安石學術之亂天下也。

三月，上既用富弼爲首相，弼猶以足疾在告。是日，弼始入見曰：「臣聞中外之事漸有更張，此必有小人獻說於陛下也。大抵小人惟喜動作生事，則其間有所希冀。緣朝政守靜則事有常法，小人何所望也。」上改容聽納，曰：「今日得卿至論，乃沃朕心，可謂金石之言。朕不忘也。」癸未，蘇轍爲制置三司條例司檢詳文字。先是，轍奏疏曰：

「所謂豐財者非求財而益之也，去事之所以害財者而已。事之害財者三：一曰冗吏，二曰冗兵，三曰冗費。」疏奏上批付中書，因召對而有是命。兩府同奏事，富弼言：「大臣須和，乃能成務。」又言：「今所進用，或是刻薄小才，小才雖似可喜，然害事壞風俗爲甚，恐須進用醇厚敦實之人。」上曰：「大臣正要與朝廷分邪正，邪正分則天下自治。」壬辰，上問安石制置條例如何，安石曰：「已檢討文字，略見倫緒。然今欲理財，則須使能，天下但見朝廷以使能爲先，而不以任賢爲急，但見朝廷以理財爲務，而於禮義教化之際未有所及，恐風俗壞，不勝其弊。陛下當深念國體，有先後緩急。」上頷之。

夏四月丁酉朔，群臣上尊號，詔答不允。先是，上謂執政曰：「受與否於人情孰安？」王安石曰：「受與不受於理皆可也。陛下能深見受與不受無加損之理，則此事皆陛下自擇。」上曰：「三尺童子亦知無加損也。」知諫院錢公輔罷知諫院。時上委任政府，責以太平，一日執政召臺諫官至都堂，富弼曰：「上求治如饑渴，正賴同心以濟所願。」公輔對曰：「所爲是邪，天下誰敢不同；非邪，公輔雖欲同之不可得已。」丙午，同天節，罷上壽。是日雨。富弼言：「願陛下未以今日雨澤爲喜，當以累年災變爲懼。蓋修德致雨，其應如此。萬一於德有損，其災應豈有緩邪？」上親書詔答曰：「敢不置之枕席，銘諸肺腑，終老是戒。更願公不替今日之志，則天災不難弭，太平可俟也。」丁未，參知政事唐介卒。上初欲用王安石爲參知政事，曾公亮因薦之，介曰：「安石好學而泥古，論議迂闊，若使爲政，恐多所變更，必擾天下。」退至中書，謂公亮等曰：「異日安石之言果用，天下必困擾，諸公當自知之耳。」時執政進除目，上久之不決，既數日，乃曰：「朕問王安石以爲然，可即施行。」介曰：「陛下比擇大臣，付以天下之事。臣近每聞陛下宣諭某事，問安石以爲可即施行，某事問安石以爲不可未得施行，如此則執政何所用。必以臣爲不才，當先罷免。此語傳之天下，恐非信任體也。」安石既執政，奏言：「中書處分事用劄子皆言奉聖旨，不中理者常十八九，不若令中書自出牒，不必稱聖旨。」上愕然。介曰：「太宗時，寇準用劄子遷馮拯等官不當。拯訴之太宗曰：前代中書有堂牒指揮事，乃權臣假此以威福天下。太祖朝，趙普爲相，堂帖重於敕命，尋令削去。今復置劄子，何異堂牒。今安石不欲稱聖旨，則是政不自天子出也。」上曰：「太宗制置此事極當。」及安石議謀殺人傷者許首，介數與安石爭論於上前，安石强辯，上主其語，介不勝憤悶，居頃之，疽發背而卒。丙辰，詔：「宜令侍從官，自今視朕過失與朝廷事之闕，無有巨細，各具章極言無隱。噫！言善而不用，朕有厥咎。道之而弗言，爾爲不恭。」王安石之詞也。

五月癸未，鄭獬知杭州，王拱辰判應天府，錢公輔知江寧府。獬與滕甫相善，王安石素惡之。故事，兩制差除，必宰相當筆。時富弼在告，曾公亮出使西京，王安石遽自當筆，議者皆疑安石行其私意。御史中丞呂誨即奏曰：「王拱辰不聞有過，遷謫出外。鄭獬在三班院皆稱公當，權府亦甚平允，遽然補外。錢公輔先因營救滕甫，遂罷諫院。今又被逐，蓋甫與王安石素所不足。今無罪被黜，甚傷公議。」上出誨奏示執政，安石曰：「此三人者出，臣但愧不能盡理論情，暴其罪狀，使小人知有所憚，不意言者乃更如此。」

呂中曰：安石入朝之初，即勸人主逐諫官，其本意如此，故臺諫未有直罷者，自安石始。上罷吳申，復以吳申例罷公輔，自是人不附己者，始擠之矣。

癸巳，樞密院言：「欲檢尋本院諸文書，凡關祖宗以來法制所宜施於遠者，並刪取大旨編次成册，仍於逐門各留空紙，以備書載將來處置事。」從之，賜名「經武要略」。是月丙戌，王安石以呂誨劾章乞辭位，上即封還其奏，令視事如故。上又謂安石曰：「呂誨言卿每事好爲異，多作横議，或要内批以自質證，又詐妄希旨。朕意朕與卿相知如高宗、傅說，亦豈須他人爲助。」群臣準詔議學校貢舉，多欲變改舊法，獨殿中丞、直史館、判官告院蘇軾奏曰：「得人之道在於知人，知人之法在於責實。使君相有知人之才，朝廷有責實之政，則胥吏皂隸未嘗無人，而況於學校貢舉乎。雖因今之法，臣以爲有餘。使君相無知人之才，朝廷無責實之政，則公卿侍從常患無人，況學校貢舉乎。雖復古之制，臣以爲不足。」上得軾議，喜曰：「吾固疑此，得蘇軾議釋然矣。」即召見，問：「何以助朕？」軾對曰：「陛下求治太急，聽言太廣，進人太鋭，願陛下安静以待物之來，然後應之。」上悚然聽受，曰：「卿三言朕當詳思之。」吕惠卿最爲安石所賢，屢薦於上，事無大小，必與之謀，時人號安石爲孔子，惠卿爲顔子。上曰：「欲用蘇軾修中書條例。」安石曰：「軾與臣所學及議論皆異，别試以事可也。」考課院言：「準詔定到考較知縣、縣令課法，分爲上中下三等，内有績狀尤異出於上等之外，則定爲優等。如政事昏繆，出於下等之下者，即定爲劣等。」

六月丁巳，詔吕誨落中丞，以本官知鄧州。前此誨上疏曰：「臣竊以大姦似忠，大詐似信。唯其用捨，繫國休戚。如少正卯之才，言僞而堅，順非而澤，强記而博，非大聖孰能去之。臣謹按王安石外示朴野，中藏巧詐，驕蹇慢上，陰賊害物。今略疏十事，誠恐陛下悦其才辯，久而倚毗，情僞不得知，邪正無復辨。大姦得路，群陰彙進，則賢者漸去，亂由是生。臣究安石之迹固無遠略，唯務改作立異於人，徒文言而飾非，將罔上而欺下。臣竊憂之，誤天下蒼生必斯人也。」疏奏，安石亦求去位。上詔視事宜如故。安石既留，而誨坐貶。太白入井。壬戌，晝見。

秋七月乙丑朔，司天監言，日食辰巳間，有陰霧遮蔽，所食不及元奏分數。宰臣富弼等拜表賀。行均輸法。癸未，上謂執政曰：「人君豈可怠於政理。朕非樂於勞苦，益思少時精神可惜，欲乘時有爲，以安生靈。至於兵乃是聖人之大權，所以安天下也。但不可輕用，非獨殺人心所不忍，誠恐天道不祐。」甲申，日下有五色雲。上御資政殿，因語及選任知州未得善法，曰：「朕每思祖宗百戰得天下，今以一州生靈付一庸人，常痛心疾首，卿等爲如何則可？」彥博奏：「以責在監司，宜得至公之人可任按察。」公弼曰：「朝廷當擇諸司長官及十八路監司，無不濟矣。」韓琦等新修仁宗實録一部二百卷，曾公亮等上英宗實録三十卷。

八月丙申，司馬光上疏曰：「陛下日出視朝，繼以經席入宫之後，省閱天下奏事，夜御燈火，研味經史。然孜孜求治，於今三年，而功業未著者，殆未得其體要故也。」癸卯，侍御史劉琦監處州鹽酒税，御史裏行錢顗監衢州鹽税。初，御史知雜劉述及琦、顗等言：「切見陛下用安石爲參知政事，未踰半年，中外人情囂然不安。蓋以其專肆胸臆，輕易憲度，而無忌憚之心也。」司馬光言：「皮公弼，陛下明知其貪，閻充國，陛下明知其猥，二者皆以知縣權發遣三司判官。及得罪而出，皆爲知州。今琦、顗止以迕犯大臣降監當，然則狂直之罪重於貪猥，得罪大臣甚於得罪陛下也。乞與本資。」不報。丙午，詔同修起居注范純仁罷同知諫院。初，純仁以言薛向不可爲發運使，或致民心別生事變。上曰：「今令發運使兼制置六路財賦，務在均適有無，何由乃致百姓人情怨駭？」純仁曰：「人主不當言利，但當務農桑、節用而已。」純仁又申中書曰：「參政以文學自負，議論得君，專任己能，不曉時事，捨堯舜知人安民之道，講五伯富國强兵之術，尚法令則稱商鞅，言財利則背孟軻，鄙老成爲因循之人，棄公論爲流俗之語。曾相公年高不退，廉節已虧，且欲見容，惟務雷同苟且。趙參政心知其非，凡事不能力救，徒聞退有後言。」公亮等以純仁狀進，乃落起居舍人、同修起居注。庚戌，制置三司條例司檢詳文字蘇轍言：「每於本司商量公事，動皆不合，乞除一合入差遣。」詔依所乞。上閱轍狀，問轍與軾如何，觀其學問頗相類。王安石曰：「軾兄弟大抵以飛箝捭闔爲事。」上曰：「如此則宜合時事，何以反爲異論。」

九月，詔閤門引編校書籍呂惠卿、校勘王存登對，皆王安石所善也。制置三司條例司言：「諸路常平廣惠倉略計千五百萬以上貫石，斂散之法未得其宜。今欲以見在斛斗遇貴量減市價糶，遇賤量增市價糴，以見錢依陝西青苗錢例，取民情願豫給，令隨稅納斛斗。內有願請本色，或納時價貴願納錢者，皆許從便。欲量諸路錢穀多寡，分遣官提舉。仍先行於河北、京東、淮南三路，俟其有緒，即推之諸路。」從之。戊辰，初，開經筵，王安石獨奏事，上問曰：「程顥言不可賣祠部度牒作常平本錢，如何？」安石曰：「顥所言，自以爲王道之正。臣以爲顥所言，未達王道之權。今度牒所得，可置粟凡四十五萬石，若凶年人貸三石，則可全十五萬人性命。賣祠部所剃者三千人頭，而所可救活者十五萬人性命，若以爲不可，是不知權也。」

冬十月丙申，左僕射平章事富弼罷爲武寧軍節度使、同平章事、判亳州。弼初入相即除司空兼侍中，弼固辭得免。及罷，不復加恩，蓋上意不樂其去故也。弼將去，復言於上曰：「比見親舊，乃知人情大不安，進用多小人，諸處地動災變，宜且安静。」知樞密院事陳升之爲禮部尚書、平章事。上既許富弼辭位，問弼曰：「卿即去，誰可代卿者？」弼薦文彦博。上默然良久曰：「王安石何如？」弼默然。改綏州爲綏德城。先是，韓縝與夏人議，許令納安遠、塞門二寨，還以綏州。郭逵曰：「此正商於之地六百里也。」時已有詔俾逵焚棄綏州，逵曰：「一州既失，二寨不可得，中國爲夏人所賣，安用守臣爲？」藏其詔不出，上言：「綏州宜守。」且自劾違詔之罪。詔褒逵曰：「淵謀祕略，悉中事機，有臣如此，朕無西顧之憂矣。」於是詔城綏州，不復以易二寨。己亥，翰林學士司馬光對，上問：「近相陳升之，外議云何？」光曰：「閩人狡險，楚人輕易，今二相皆閩人，二參政皆楚人，必將援引鄉黨之士充塞朝廷，天下風俗何以得更淳厚。」

講議曰：昔邵康節聞杜鵑聲於天津橋上，曰：「朝廷將用南人爲相，天下自此多事矣。夫王欽若當國亦南人也，豈獨自安石始邪。蓋天禧、天聖之時，南方之氣未盛，所用者欽若一人耳。自安石爲相，所引者惠卿之憸巧，升之之輕易，宰相、參政皆用南人，此固温公之所慮而康節之所先知也。

上曰：「升之有才智，曉民政。」光曰：「但恐不能臨大節而不可奪耳。凡才智之人，必得忠直之人從旁制之，此明主用人之法也。」上又曰：「王安石何如？」光曰：「人言安石姦邪，則毁之太過，但不曉事又執拗耳。」上曰：「韓琦敢當事，賢於富弼，但木强耳。」光曰：「琦實有忠於國家之心，但好遂非，此其所短也。」上因歷問群臣，至吕惠卿，光曰：「惠卿憸巧非佳士，使王安石負謗於中外者，皆惠卿所爲也。」上曰：「惠卿應對明辯，亦似美才。」光曰：「江充、李訓若無才，何以能動人主。」監察御史裏行張戩、程顥言：「每有本職公事，欲上殿敷奏，必奏候朝旨。既許上殿，伺候班次，動經旬日。臺諫之職，言責既均，則進見之期理無殊别，何獨憲臣隔絶疏異。欲乞推原天禧詔書之意，使依諫官例，牒閤門即許登對，或所言急速，仍乞先次上殿。」詔三院御史及裏行有公事，並許直申閤上殿。

十一月，司馬光言：「欲據國史實録所載，旁采異聞，傚漢書作百官公卿表以備奏御。」從之。乙丑，命樞密副使韓絳同制置三司條例。初，陳升之既拜相，遂言：「臣待罪宰相，無所不統，所領職事，豈可稱司。」他日，又對，升之固以爲不可置司。上欲使安石獨領，安石以爲非便，曰：「陛下本置此司，令中書、密院各差一人，今若韓絳同事甚便。」上曰：「善。」故有是命。升之深狡多數，爲小官時，與安石相遇淮南，安石深器之。及安石用事，設制置條例司，引升之共事，升之竭力贊助。或時爲小異，陽若不與安石皆同者。安石不覺詐，故推升之，使先爲相。升之既登相位，於條例司事遂不肯關預。安石固以請，升之曰：「兹事盍歸之三司，何必攬取爲己任也。」安石大怒，二人於是乎始判。蔡延慶、孫覺並同修起居注。上初欲用蘇軾，王安石曰：「軾豈是可奬之人。」上曰：「軾有文學，朕見似爲人平静。司馬光、韓維、王存俱稱之。」安石曰：「險邪之人，臣非苟言之，皆有事狀。軾遭父喪，韓琦等送金帛不受，卻販數船蘇木入川。司馬光言吕惠卿愛錢，反言蘇軾平静，斯爲厚誣。陛下欲變風俗，息邪説，驟用此人，則士何由知陛下好惡所在。」上乃罷軾不用。丙子，詔自今諸路同提點刑獄復差文臣。於是，武臣提點刑獄盡罷。上以武臣罕習吏文，多不足以察舉所部人才，故悉罷之，人甚以爲便。壬午，御邇英閣，吕惠卿講先王之法有一歲一變者，則月令季冬飭國典以待來歲之宜，而周禮正月始和布於象魏是也。有數歲一變者，則堯、舜五載修五禮，十二載修法則是也。有一世一變者，則刑罰世輕世重是也。有數十世而改者，則夏貢、商助、周徹，夏校、商序、周庠之類是也。有雖百世不變者，尊尊親親貴貴長長尊賢使能是也。臣前日見司馬光以爲漢惠、文、景三帝皆守蕭何之法而治，武帝改其法而亂，宣帝守其法而治，元帝改其法而亂。臣按何雖約法三章，其後乃以爲九章，則何已不能自守其法矣。惠帝除挾書律、三族令，文帝除誹謗妖言、除祕祝法，皆蕭何法之所有而惠與文除之，景帝又從而因之。則非守蕭何之法而治也。」上召光前，謂光曰：「其言如何？」光對曰：「惠卿之言有是有非。惠卿言漢惠、文、武、宣、元治亂之體，是也。其言先王之法有一歲一變、五歲一變、一世一變，則非也。」上曰：「朝廷每更一事，舉朝士大夫洶洶皆以爲不可，又不能指名其不便者果何事也。」光曰：「朝廷散青苗錢，茲事非便。」呂惠卿曰：「光不知此事彼富室爲之則害民，今縣官爲之乃所以利民也。」光曰：「昔太宗平河東，輕民租稅，而戍兵益衆，命和糴糧草以給之，民皆樂與官爲市。其後人益衆、物益貴，而轉運司常守舊價，或復支移折變，至今爲膏肓之疾。臣恐異日青苗之害，亦如河東之和糴也。」惠卿曰：「光所言皆吏不得人，故爲民害耳。」光曰：「如惠卿言，乃臣前日所謂有治人無治法。」吴申曰：「司馬光之言可謂至論。」

閏十一月壬寅，張載爲崇文殿校書。先是，呂公著薦載，召對，問以治道，載曰：

「爲政不以三代爲法者，終苟道也。」條例司奏差官提舉諸路常平廣惠倉兼管勾農田水利差役事。從之。時天下常平錢穀見在一千四百萬貫石，諸路各置提舉條例司。又言：「交子之法，用於成都府路，人以爲便。今河東公私苦運鐵錢勞費，議行交子之法，仍令轉運司舉官置務。」從之。

十二月乙亥，上問王安石以真宗時邊事。安石曰：「臣按實録，當時君臣議論未嘗說到底，上下相與皆滅裂而已，則何以待夷狄。」有中旨下開封府減價買浙燈四千餘枝。權推官、殿中丞、直史館蘇軾言：「陛下游心經術，動法堯、舜，而豈以燈爲悦哉。此不過以奉二宮之歡耳。且賣燈皆細民，安可賤酬其直。願亟罷之。」上納其言。軾因奏書獻三言，曰：「願陛下結人心，厚風俗，存紀綱。」書凡七千餘言。軾素不爲王安石所喜，使權開封府推官，欲以多事困之也。而軾決斷精敏，聲問益遠，論事益不休。

庚戌熙寧三年春正月，詔：「諸路常平廣惠倉給散青苗錢，本爲惠恤貧乏。今慮官吏不體此意，追呼均配抑勒，翻成搔擾。其令諸路提點刑獄官體量覺察，違者禁止，立以名聞。敢沮遏願請者，案罰亦如之。」先是，翰林學士范鎮言：「青苗者，唐衰亂之世所爲，苗青在田，賤估其直，收斂未畢而必其償，是盜跖之法也。」右正言李常、孫覺亦言：「王廣淵在河北第一等給十五貫，第二等十貫，第三等五貫，第四等一貫五百，第五等一貫，民間喧然不以爲便。而廣淵入奏稱民間歡呼鼓舞，歌頌聖德。」言者既交攻之，朝廷不得已乃降是詔。

二月壬戌朔，韓琦言：「準轉運及提舉常平廣惠倉司牒，給青苗錢，更有餘錢，坊郭户有物業抵當願請錢者，五家爲一甲，依青苗例支借。臣竊以詔書務在優民，不使兼并乘其急以邀倍息，皆以爲民，公家無所利其入。今每借一千令納一千三百，則是官放息錢，與初抑兼并濟困乏之意絶相違戾，欲民信服，不可得也。又鄉村每保須有物力人爲甲頭，雖云不得抑勒，而上户必不願請。官吏防下户不能送納，豈免差充甲頭以備代陪。陛下勵精求治，若但躬行節儉以先天下，自然國用不乏，何必使興利之言紛紛四出〔五〕，以致遠邇之疑。乞盡罷諸路提舉官，依常平舊法施行。」癸亥，上親袖出琦奏示執政曰：「琦真忠臣，朕始謂可以利民，不意乃害民如此。且坊郭安得青苗，而使者亦强與之乎。」王安石勃然進曰：「苟從其所欲，雖坊郭何害。陛下修常平法所以助民，至於收息，亦周公遺法也。」陳升之曰：「但恐州縣避難索之，故抑配上户爾。」安石曰：「抑配誠恐有之，然俟其有，嚴行紬責一二人，則此弊自絶。」上終以韓琦所説爲疑。安石曰：「直使州縣抑配上户，俵十五貫錢，又必令出二分息，則一户所陪止三貫錢，因以廣常平儲蓄，以待百姓凶荒，則比之前代科百姓出米爲義倉未爲不善。況又不令抑配，有何所害。」上曰：「要須盡人言。料文彦博、吕公弼亦以此爲不可，但腹誹。韓琦獨肯來説，真忠臣也。」翌日，安石遂稱疾不出。丙寅，詔大宗正司置丞二員。兵部員外郎傅堯俞同判流内銓。堯俞始除喪至京師，安石數召之，既見，語及新法。安石謂堯俞曰：「方今紛紛，遲君來久矣。將以實文閣待制、同知諫院還君。」堯俞謝曰：「新法世不以爲便誠然，當力論之，平生未嘗欺，敢以實告。」安石不悦，遂有此命。王安石既稱疾家居，翰林學士司馬光再爲批答曰：「今士夫沸騰，黎民騷動，乃欲委還事任，退取便安，卿之私謀固爲無憾，朕之所望將以委誰？」安石大怒，即抗章自辯。上封還其章，手札諭安石曰：「詔中二語失於詳閲，今覽之甚愧。」安石固請罷，上固留之，獎慰良久。翰林學士司馬光爲樞密副使。辛巳，司馬光言：「臣先曾上疏，言不當設制置三司條例司，又言散青苗錢不便。臣竊聞先帝嘗出内藏一百萬緡，助天下常平倉作糴本錢。前日天下常平倉錢穀共及一千餘萬貫石，今無故盡散之，他日若思常平之法，復欲收聚，何時得及此數乎。臣以爲散青苗錢之害猶小，而壞常平法之害尤大也。十年之外，富室既盡，常平已壞，帑藏又空，不幸有方二三千里之水旱，加以四夷侵犯邊境，當是之時，民之羸者不轉死溝壑，壯者不聚爲盜賊，將何之矣。陛下誠能昭然覺悟，采納臣言，罷制置三司及追還使者，臣雖盡納官爵，但得爲太平之民以終餘年，其幸多矣。」壬午，安石始出視事。安石之在告也，上諭執政罷青苗法。曾公亮、陳升之欲即奉詔，趙抃獨欲俟安石出，令自罷之。安石既視事，持之益堅，人言不能入矣。司馬光謁告之六日，上復趣令入見，光言：「臣近上疏未聞采録，獨以何心敢當高位。若臣言果是，乞早賜施行。若臣言果非，乞更不差使臣宣召，早收還樞密副使敕告。」庚寅，詔收還樞密副使告敕。先是，上欲置光西府，王安石曰：「光雖好爲異論，然其才豈能害政。但如光者，異論之人倚以爲重，今擢在高位，則是爲異論之人立赤幟也。光朝夕所與切磋琢磨者，乃劉攽、劉恕、蘇軾、蘇轍之徒而已，觀近臣以其所主，所主者如此，其人可知也。」安石在告，上乃用光，及安石復視事，因固辭遂欲罷之。

三月甲午，司馬光移書王安石，請罷條例司及常平使者。安石得書大慚，欲怒則不敢，答書但言道不同而已。書凡三返，文多不載。條例司奏專疏駁韓琦所言，皆王安石自爲之。既而琦又言：「今蒙制置司以臣所言皆爲不當，臣詳疏駁事件多删去臣元奏要切之語，曲爲沮難，及引周禮國服爲息之説，文其謬妄，將使無復敢言其非者，須再辨列，欲望親覽群臣言常平章疏。」上怒，悉以付安石。安石復於上曰：「章疏惟韓琦有可辨，餘人絶不近理，不足辨也。」上然之。范鎮言：「自古以來，未有天子而開課場者。」王安石曰：「鎮所言，若非陛下略見周禮天子有此，則豈得不爲愧恥。」上又諭安石，令稍修改常平法以合衆論。安石曰：「陛下方以道勝流俗，與戰無異，今少自卻即坐爲流俗所勝矣。」己亥，御集英殿，策試禮部奏名進士，有曰：「聖人之王天下也，百官得其職，萬事得其序，有所不爲，爲之而無不成。有所不革，革之而無不服。田疇闢，溝洫治，富足以備禮，和足以廣樂〔六〕，治足以致刑。方今之政〔七〕，救之之道，必有本末。所施之宜，必有先後。」王安石之辭也。上遣劉有方諭司馬光以依舊供職。是日，光入對，曰：「臣自知無力於朝廷，朝廷所行皆與臣言相反。」上曰：「相反者何事也？」光曰：「臣言條例司不當置，又言不宜多遣使者外撓監司，又言散青苗錢害民，豈非相反。」上曰：「言者皆云法非不善，但所遣非其人耳。」光曰：「以臣觀之，法亦不善，所遣亦非其人也。」上曰：「元敕不令抑勒。」光曰：「敕雖不令抑勒，而所遣使者皆諷令抑配。如開封府界十七縣，惟陳留姜潛張敕榜縣門及四門，聽民自來請，自給之，卒無一人來請。以此觀之，十六縣恐皆不免於抑勒也。」上敦諭再三，光再拜固辭。上曰：「當更思之。」范鎮罷知通進銀臺司。初，司馬光辭樞密使，上許之。鎮封還詔書，曰：「臣所陳大抵與光相類，而光追還新命，則臣亦合加罪責。」上令再送鎮行下，鎮又封還，曰：「陛下自除光爲樞密副使，士大夫交口相慶，稱爲得人。至於坊市細民，莫不歡喜。今一旦追還誥敕，非惟詔命反汗，實恐沮光讜論忠計。」上不許，以詔書直付光，不復由銀臺司行下。

鎮言：「由臣不才，使陛下廢法，有司失職。」遂乞解銀臺司。許之。壬子，御集英殿，賜進士、明經、諸科葉祖洽以下及第、出身、同出身總八百二十九人。祖洽策言：「祖宗多因循苟簡之政，陛下即位，革而新之。」李大臨、蘇軾編排上官均第一，祖洽第二，陸佃第五。上令宰相陳升之面讀均等策，以祖洽爲第一。安石既得政，每贊上以獨斷，上專信任之。軾發策云：「晉武平吴以獨斷而克，苻堅伐晉以獨斷而亡，齊桓專任管仲而霸，燕噲專任子之而滅。事同功異，何也？」安石見之不悦。上諭王安石曰：「聞有三不足之説否？」王安石曰：「不聞。」上曰：「陳薦言，外人云：今朝廷以爲天變不足懼，人言不足恤，祖宗之法不足守。」安石曰：「陛下躬親庶政，唯恐傷民，此即是懼天變。陛下詢納人言，無小大唯是之從，豈是不恤人言。然人言固有不足恤者，苟當於義理，則人言何足恤。至於祖宗之法不足守，則固當如此。且仁宗在位四十年，凡數次修敕。若法一定子孫當世世守之，則祖宗何故屢自變改。今議者以爲祖宗之法皆可守，然祖宗用人皆不以次。今陛下試如此，則彼異論者必更紛紛。」

夏四月［戊辰］，詔：「御史中丞吕公著，比大臣之抗章，因便坐使之對〔八〕，乃誣方鎮有除惡之謀，深駭予聞，乖事理之實。可翰林侍讀學士知潁州。」司馬光記所聞於趙抃曰：「上諭執政，以吕公著上殿言，朝廷摧沮韓琦太甚，將興晉陽之甲，以除君側之惡。

王安石怨公著叛己，請明著罪狀。」光又云：「公著素謹，初無此對。或謂孫覺嘗爲上言：今藩鎮大臣如此論列而遭挫辱，若唐末五代之際，必有興晉陽之甲以除君側之惡者矣〔九〕。上誤記以爲公著也。」己卯，參知政事趙抃爲資政殿學士、知杭州。樞密副使韓絳同與王安石同奏條例司事，嘗贊上曰：「臣見王安石所陳非一，皆至當之論，可用。陛下宜深省察。」故安石尤德之。前秀州軍事判官李定權監察御史裏行。定初至謁李常，常問南方之民以青苗爲如何，定言：「皆便之，無不善。」常謂曰：「今朝廷方争此，君見人切勿爲此言也。」定即日詣安石白其事，曰：「定惟知據實而言，不知京師不得言青苗之便也。」安石喜甚，密薦於上，上欲用定知諫院，曾公亮、陳升之固争之，乃改命焉。

呂中曰：百官除授，自執政以下，皆付大臣進擬。而中丞、諫官必出於人主之親擢，所以公其選也。自安石執政，以京官王子韶除御史，又以選人李定除諫官，則臺諫皆出於宰相之除矣。

權監察御史裏行程顥權發遣京西路提點刑獄〔一〇〕。顥先上疏言：「臣聞天下之理本諸簡易，而行之以順道，則事無不成。捨而之於險阻，則不足以言智矣。況於措置，沮廢公議，一二小臣實與大計，用賤陵貴，以邪妨正者乎。凡此皆天下之理不宜有成，而智者之所不行也。興利之臣日進，尚德之風寖衰，尤非朝廷之福。臣奉職不肖，論議無補，望允前奏，早賜降責。」故罷。淮南轉運使謝景温爲工部郎中兼侍御史知雜事。景温雅善安石，又與安石弟安國通姻，先是，安石獨對，問上曰：「陛下知今日所以紛紛否？」上曰：「此由朕置臺諫非其人。」安石曰：「陛下遇群臣無術，數失事機，别置臺諫官恐但如今日措置，亦未能免其紛紛也。」於是，專用景溫。上批：「監察御史張戩、王子韶並落職知縣。」戩屢言青苗不便，最後上疏乞罷制置司及諸路使者，並言王安石專爲聚斂，好勝遂非，吕惠卿險薄姦凶，尚留君側。既上疏，又詣中書力争，辭氣甚厲。公亮俛首不答，安石以扇掩面而笑，戩怒曰：「參政笑戩，戩亦笑參政，參政所爲，豈但戩笑，天下誰不笑者。」陳升之解曰：「察院不須如此。」戩顧曰：「只相公得爲無過耶。」退即家居待罪，遂與子韶同黜。甲申，翰林學士司馬光讀資治通鑑。上曰：「舜聖讒説殄行，若臺諫爲讒〔二〕，安得不黜。」光曰：「臣因進讀及之耳。時事，臣不敢衆論也。」〔三〕及退，上留光，謂曰：「吕公著言藩鎮欲興晉陽之甲，豈非讒説殄行。」光曰：「公著平居與儕輩言，猶三思而發，何故上前輕發乃爾，外人多疑其不然。」上曰：「王安石不好官職及自奉養，可謂賢者。」光曰：「安石誠賢，但性不曉事而愎，此其短也。又不當信任吕惠卿，惠卿姦邪而爲安石謀主，安石爲之力行，故天下並指安石爲姦邪也。」上曰：「今天下洶洶者，孫叔敖所謂國之有是，衆之所惡也。」光曰：「然陛下當察其是非然後守之。今條例司所爲，獨安石、韓絳、吕惠卿以爲是，天下皆以爲非也。陛下豈能獨與此三人共爲天下耶。」司馬光讀資治通鑑張釋之論嗇夫利口。光曰：「孔子稱惡利口之覆邦家，夫利口何至覆邦家，蓋其人能以是爲非，以非爲是，以賢爲不肖，以不肖爲賢人。主苟以是爲非，以非爲是，以賢爲不肖，以不肖爲賢，則邦家之覆誠不難矣。」時呂惠卿在坐，光所論專指惠卿也。

五月甲辰，詔：「近設制置三司條例司，本以均通天下財利，今大端已舉，惟在悉力應接，以趣成效。其罷歸中書。」先是，文彦博等皆請罷制置條例司，上謂彦博曰：「俟群言稍息，當罷之，不欲亟罷，恐傷王安石意故也。」〔庚戌〕詔：「歐陽脩不合不奏聽朝廷指揮，擅止散青苗錢。特放罪。」脩在青州，嘗奏疏條陳三事。中書言脩擅止給青苗錢，欲特旨問罪〔一三〕。王安石論脩殊不識藩鎮體，乃降是詔。先是，上復欲用脩執政，安石曰：「脩見事多乖理，好有文華人。」安石蓋指蘇軾輩，而上已默喻。壬子，詔罷入閤儀。王珪等言：「入閤者，乃唐隻日紫宸殿受常朝之儀也，非爲盛禮，不可遵行。」故罷之。

六月壬戌〔一四〕，駕部郎中朱壽昌者，巽之子也，其母劉氏嫁民間〔一五〕，壽昌行四方訪求不獲，飲食罕御酒肉，與人言輒流涕，以浮屠法灼臂燒頂刺血寫佛書，冀遂其志。又棄官入秦，與家人訣，不見母不復還。行次同州，得之。劉氏時年已七十餘矣。永興錢明逸表其孝節〔一六〕，癸亥，詔壽昌赴闕朝見。先是，言者共攻李定不服母喪，王安石力主定，因忌壽昌。壽昌前已再典郡，於是折資通判河中府。〔丁丑〕宗正寺言：「每歲正月一日裝寫仙源積慶圖宗藩慶緒録各一本，供送龍圖、天章、寶文閣，令祖宗非袒免親更不賜名授官〔一七〕，一依外官之法，合與不合修入圖册？」詔送禮院詳定。禮官言：「親疏異則恩禮不得不異，世系同則圖籍不得不同。二者並行而不相悖，親親之義備矣。所有祖宗非袒免親，欲乞依舊修寫入仙源積慶圖宗藩慶緒録，其在外者委宗正寺逐年取索附籍。」從之。〔戊寅〕翰林學士司馬光乞差前知龍水縣范祖禹同修資治通鑑。許之。祖禹，鎮從孫也。

秋七月辛卯，詔新判太原府歐陽脩罷宣徽南院使，知蔡州。先是，脩以病辭宣徽使至五六，因論青苗法，又移書責王安石，安石不答，而奏從其請。壬辰，樞密使吕公弼罷爲吏部侍郎、知太原府。權御史中丞馮京爲樞密副使。癸巳，賜祕書省正字唐坰出身。初，坰爲北京監當官，上書言青苗不行，宜斬大臣異議者一二人。王安石謂坰宜在館閣，故得召對。

八月乙丑，司馬光對垂拱殿，乞知許州或西京留司御史臺、國子監。上曰：「卿何得出外，朕欲申卿前命，卿且受之。」光曰：「臣舊職且不能供，况當進用。」上曰：「王安石素與卿善，何自疑。」光曰：「臣素與安石善，但自其執政，違迕甚多。今迕安石者如蘇軾輩皆毀其素履，中以危法，臣不敢避削黜，但欲苟全素履。臣善安石豈如呂公著，安石初舉公著云何，後毀之云何，彼一人之身，何前是而後非，必有不信者矣。」上又曰：「青苗已有顯效。」光曰：「茲事天下知其非，獨安石之黨以爲是爾。」上曰：「蘇軾非佳士，卿誤知之。鮮于侁在遠，軾以奏稿傳之，韓琦贈銀三百兩而不受，乃販鹽及蘇木、磁器。」光曰：「凡察人當察其情，軾販鬻之利豈能及所贈之銀乎？安石素惡軾，陛下豈不知。以姻家謝景温爲鷹犬，使攻之，臣豈能自保，不可不去也。且軾雖不佳，豈不賢於李定，不服母喪禽獸之不如，安石喜之，乃欲用爲臺官。」

九月戊子朔，中書言：「請置檢正中書五房公事一員，每房各置檢正公事二員，並以朝官充。」乙未，參知政事韓絳爲陝西路安撫使〔一八〕。先是，絳奏以夏人寇慶州，陝西用兵，請出使。王安石曰：「臣於邊事未嘗更歷，宜往。」上卒遣絳。曾布同判司農寺。布尋奏改助役爲免役，呂惠卿大恨之。己亥，命崔台符、曾布、朱温其考試法官。試法官自此始。庚子，左僕射平章事曾公亮爲集禧觀使。公亮初薦王安石可大用，及同執政，知上方向安石，陰助之，而外若不與同者。安石以其助己，深德之。蘇軾嘗從容責公亮不能救正朝廷，公亮曰：「上與安石如一人，此乃天也。」〔辛丑〕馮京參知政事。吴充爲右諫議大夫、樞密副使。乙巳，御崇政殿策賢良方正，又策試武舉人。壬子，太白晝見。手詔：「制科調字號卷，大抵意尚流俗，而毁薄時政。援證先王之經，而輒失義理，恐不足收録，以惑天下之觀聽。」而調字號乃孔文仲試卷也。於是文仲竟坐黜。司馬光知永興，言青苗、助役爲陝西之患。上曰：「助役唯行京東、兩浙耳。雇人充役，越州已行矣。」

冬十月〔癸亥〕，鄧綰爲集賢校理、檢正中書孔目房公事。綰故名維清，累遷寧州通判。上書言：「陛下得伊、吕之佐，作青苗、免役錢等法，百姓無不歌舞聖澤。臣以所見寧州觀之，知一路，一路觀之，見天下皆然。此誠不世之良法，願陛下堅守，行之勿移於浮議也。」又與王安石書及頌，安石大喜，白於上，使乘驛詣闕，又累詔趣之。比至，召對，上問：「識王安石否？」曰：「不識。」上曰：「今之古人也。」又問：「識吕惠卿否？」曰：「不識。」上曰：「今之賢人也。」綰退見安石，欣然如舊交。綰自至京師，不敢與鄉人相見，鄉人皆笑駡，綰曰：「笑駡從汝，好官我須爲之。」尋又命綰兼編修中書户房條例。

十一月丁未，客星出婁。

十二月〔庚申〕，詔知杭州趙抃知青州。抃至青州，京東旱蝗，蝗將及境，遇風退飛墮水而盡，青無害。開封府判官、祠部郎中趙瞻知鄧州。瞻因出使得奏事，上問曰：

「卿爲監司久，乃知青苗法便也？」〔一九〕瞻對曰：「青苗法唐行之於季世擾攘中，掊民財誠便。今陛下欲爲長久計，愛百姓，誠不便。」王安石陰使其黨俞充誘瞻曰：「當以知雜御史奉待。」瞻不應，由是不得留京師。乙丑，中書言：「司農寺定畿縣保甲條例〔二〇〕，凡十家爲一保，選主户一人爲保長。五十家爲一大保，選主户物産最高者一人爲大保長。十大保爲一都保，乃選主户有行止材勇爲衆所伏者二人爲都副保正。凡選一家兩丁以上通主客爲之謂之保丁，除禁兵器外，其餘弓箭等許從便自置，習學武藝。每一大保逐夜輪差五人〔二一〕，於保分内往來巡警，遇有賊盜，畫時聲鼓報大保長以下〔二二〕，同保人户即時救應追捕。如賊入别保，遞相擊鼓應接襲逐。」〔丁卯〕參知政事王安石爲禮部侍郎、平章事。王珪守本官參知政事。

辛亥熙寧四年春正月壬辰，詔鬻天下廣惠倉田，爲三路及京東常平本。其當賑濟，即以廣惠、常平等倉所貯粟麥給之。

二月丁巳朔，中書言：「古之取士皆本於學校，今欲追復古制，宜先除去聲病偶對之文，使學者得以專意經義，以俟朝廷興建學校，然後講求三代所以教育選舉之法，施於天下。以明經及諸科欲行廢罷，取元解明經人數增解進士。今定貢舉新制：進士罷詩賦、貼經、墨義，各占治詩書易周禮禮記一經，兼以論語孟子，每試四場，初本經，次兼經，並大義十道。務通義理，不須盡用注疏。次時務策三道〔二三〕，禮部五道，中書撰大義式頒行。殿試策一道，限千字以上。分五等，第一等二等賜及第，第三等出身，第四等同出身，第五等同學究出身。」從之。知永興軍司馬光知許州。光在永興，宣撫司請增修城壁，光奏罷之。又請添屯軍馬於長安、河中、邠州。光言歲凶，乞罷添屯。不許。又奏乞災傷地分所欠青苗錢許重疊倚閣，仍牒所部八州軍未得依司農寺指揮催理。詔提舉司催理如司農寺指揮，不得施行光牒。光知言不用，遂乞判西京留守司御史臺。不報。又上章曰：「臣之不才最出群臣之下，先見不如呂誨，公直不如范純仁、程顥，敢言不如蘇軾、孔文仲，勇決不如范鎮。伏望陛下聖恩裁處其罪，若臣罪與范鎮同，即乞依范鎮例致仕。若罪重於鎮，或竄或誅，所不敢逃。」詔光移知許州，光固請留臺。久之，乃從其請。光自是絶口不復論新法。甲子，曾布檢正五房公事。布每事白王安石即行之，或謂布當白兩參政，指馮京及王珪也，布曰：「丞相已議定，何問彼爲。俟敕出令押字耳。」

三月丁亥，夔州路轉運使孫構、張詵言：「杜安行等討四夷賊〔二四〕，斥地七百里，獲鎧甲器仗。」詔遣著作佐郎章惇乘驛同轉運司制置以聞。先是，李承之薦惇於安石。安石曰：「聞惇極無行。」承之曰：「顧惇才可用耳。公誠與語，自當愛之。」安石見惇，惇素辯，又善迎合，安石大喜，恨得之晚。戊子，上召二府，出陝西轉運司奏慶州軍亂示之。上深以用兵爲憂。文彥博曰：「朝廷施爲務合人心，凡事當兼采衆論，不宜有所偏聽。陛下厲精求治，而人情未安，蓋更張之過也。祖宗法制未必皆不可行，但有廢墜不舉之處耳。」馮京曰：「府界溉淤田〔二五〕，又修差役、作保甲，人極勞弊。」上曰：「詢訪鄰近百姓，皆以免役爲喜。蓋雖令出錢而復其身役，無追呼刑責之虞，人自情願故也。」彥博又言：「祖宗法制具在，不須更張，以失人心。」上曰：「更張法制於士大夫誠多不悅，然於百姓何所不便。」彥博曰：「爲與士大夫治天下，非與百姓治天下也。」安石曰：「法制具在，則財用宜足，中國宜强。今皆不然，未可謂之法制具在也。」彥博曰：「務要人推行耳。」庚寅，詔諸路置學官州給田十頃爲學糧，仍置小學教授。條例司言：「欲令諸路轉運司具屬州煩劇縣分，主户二萬以上增置丞一員。」從之。戊戌，上批：「陳留縣見行保甲，非朝廷本意。今如此搔擾，可速指揮，令止如元議團保覺察賊盜，餘無得妄施行。鄉民既憂無錢買弓箭，加之傳惑恐徙戍邊，是以有父子聚首號泣者，非虛也。」王安石進呈不行。」丁未，平章事韓絳罷相，以本官知鄧州。上與王安石論保甲事，以爲誠有斬指者。安石曰：「陝西、河東未嘗致變，則人情可知。豈有怕爲義勇即造反之理。」上曰：「民，合而言之則聖，亦不可不畏。自上制法以使之，雖拂其情，然亦當便於民乃可。」

國是論曰：保甲一事，民怨彰灼。雖禁民越訴，捕人匿名，而民之斬趾求免、匿牓伸冤，其達於聖聰、軫於聖慮，安石不能掩其怨。流俗譏説之論，至是不能入矣。遂謂人主當爲天之所爲，任理而無情。又託之祁寒暑雨以爲説。則其辭支離窮遁，益不足以欺聖聰。此保甲之事，所以論辨數萬言，而上終疑之歟。蓋其所謂弊法不足守，人言不足聽者，上猶信而不疑，此可欺以方者也。其所謂天命不足畏，民怨不足恤者，上終疑而不信，此難罔以非其道者也。至熙寧再相，其私意僞論寖已彰露，復以祁寒暑雨爲言，而上毅然拒之曰：豈若並祁寒暑雨之怨而無之邪。大哉王言。至是聖德日新，邪説不可復入，安石去而終身不再召矣。

夏四月丁卯，鄧綰言：「知汝州事富弼責蒙城官吏散常平錢穀〔二六〕，妄追縣吏重笞之，又遣人持小札下諸縣，令未得依提舉司牒施行。本州簽判管勾官徐公衮以書諭諸縣，使勿奉行詔令。乞盡理根治。」詔送亳州推勘院。其富弼止令案後收坐以聞。富弼言：「臣凡三奏乞獨坐臣重責，特賜矜貸其餘官吏。臣今且説青苗一事，天下之人不論賢不肖，皆知爲害愈久愈深。今來本州不散青苗錢斛〔二七〕，並是臣獨見，情願當嚴譴，雖死無悔。其餘徐公衮以下州縣官吏，即望聖慈察其情理，別無深切，特與矜恕。」甲戌，試將作監主簿常秩爲右正言、管勾國子監。初，秩不肯仕宦，及王安石更定法令，士大夫沸騰以爲不便，秩見所下詔書，獨以爲是，被召遂起。及對垂拱殿，上問秩：「先朝累有除命，何以不起？」秩言：「先帝容臣辭免，故臣得以久安里巷。今陛下迫臣不許稽遲詔旨，是以不敢不來。」上嘉之。太常博士李寔、檢正中書禮房公事劉摯並爲監察御史裏行。

五月丙戌，提舉崇福宫吕誨致仕。誨言：「臣本無宿疾，偶值醫者用術乖方，殊不知脉候有虚實，陰陽有逆順，診察有標本，治療有後先，妄投湯劑，率情任意，差之指下，禍延四支，寖成風痺，遂艱行步。非祇憚跛㢶之苦，又將虞心腹之變。」蓋以身疾喻朝政也。誨病亟，手書屬司馬光爲墓銘。光往省之，至則目且瞑，光呼曰：「更有以見屬乎？」誨張目强視曰：「天下事尚可爲，君實勉之。」遂卒。［癸卯］楊繪言：「東明等縣百姓千百人，詣開封府訴超升等第，出助役錢事。本府不受，遂突入王安石私第。安石諭云：『此事相府不知。』仍問：『汝等來，知縣知否？』皆言不知。又詣御史臺，臣以本臺無例收接訴狀，諭令散去。退而訪問，乃司農寺不依諸縣元定户等，卻以見管户口量等第均定出役錢數付諸縣〔二八〕，各令管認〔二九〕，别造簿籍，前農務而畢。臣竊謂凡等第升降，蓋視人家産高下，乃得其實。今乃自司農寺先畫數，令本縣依數定簿，豈得民無争訴哉〔三〇〕。今判司農寺乃鄧綰、曾布，一爲知雜，一爲都檢正，非臣言之，誰敢言者。」王安石指陳繪言爲不然，上諾之。

六月戊午，劉摯言：「今天下有二人之論，有安常習故樂於無事之論，有變古更法喜於敢爲之論。臣嘗求二者之意，蓋皆有所是，亦皆有所非。樂於無事者，以謂守祖宗成法以致於治，此其所得也。至昧者，則苟簡怠墮，便私膠習而不知變通之權，此其所失也。喜有爲者以謂法濫道窮，不大變化則不足以通物而成務，此其所是也。至鑿者則作爲聰明，棄理任智，輕肆獨用，强民以從事，此其所非也。此以彼爲亂常，彼以此爲流俗。臣謂此風不可寖長。東漢黨錮，有唐朋黨之事，蓋始於斯。」後摯嘗面對，上問：「從學王安石耶？安石稱卿器識。」摯曰：「臣東北人，少孤獨學，不識安石。」甲子，知蔡州歐陽脩爲太子少師、觀文殿學士致仕。脩以老病，數上章乞骸骨。馮京固請留之。上曰：「修頃知青州，殊不嘉。」安石曰：「如此人與一州則壞一州，留在朝廷則附流俗、壞朝廷，必令留之何所用。」上以爲然。楊繪言：「今舊臣告歸或屏於外者悉未老。范鎮年六十三、呂誨五十八、歐陽脩六十五而致仕，富弼六十八而被劾引疾，司馬光、王陶皆五十而求閒散，陛下可不思其故邪。」甲戌，富弼落使相，以左僕射判汝州。永城等七縣徐公衮等十八人皆衡替〔三〕。坐不行新法，置獄劾治而有是命。弼赴汝州，仍以老病昏塞，凡新法文字乞免簽書，止令通判以下施行。

秋七月〔戊子〕，同判司農寺曾布言：「言事官屢以近日所議差役新法不便，考其所陳，皆失利害之實，非今日所以更張之意。陛下方有大有爲之心，固將舉直錯枉以示天下，而左右耳目之士以利爲害，以曲爲直〔三〕，以是爲非，以有爲無。臣恐有傷陛下之明，而害陛下之政也。」王安石以布所言進呈，上問如何，安石曰：「欲劄與繪、摯令分析。」遂以布所言劄與繪、摯令分析以聞。御史中丞楊繪具録前後論助役法四奏以自辨。御史劉摯又言：「臣近曾上言論助役之法，其害有十，陛下以臣言爲是邪，則事盡於前奏，可以覆視。陛下以臣言爲非邪，則貶黜之而已。雖使臣言之〔三〕，亦不過所謂十害者。是以不復條陳。」又曰：「以陛下之夙夜厲精，而天下未至於安治者，誰致之邪？陛下即位以來，注意責成，倚以望太平，而自以太平爲己任得君專政者是也。二三年間，開闔動摇，舉天地之内無一民一物得安其所者。蓋自青苗之議起，而天下始有聚斂之疑。青苗之議未允，而均輸之法行。均輸之法方擾，而邊鄙之謀動。邊鄙之禍未艾，而漳河之役作。漳河之害未平，而助役之事興。其間又求水利也，則勞民而無功。又淤田也，則費大而不效。又省併州縣也，則諸路莫不强民以應令。又起東西府也，則大困財力。禁門之側，斧斤不絶者，將一年而未已。其議財也，則商估市井屠販之人皆召而登政事堂。其征利也，則下至於曆日而官自鬻之。推此而往，不可究言，祖宗累朝之舊臣，則鐫刻鄙棄去者殆盡，百年之成法，則剗除廢革，存者無幾。去舊臣則勢位無軋己者，而權可保也。去舊法則曰今所以制御天下者〔三四〕，是己之所爲，陛下必將久任以聽其伸縮也。」於是詔繪落翰林學士、御史中丞爲翰林侍讀學士，摯落館閣校勘、監察御史裏行監衡州鹽倉。後兩日以繪知鄭州。

八月己卯，前旌德縣尉王雱爲太子中允、崇政殿説書。雱，安石子也，爲人剽悍無所顧忌。安石與弟安國白首窮經，雱從旁剽聞習熟而下筆貫穿，未冠已著書數十萬言，年十三時得秦州卒言洮河事，歎曰：「此可撫而有也。」故安石力主王韶議。雱作策三十餘篇極論天下事，皆安石輔政所施行。有以雱書聞者，於是安石方奉祠，上遽召見而有是命。安石亦喜雱得親近，能助己，因不復辭。

九月辛卯，大享明堂，以英宗配。大赦天下。庚子，夏國王秉常遣使入貢表，乞綏州城，願依舊約。詔答曰：「所言綏州前已降詔，更不令夏國交割塞門、安遠二寨，綏州更不給還，今復何議。俟定界畢，别進誓表，回頒誓詔，恩賜如舊。」

冬十月，頒募役法。戊辰，中書言：「近制增廣太學，益置生員，除主判官外，直講以十員爲額，每二員共講一經。委中書選差，或主判官奏舉。其生員分三等：以初入學生員爲外舍，不限員，自外舍升内舍，内舍升上舍。上舍以百員，内舍以二百員爲限。」壬申，前武昌節度推官王安國爲崇文院校書。安國常非其兄安石所爲。爲西京國子監教授，溺於聲色，安石以書戒之曰：「宜放鄭聲。」安國復書曰：「安國亦願兄遠佞人也。」官滿，至京師，上以安石故召對，問安石秉政，外論謂何。對曰：「但恨聚斂太急，知人不明耳。」上默然不悦。安國嘗力諫安石，以天下洶洶不樂新法皆歸咎於兄，恐爲家禍。安石不聽。安國哭於影堂曰：「吾家滅門矣。」又嘗責曾布以誤惑丞相更變法令。布曰：「足下人之子弟，朝廷變法何預足下事？」安國勃然怒曰：「丞相吾兄也。丞相之父即吾父也。丞相由汝之故殺身破家，僇及先人，發掘丘壠，豈得不預我耶？」〔三五〕

講義曰：安石之學尚不能同其弟，况使天下同己乎。雱以父之道光於仲尼，安石以子之賢爲崇政殿説書〔三六〕，子聖其父，父賢其子，而謂他人皆爲流俗，宜哉。

十一月甲申，詔蠲天下見欠貸糧，總計米一百六十六萬八千五百石有奇，錢十一萬七千四百緡有奇。百姓聞詔，莫不稱慶。

［十二月］壬申，劉蒙知湖陽縣。初，行免役法，使者召諸令會議，蒙獨以爲不便，不肯議，退而條上利害，即投劾去。

校證

〔一〕諸路與監司訪尋州縣可興復水利　「諸路與監司」表述不合宋人習慣，再造本、文海本同，長編紀事本末卷七三神宗皇帝水利、徐松宋會要輯稿食貨七之一八至一九又六一之九六、文獻通考卷六田賦考水利田均無「與」字，似是。又宋會要輯稿「水利」後有「之處」二字，似較佳。

〔二〕供析　原作「條析」，據再造本、文海本、長編紀事本末卷六六議減兵數雜類、彭百川太平治迹統類卷二八用度損益校改。

〔三〕虜　原作「遼」，據再造本、文海本回改。

〔四〕輔拂諫爭　再造本、文海本、宋史卷三一三富弼傳、李幼武宋名臣言行録後集卷二富弼同，陳均皇朝編年綱目備要卷一八、王稱東都事略卷六八富弼傳、徐自明宋宰輔編年録卷七、群書會元截江網卷三敬天作「輔弼諫諍」，東坡全集卷八七富鄭公神道碑、羅從彦豫章文集卷七遵堯録作「輔拂諫諍」。

〔五〕興利之言　再造本、文海本同，東都事略卷六九韓琦傳、趙汝愚宋朝諸臣奏議卷一一一韓琦上神宗乞罷青苗及諸路提舉官、歷代名臣奏議卷二六五作「興利之臣」。

〔六〕和足以廣樂　再造本、文海本同，宋會要輯稿選舉七之一九作「知足以廣樂」。

〔七〕方今之政　再造本、文海本同，宋會要輯稿選舉七之一九作「方今之弊」。

〔八〕使之對　再造本、文海本、長編卷二一〇均作「之與對」。魏泰東軒筆録卷六作「而與對」。

〔九〕晉陽之甲　再造本、文海本、長編紀事本末卷六三王安石毀去正臣同，長編卷二一〇作「晉陽之師」。

〔一〇〕提點刑獄　原作「同提點刑獄」，再造本、文海本同，據長編卷二一〇、韓維南陽集卷二九程伯純墓志銘、呂祖謙宋文鑑卷一三八程頤程伯淳行狀等删「同」字。按銜内既有「權發遣」不可能再加「同」。

〔一一〕爲讒　再造本、文海本同，長編卷二一〇、宋名臣言行録後集卷七司馬光均作「欺罔爲讒」。

〔一二〕衆論　再造本、文海本同，按「不敢衆論」不文，長編卷二一〇作「不敢盡論」，宋名臣言行録後集卷七司馬光作「不敢論」，無「衆」。

〔一三〕特旨問罪　再造本、文海本、長編卷二一一、長編紀事本末卷六九青苗法均作「特不問罪」。

〔一四〕按：朱壽昌事下有繫日「癸亥」，則「壬戌」當删。

〔一五〕民間　「間」原作「問」，文海本同，據再造本、長編卷二一〇、東都事略卷一一七卓行傳、張鎡仕學規範卷五行已校正。

〔一六〕永興　再造本、文海本同，長編卷二一二、皇朝編年綱目備要卷一八作「知永興」，「知」字不當略。

〔一七〕令　文海本字模糊，再造本、長編卷二一二、王應麟玉海卷五一藝文作「令」，作「令」似是。

〔一八〕安撫使　再造本、文海本同，長編卷二一五、宋史卷一六七職官志卷三一五韓絳傳均作宣撫使，韓絳既以參知政事出外，似應作「宣撫使」。

〔一九〕知青苗法便　再造本、文海本同，長編卷二一八、杜大珪名臣碑傳琬琰之集上卷二七范祖禹趙瞻神道碑、范祖禹范太史集卷四一趙瞻神道碑銘均作「當知青苗法便」。

〔二〇〕條例　再造本、文海本、長編卷二一八、宋會要輯稿兵二之五、太平治迹統類卷二二熙寧元祐議保甲保馬變更、群書會元截江網卷二八役法、章如愚群書考索後集卷四一兵制門均作「條制」。

〔二一〕每二大保　再造本、文海本同，長編卷二一八、宋會要輯稿兵二之五作「每一大保」。

〔二二〕晝時　原作「晝時」，文海本同，據再造本、長編卷二一八、宋會要輯稿兵二之五校改。

〔二三〕按長編卷二二〇、太平治迹統類卷二七仁宗科舉取士「次時務策三道」之前均有「次論一道」四字。

〔二四〕討四夷賊　再造本、文海本同，長編卷二二一、皇朝編年綱目備要卷一九作「討平夷賊」。

〔二五〕溉淤田　再造本、文海本同，長編卷二二一、宋史卷九五河渠志作「既淤田」。

〔二六〕知汝州　再造本、文海本同，長編卷二二二、宋會要輯稿食貨五之九、長編紀事本末卷六九青苗法、皇朝編年綱目備要卷一九作「知亳州」。按蒙城縣隸屬亳州，故作「知亳州」是。此事後，富弼改任判汝州。

〔二七〕不散青苗　再造本、文海本及諸書同，惟長編卷二二二作「不敢散青苗」。

〔二八〕量等第　原遺「等」字，再造本、文海本同，據長編卷二二三、皇朝編年綱目備要卷一九補。又宋朝諸臣奏議卷一一六楊繪上神宗論助役、歷代名臣奏議卷二五五作「品量等第」，似更佳。

〔二九〕各令管認　長編卷二二三此下有「升降户等」四字，再造本、文海本均無。

〔三〇〕民無争訴　再造本、文海本同，長編卷二二三、宋朝諸臣奏議卷一一六楊繪上神宗論助役、歷代名臣奏議卷二五五作「民心甘服」。

〔三一〕永城等七縣徐公衮等十八人皆衝替　再造本、文海本同，長編卷二二四作：「通判亳州職方郎中唐諲、簽書判官都官員外郎蕭傳、屯田員外郎徐公衮、支使石夷庚、永城等七縣令佐等十八人皆衝替」，皇朝編年綱目備要卷一九作「通判唐諲、簽判徐公衮及七縣令佐皆坐黜」，太平治迹統類卷一四神宗朝臣議論新法作「通判唐諲、簽判蕭傳及徐公衮、石夷庚、永成等七縣令佐合十六人各衝替」。可知徐公衮是州官，不應列「七縣」下，而「七縣」下應有「令佐」二字。

〔三二〕以曲爲直　再造本、文海本同，長編卷二二五作「以直爲曲」。

〔三三〕雖使臣言之　再造本、文海本同，長編卷二二五、宋史卷一七七食貨志、宋朝諸臣奏議卷一一六劉摯上神宗分析曾布劄子、劉摯忠肅集卷三論助役法分析疏均作「雖復使臣言之」。

〔三四〕制御　再造本、文海本同，長編卷二二五、宋朝諸臣奏議卷一一六劉摯上神宗分析曾布劄子、宋文鑑卷五七劉摯論分析助役均作「制馭」，劉摯忠肅集卷三論助役法分析疏作「治馭」。

〔三五〕豈得不預我耶　再造本、文海本同，長編卷二二七、司馬光涑水記聞卷一六、趙善璙自警編卷八「我」後均有「事」字。

〔三六〕崇政殿説書　「殿」原作「講」，文海本同，據再造本、吕中宋大事記講義卷一七校改。

宋史全文卷十二上

宋神宗二

壬子熙寧五年春二月癸亥，太白晝見。丙寅，知渭州蔡挺爲樞密副使。

［三月］富弼屢請老，戊戌，復授司空、同平章事、武寧節度使致仕。進封韓國公〔一〕。

（三月）丙午，詔曰：「天下商旅物貨至京，多爲兼併之家所困。宜出内藏庫錢帛，選官於京師置市易務。遇有客人物貨出賣不行，許至務中投賣，勾行人、牙人與客人平價，據行人所要物數，先支官錢買之，如願折博官物者亦聽。以抵當物力多少，許令均分賒請，相度立一限或兩限送納價錢，若半年納即出息一分，一年納即出息二分。」

國是論曰：興利之中，其罪亦有輕重。青苗、均輸、助役，世以是爲安石大罪，猶可恕也。何者？安石之始學在此，而始謀出此也。市易、免行征利及於瑣屑，此皆小人之附安石者爲之，而安石亦以爲王政，將誰欺乎。

群牧使李肅之知永興軍。上戒令綏撫一路，肅之曰：「自是朝廷以常平、助役擾州縣耳。」上不悦。户部判官吕嘉問提舉在京市易務，仍賜内藏庫錢一百萬緡爲市易本錢。

夏四月，先是，三司啓請市易十三條，其一云：兼并之家較固取利，有害新法，令市易務覺察，申三司按置以法。御批：「減去此條，餘悉可之。」御史劉孝孫言：「於此見陛下寬仁憂民之至。」王安石曰：「孝孫稱頌此事以爲聖政，臣愚竊謂此乃是聖政之闕。」上曰：「若但設法傾之，即兼并自不能爲害。」安石曰：「若不敢明立法令，但設法相傾，即是紙舖孫家所爲。」

陳瓘論曰：臣竊謂神考不欲於律外立較固之條，可謂仁厚愛民之意。劉孝孫將順聖美不爲過也。日録之内，但爲顯揚嘉問，故不以御批爲是，不以孝孫爲然。於是造神考之言曰：「若設法傾之，則兼并不能爲害。」又撰對上之言曰：「若不能明立法令，但設法相傾，即是紙舖孫家。」所謂紙舖孫家，爲是百姓制百姓不得，故止如此，豈有爲天下主乃只如紙舖孫家所爲，何以謂之人主！烏乎，設法相傾之語，謂之不誣可乎！紙舖孫家之語，謂之不詆可乎！神考愛民守法，而指爲闕政，力主嘉問，遂至於侮薄君父，不亦悖乎。

五月辛巳，詔以古渭寨爲通遠軍〔二〕。古渭，唐渭州也。自至德中陷於吐蕃，至皇祐中始得其地，因建爲寨。上將恢復河湟，故命建軍，爲開拓之漸。辛卯，王安石以王韶書進呈，韶言：「已拓地千二百里，招附三十餘萬口。」〔壬辰〕上又論人有才不可置之閒處，因言漢武亦能用人才。王安石曰：「武帝所見下，故所用將帥即止衛、霍輩，至天下户口减半，然亦不能灭匈奴。」上曰：「武帝自为多欲耳。」安石曰：「欲亦不能害政，如齐桓公亦多欲矣，而注厝方略不失为霸于天下，能用人故也。」上曰：「汉武至不仁，以一马之欲劳师，万里侯者七十余人，视人命若草芥，所以户口减半也。人命至重，天地之大德曰生，岂可如此。」[甲午]是日，王安石留身乞东南一郡。上甚怪安石如此，曰：「朕所以用卿亦岂有他，天生聪明，所以乂民，相与尽其道以乂民而已，非以为功名也。朕顽鄙，初未有知，自卿在翰林，始得闻道德之说，心稍开悟，卿朕师臣也，断不许出外。」

陈瓘论曰：熙宁之初，神考以安石为贤，自邓绾黜逐以后，不以安石为贤矣。安石退而著书，愤郁怨望，傲然自圣。于是书托圣训之言曰：「卿，朕师臣也。」〔三〕又曰：「君臣之义，重于朋友。朕既与卿为君臣，宜为朕少屈。」此等不逊之言托于圣训，前后不一，又谓吕惠卿亦师臣也，又谓如常秩者亦当屈己师之。神考尝谓常秩不识去就，安石亲闻此训，书于日录，岂有不识去就之人，而可以为圣主之师乎。

六月癸亥，知制诰王益柔兼判礼部贡院。试法分四场，除第三第四场策论如旧，其第一场试本经五道，第二场论语孟子各三道，试官每一人试卷各分一场，考校考毕，众官参定高下去留。己巳，王安石请解机务。上曰：「卿无乃谓朕有疑心，朕自知制诰知卿，屬以天下事。如吕誨比卿少正卯、盧杞，朕不爲所惑。」安石曰：「臣平生操行本不爲人所疑，若任事久，疑似之迹多，而讒誣之人才或過於吕誨，即臣未敢保陛下無疑也。」上曰：「吕公著與卿交遊至相善，然言卿慶矣，卿之所存，雖朋友未必知，至於衆人見朕與卿相知如此，亦皆不知其所以君臣之義固重於朋友。若朋友與卿要約，勤勤如此，卿亦宜爲之少屈。朕既與卿爲君臣，安得不爲朕少屈。」甲戌，王安石見上曰：「陛下不許臣去，臣不敢固違聖旨。然臣實病，若更黽勉半年不可强，即須至再煩聖聽。」上曰：「卿許朕就職甚善，如何卻半年後又乞出。且勿如此。」樞密院言：「仁宗時嘗建武學，乞復之。」詔於武成王廟置武學，選文武官知兵者爲教授。

秋七月壬午，詔以榷貨務爲市易西務下界，市易務爲東務上界。辛卯，詔在京商税院、雜賣場、雜買務並隸提舉市易務。曾孝寬爲史館修撰兼樞密都承旨，舊用武臣，以文臣兼領自孝寬始也。編修三司敕條例删定官郭逢原上疏：「陛下固以師臣待安石矣，而使之自五鼓趨朝，僕僕然北面而亟拜，尚守君臣之常分，臣之所未喻也。」又曰：「宰相代天理物，無所不統。臣愚以謂當廢去樞府，併歸中書，合文武於一道，歸將相於一職，復兵農於一民，此堯舜之舉也。今王安石居宰輔之重，朝廷有所建置，特牽於樞府而不預，則臣恐陛下任安石者蓋不專矣。」疏奏，上甚不悦。他日，謂安石曰：「逢原必輕俊。」安石曰：「陛下何以知之？」上曰：「見所上書欲併樞密院。」安石曰：「人才難得，如逢原亦且曉事，可試用也。」

〔閏七月〕庚戌〔四〕，遣章惇察訪荆湖北路農田水利常平等事。壬子，詔：「武學生員以百人爲額，遇科場前一年，委樞密院降宣，命武臣路分都監及文臣轉運判官以上，各奏舉堪應武舉者一人，其被舉人遇生員闕，願入學者聽。」詔入内供奉官以下已有養子，更養次子爲私身内侍者，當行處斬，不在自首之限。（閏七月）〔五〕〔丙辰〕御史張商英言：「判刑部王庭筠立法，應蝗蝻爲害，須捕盡乃得聞奏。今大名府、祁保邢莫州、順安保定軍所奏凡四十九狀，而三十九狀除捕未盡。進奏院以不應法不敢通奏。且蝗蝻幾遍河朔，而邸吏拘文封還奏牘，姑俟其撲除盡浄方許以聞，則陛下欲於此時恐懼修省以上答天戒，而下恤民隱亦晚矣。」御批：「令進奏院遍指揮諸路轉運、安撫司，並轄下州府軍監縣，今後應有災傷〔六〕，並仰所在畫時聞奏。」王安石曰：「條貫已令本州、提點刑獄、轉運司申奏，安撫司自不須奏，一處蝗蟲，陛下閲六七紙奏狀，如此勞弊精神翻故紙，只如經略安撫司有何限，合經制事卻須要管勾奏災傷狀作甚。」上笑。

吕中曰：司馬光言：安石有三不足之説。由今觀之，實有四不足之説。然神宗之於安石，真以衆論爲流俗，以舊制爲弊法，以人怨爲常情，皆勉强從之。而天變常數之論，安石竟不能惑。

蓋聖性嚴恭，根本於天性，而源流於祖宗。如長江大濤，雖萬折必東也。安石知上之不可惑，故令州縣不得奏災傷以蔽聰明，而旱暵彗星又不可掩，故七年之旱，安石以常數對，而上不之信，此安石常數之論不敢發也。遂託言交趾以解之，雖不明言天命不足畏，而微意可觀矣。自紹聖至政、宣，奸臣誤國之論盡出於安石，而天命不足畏之説流禍尤酷。災異不言而祥瑞輒書，甚者臘月之雷指爲瑞雷，三月之雪指爲瑞雪，其視天變若童稚之可侮，痛哉。

先是，内批付王安石：「聞市易買賣極苛細，市人籍籍怨謗，以爲官司浸淫，盡收天下之貨自作經營。可指揮令只依魏繼宗元擘畫施行。」於是王安石留身白上曰：「必有事實，乞宣示。」上曰：「聞榷貨賣冰，致民賣雪都不售。又聞買梳朴即梳朴貴，買脂麻即脂麻貴。又聞立賞錢捉人不來市易司買賣。」安石曰：「果有此事，則是臣欲以聚斂誤陛下。陛下當知臣素行，若臣不如此，即無緣有此事。」上曰：「卿固不如此，但恐所使令未體朝廷意，更須審察。」安石曰：「此事皆有迹，容臣根究勘會，别具聞奏。」[辛酉]上曰：「如河決壞民産，民不之怨。若人壞之則怨矣。」安石曰：「陛下正當爲天之所爲，所謂天之所爲者，如河決是也。天地之大德曰生，然河決以壞民産而天不恤者，任理而無情故也。故祁寒暑雨人以爲怨，而天不爲之變。孔子曰：『唯天爲大，惟堯則之。』堯使鯀治水，鯀汩陳其五行九載。以陛下憂恤百姓之心，宜其寢食不甘，而堯能待如此之久，此乃能爲天之所爲也。」甲戌，資政殿學士趙抃爲資政殿大學士、知成都府。或言前執政舊不差知成都，上曰：「今人少欲去，但爲職田不多耳。抃清苦，必不爲職田。蜀人素愛抃，抃必肯去。」召見勞之曰：「前此無自政府復知成都者，卿能爲朕行乎？」抃曰：「陛下宣言即敕命也，顧豈有例。」上甚悦。

八月〔甲申〕，潁州言：觀文殿學士致仕歐陽脩卒。太常初謚曰「文」，常秩曰：「脩有定策之功，請加以『忠』。」乃謚文忠。脩喜薦士，一時名賢卿士出脩門下者甚衆，而薦秩與連庶尤力。秩晚仕於朝，君子非之，脩自以爲失，庶終不出，脩自以爲得也。己亥，詔以京西路分南北兩路，襄、鄧、隨、房、金、均、郢、唐八州爲南路，西京、滑〔七〕、許、孟、陳、汝、蔡、潁七州，信陽軍爲北路。貶太子中允、同知諫院唐坰爲潮州別駕。坰初以王安石薦得召見，驟用爲諫官，數論事不聽，遂因百官起居，越班扣陛請對。上諭止之。坰堅請上殿，讀疏論王安石用人變法非是。上怒其詭激，故貶坰。疏留中，其略云：「安石用曾布爲腹心，張琥、李定爲爪牙，劉孝孫、張商英爲鷹犬，元絳、陳繹爲厮役。保甲以農爲兵，凶年必致怨叛。免役損下補上，人人怨咨。又置市易司，都人有致餓死者。」以安石比李林甫、盧杞。又言：「王珪奴事安石。」安石曰：「坰素狂，不足深責。」乃改授大理評事、監廣州軍資庫。是月，詔司農以方田均税條約並式頒之天下。方田之法：以東西南北各千步〔八〕，當四十一頃六十六畝一百六十步，爲一方。分地計量，據其方莊帳籍驗地土色〔九〕，分爲五等，均定税數。均税法，以縣祖額租數〔一〇〕，毋以舊收蹙零數均攤，於元額外輒增數者禁之。凡田方之角有埄植，以野之所宜木。有方帳，有莊帳，有甲帖，有户帖，有分煙析生、典賣割移，官給契。縣置簿，皆以今所方之田爲正。先自京東路行之，諸路倣焉。

九月丁未，御史張商英言：「近日典掌誥命多不得其人，如陳繹、王益柔、許將皆今之所謂辭臣也。然繹之文如款段逐驥〔一一〕，筋力雖勞，而不成步驟〔一二〕。益柔之文如野嫗織機，雖能成幅，而終非錦繡。將之文如啞子吹塤〔一三〕，終日喑嗚，而不合律吕。此三人者，恐不足以發揮帝猷，號揚四海〔一四〕。乞精擇名臣，俾司詔命。」不報。丁卯，詔以淮南路分東西兩路，揚、亳、宿、楚、海、泰、泗、滁、真、通十州爲東路〔一五〕，壽、廬、蘄、和、舒、濠、光、黄八州，無爲軍爲西路。壬申，權發遣延州趙卨爲吏部員外郎，賜銀、絹二百匹、兩。以卨奏，根括地萬五千九百一十四頃，招漢蕃弓箭手四千九百八十四人騎，團作八指揮故也。

冬十月戊寅，知華州吕大防言：「九月丙寅，少華山前阜頭谷山嶺摧陷，其下平地東西五里、南北十里，潰散墳裂，涌起堆阜，各高數丈，長若隄岸，至陷居民六社凡數百户，林木廬舍亦無存者。」詔賜陷没之家錢有差。

十二月，上曰：「本朝祖宗皆愛惜天物，不肯横費。漢文帝曰：『朕爲天下守財耳。』」安石曰：「人主若能以堯舜之政澤天下之民，雖竭天下之力以奉乘輿，不爲過當。守財之言非天下正理，然安於儉節，自是盛德，足以率勵風俗，此臣所以不敢不體聖心也。」是歲，河北大蝗。

癸丑熙寧六年春正月辛亥，詔奉僖祖爲太廟始祖，遷順祖神主藏夾室。孟夏祀感生帝，以僖祖配。始從王安石之議也。樞密使文彦博言：「臣近言市易司遣官監賣果實，有傷國體，凡衣冠之家罔利於市，縉紳清議尚所不容，豈有堂堂大國皇皇求利，而不爲物議所非者乎。」不報。先是，王安石以病謁告，彌旬，乃求解機務。且入對，上面還其章。安石固求罷，上不許。既而上又召安石子雱再三問勞，又令馮京、王珪諭旨。於是安石復入視事，上謂安石曰：「雱説卿意似不專爲病，朕亦爲雱説，必爲在位久，度朕終不足與有爲，故欲去耳。」安石曰：「陛下至仁聖，臣豈有他。但後世風俗皆以勢利事君，臣久冒權位，不知避賢，即無以異勢利之人，况又病，必恐有曠敗，致累陛下知人之明，所以力求罷也。」

三月丁未，熙河路經略司言，二月丙申克復河州。命知制誥吕惠卿兼修撰國子監經義，太子中允崇政殿説書王雱兼同修撰。先是，上諭執政曰：「今歲南省所取多知名舉人，士皆趨義理之學，極爲美事。」王安石曰：「民未知義，則未可用。况士大夫乎？」丙辰，司天監言，四月朔日當食九分。詔諸路學官，並委中書選京官朝官選人或舉充〔一六〕。又詔諸路擇舉人最多州軍依五路法，各置教授一員。壬戌，御集英殿，賜正奏名進士、明經諸科余中以下及第、出身、同出身、同學究出身總五百九十六人，賜新及第進士錢三千緡，諸科七百緡，爲期集費。癸亥，上謂王安石曰：「宿衛親事官有擊指揮使傷首者，而主名未立，宿衛法不可不急變革。」安石曰：「臣固嘗論此，此固易變，但要措置有方。」戊辰，置諸路提點刑獄司檢法官各一員。從吕惠卿請也。

夏四月〔乙亥〕，以期集院爲律學，養生員，置教授四員。戊寅，新知桂州沈起乞自今本路有邊事，止申經略司專委處置，及具以聞。從之。安石私記又云：「上令起密經制交阯事，諸公皆不與聞。凡所奏請皆報聽。」乙酉，熙河路經略司上河州得功將卒。王安石白上：「士氣自此益振。」上曰：「古人謂舉事則才自練，此言是也。」安石曰：「舉事則才者出，不才者困，此不才者所以不樂舉事也。」〔庚寅〕中太一宫成。

六月丁丑，提舉在京市易務奏三班借職張吉甫爲上界勾當公事。吉甫辭以見爲李璋指使，璋方在降謫〔一七〕，一旦捨去，義所不安。上歎曰：「十室之邑，必有忠信。」吉甫雖小人，陳義甚高。賢於李清臣遠矣。可遂其志。」初，韓絳宣撫，清臣從辟，會絳無成功被貶，清臣規自全，多毀絳，故上薄之。辛巳，提舉司天監陳繹等言：「本監測驗簿氣朔差互，而崇天曆氣後天，明天曆朔後天，其失皆置元不當，未可考正，浮漏渾儀亦各有舛戾。」詔衛朴別造曆，與舊曆比較疏密，其浮漏渾儀令依新樣裝造。本監别測驗以聞。己亥，置軍器監總内外軍器之政，軍器舊領於三司胄案〔一八〕，至是，始案唐令置監，而廢胄案焉。

秋七月乙巳，詔京西、淮南、兩浙、江西、荆湖六路各置一鑄錢監〔一九〕。江南、荆湖南路以十五萬緡〔二〇〕，餘以十萬緡爲額。

八月，翰林學士曾布等言：「今修成義勇保甲及養馬條三卷。」詔兵部行之。養馬法：凡五路義保願養馬者户一匹，有物力養馬者户二匹聽〔二一〕，以監牧見馬給之。或官與其直，使自市。毋或强予〔二二〕。府界毋過三千匹，五路毋過五千匹，在府界者歲免體量草二百五十束，先給以錢。布在五路者〔二三〕，歲免折變、緣納錢〔二四〕。三等以上十户爲一保，四等十户爲一社〔二五〕，以待死病補償者。保甲馬即馬主獨償之，社户馬半使社人償之。歲一閲其瘠肥，禁苛留者。凡十有四條，先自府界頒行焉。在五路者要監司、經略司、州縣更度〔二六〕。秘閣考試所言：應制科陳彦古所試六論不識題及字數皆不足。自是制科亦罷矣。

九月辛亥，御崇政殿試武舉進士。

冬十月辛未，駙馬都尉張敦禮乞立春秋學官〔二七〕，不許。上謂王安石曰：「卿嘗以春秋自魯史亡，其義不可考。故未置學官。敦禮好學不倦，第未知此意耳。敦禮但讀春秋而不讀傳，春秋未易可通。」馮京等曰：「漢儒初治公羊，後乃治穀梁，左氏最後出。」上曰：「漢儒亦少有識見者。」戊寅，三班奉職申翊爲右班殿直、閤門祗候、武學教授。〔庚辰〕初，王韶既城河州，獨將兵至馬練川降瞎吳叱，進攻宕州，拔之，通洮山路〔二八〕，岷州木令征以城降〔二九〕，遂入岷州，分兵破青龍傒於綽羅川〔三〇〕，通熙州路，疊州欽令征、洮州郭厮敦皆相繼詣軍中，以城聽命，巴氈角亦以其族自歸。軍行凡五十有四日，涉千八百里，復州五，闢地東西千里，斬首三千餘級。是役也，人皆傳韶已全師覆没，及奏捷，上乃大喜。王安石謂韶謀中機會，故所至皆捷云。辛巳，宰臣王安石等以修復熙州、洮岷疊宕等州，幅員二千餘里，招撫大小蕃族三十餘萬帳，各已降附，上表稱賀。上解所服玉帶賜安石，安石固辭曰：「陛下拔王韶於疏遠之中，恢復一方。臣與二三執政奉承聖旨而已，不敢獨當此賜。」上又諭旨曰：「群疑方作，朕亦欲中止，非卿助朕，此功不成。」安石受賜。〔丁亥〕上初置内教場，旬一御便殿，程其能否，而勸沮之。人人奮勵。

十二月［庚辰］，上論司馬、孫吳及李靖團力之法。王安石曰：「古論兵無如孫武者。如日有短長，月有死生，五聲之變〔三二〕，不可勝聽；五色之變，不可勝觀；奇正之變，不可勝窮。蓋粗見道，故其言有及於此。」上曰：「能知奇、正，乃用兵之要，奇者，天道也，正者，地道也，地道則常，天道則變而無常。至於能用奇正，以奇爲正，以正爲奇，則妙而神矣。」安石曰：「誠如此，天能天而不能地，地能地而不能天，能天能地利用出入則所謂神也。」

甲寅熙寧七年二月［己巳朔］，上與王安石論邊事曰：「食哉惟時，雖堯舜以爲先務。」安石曰：「雖然，若不惇德允元而難任人，誰爲陛下盡力推行食哉惟時之政事。」上憂契丹，安石曰：「豈有萬里而畏人者哉。如不免畏人，即必是事尚有可思處。」庚寅，詔國子監許賣九經、子、史諸書與高麗國使人。又詔以新鄆州左司理參軍葉濤等二十三人爲諸路教授。國子監言：「看詳濤等所業，堪充教授。」故也。

三月癸卯，詔以旱避正殿，減常膳。乙巳，白虹貫日。詔：「役錢每千別納頭子五文〔三三〕，其舊於役人圓融工費，修官舍，作什器，夫力輦載之類並用此錢，不足即用情輕贖銅錢，輒圓融者，以違制論，不以去官、赦原。」先是，凡公家之費有敷於民間者謂之圓融，污吏乘之以爲奸。至是，始悉禁焉。庚戌，兩浙察訪沈括言：「兩浙上供帛年額九十八萬，民間賠甚多〔三三〕，後來發運司以移用財貨爲名，增兩浙預買紬絹十二萬，乞罷之以寬民力。」從之。又詔：「聞鎮、定州民有拆賣屋木以納免役錢者〔三四〕，令安撫、轉運、提舉司體量，具實以聞。」上問安石：「納免行錢如何？或云提湯餅人亦令出錢，有之乎？」安石曰：「若有之，必經中書指揮。中書實無此文字。陛下治身比堯舜，實無所愧，至於難任人、疾讒説，即與堯舜實異故也。」上曰：「何故士大夫言不便者甚衆？」安石曰：「士大夫或不快朝廷政事，或與近習相爲表裏，自古未有令近習如此，而能興治功者。」上又患置官多費用，安石曰：「凡創置官，皆須度可以省費興治乃創置。」上曰：「即如此何故財用不足。若言兵多，則今日兵比慶曆中爲極少。」安石曰：「陛下必欲財用足，須理財。若理財即須斷而不惑，不爲左右小人異論所移，乃可以有爲。」上曰：「古者什一而税足矣。今取財百端，不可爲少。」安石曰：「古非特什一之税而已，市有泉府之官，山林川澤有虞衡之官，有次布、總布、質布、廛布之類甚衆〔三五〕，關市有征，而貨有不由關者，舉其貨，罰其人〔三六〕，古之取財亦豈但什一而已。」癸亥，上批：「聞都下米麥踴貴，可令司農寺發寄倉常平米〔三七〕，不計元糴價，比在市見賣之直量減錢出糶。」詔司農寺以常平米三十二萬斛、三司米百九十萬斛，置官場出糶。民甚悦之。乙丑，詔中書：「應中外文武臣僚，並許實封言朝政闕失。」翰林學士韓維之辭也〔三八〕。先是，維對延和殿，上曰：「久不雨，朕夙夜焦勞，奈何？」維曰：「陛下憂閔旱災，損膳避殿，此乃舉行故事，恐不足以應天變。願陛下痛自責己，下詔廣求直言，以開壅蔽，大發恩令，有所蠲放，以和人情。」上感悟，即命維草詔，詔出，人情大悅。

夏四月己巳，上以久旱憂見容色，欲盡罷保甲方田等事。王安石曰：「水旱常事，堯、湯所不免，陛下即位以來，累年豐稔。今旱暵雖遠〔三九〕，但當廣修人事以應天災，不足貽聖慮耳。」上曰：「此豈細事。朕今所以恐懼如此者，正爲人事有所未修也。」於是，中書條奏，請蠲減賑恤。詔：「州縣已差教授處〔四〇〕，管下有書院並縣學，舊有錢糧者，並撥入本學，補試生員，選差職掌，餘官毋得干預。」〔四一〕從國子監請也。〔癸酉〕上批：「應災傷路分，方田、保甲其見編排方量及造五等簿處，可速指揮並權罷。」是日大雨。〔甲戌〕先是，監安上門鄭俠言：「去年大蝗，秋冬亢旱，以至今春不雨，皆由中外之臣輔佐陛下不以道，以至於此。伏願陛下開倉廩以振貧乏，諸有司掊斂不道之政一切罷去，庶幾早召和氣，上應天心。臣又見南征北伐，皆以其勝捷之勢、山川之形爲圖而來，料無一人以天下憂苦質妻賣女、父子不保、遷移逃走、困頓藍縷、拆屋伐桑爭貨於市〔四二〕、輸官糴米、皇皇不給之狀爲圖以獻。臣謹以安上門逐日所見繪爲一圖，百不及一，已可咨嗟涕泣，使人傷心，而況於千萬里之外哉。如陛下觀臣之圖，行臣之言，自今已往至於十日不雨，乞斬臣於宣德門外，以正欺君謾天之罪。如少有所濟，亦乞正臣越分言事之刑。」俠，福清人也。於是，上出俠疏及圖以示輔臣，問王安石識俠否？安石曰：「嘗從臣學。」因乞避位，上不許。乃詔開封府劾俠擅發馬遞之罪。王安石懇求去位，引惠卿執政，上許之。判西京留守司御史臺司馬光上疏：「方今朝之闕政，其大者有六而已。一曰廣散青苗錢，使民負債日重，而縣官無所得。二曰免上户之役，斂下户之錢，以養浮浪之人。三曰置市易司，與細民爭利，而實耗散官物。四曰中國未治，而侵擾四夷，得少失多。五曰團結保甲，教習凶器，以疲擾農民。六曰信狂狡之人，妄興水利，勞民費財。若其他瑣瑣米鹽之事，皆不足爲陛下道也。」知青州滕甫言：「新法害民者，陛下既知之矣。但一下手詔〔四三〕，應熙寧二年以來所行新法有不便者悉罷，則民氣和而天意解矣。」丙戌，平章事、監修國史王安石罷爲吏部尚書、知江寧府。知大名府韓絳平章事，翰林學士呂惠卿爲參知政事。安石爲執政凡六年，會久旱，百姓流離，上憂見顔色，益疑新法不便，欲罷之。安石不悦，屢求去。上手詔諭安石，欲處之以師傅之官留京師，而安石堅求去。又賜手詔曰：「朕深體卿意，更不欲再三邀卿之留。已除卿知江寧，庶安心休息，以適所欲。朕體卿之誠至矣，卿宜有以報之。手劄具存，無或食言，從此浩然長往也。」又賜手詔曰：「韓絳欲得一見卿，意者有所諮議。卿可爲朕詳語以方今人情政事之所宜急者。」安石薦絳代己，仍以惠卿佐之，於安石所爲遵守不變也。時號絳爲「傳法沙門」，惠卿爲「護法善神」。

講義曰：仲淹用則仲淹之法行，仲淹去則仲淹之法改。安石之身雖退，而安石之法卒不可變，何耶？蓋安石變法之罪小，用小人之罪大。變法之禍止於一時，而引用小人其禍無窮。惠卿祖安石之意而行之，章惇祖惠卿之意而行之，蔡京又祖章惇之意而行之，其爲禍百年不止也。

己丑，詔曰：「朕度時之宜，造爲法令，已行之效，固亦可見。吏有不能奉承，雖然，朕終不以吏或違法之故，輒爲之廢法。要當博謀廣聽，案違法者而深治之。」先是，呂惠卿慮中外因王安石罷相，言新法不便，以書遍遺諸路監司郡守，使陳利害。至是，又白上降此詔申明之。［壬辰］上論及免行利害，且曰：「今日之法，但當使百姓出錢輕如往日，便是良法。至如減定公使錢，人猶以爲言者，此實除去衙前賠費深弊。且天下貢奉之物，所以奉一人者，朕悉已罷，人臣亦當體朕此意，以愛惜百姓爲心。」馮京曰：「朝廷立法，本意出於愛民。然措置之間，或有未盡。但當開廣聰明，盡天下之議，使者行之，有不便者不吝改作，則天下受賜矣。」詔中書，自熙寧以來創立改更法度，令具本末編類進入。

五月戊戌朔，左司郎中、天章閣待制李師中言：「旱既太甚，民將失所。今日之事，非有動民之行〔四四〕、應天之實，臣恐不足以塞天變。伏望陛下詔求方正有道之士，召諸公車對策〔四五〕。如司馬光、蘇軾輩，復置左右，以輔聖德。如此而後，庶幾有敢言者。陛下承祖宗之基，求治如此，臣愚不肖亦未忘舊學，陛下欲爲富國强兵之事，則有禁暴豐財之武〔四六〕，欲爲代工熙載之事，則有利用厚生之道。有臣如是，陛下其舍諸。」上批：「師中敢肆誕謾，輒求大用，可責授和州團練副使、本州安置，不得簽書公事。」王安石甚惡師中，及是吕惠卿請出師中所上疏付外，因摘其語激上怒，遂廢斥之。辛亥，中書門下言：「策試、制舉，並以經術、時務。今進士已罷詞賦，所試事業即與制舉無異。至於時政闕失，即士庶各許上封言事，其賢良方正等科目，欲乞並行停罷。」從之。丙辰，館閣校勘吕升卿、國子監直講沈季長並爲崇政殿説書。升卿素無學術，每進講多捨經而談財穀利害等事。上時問以經義，升卿不能對，輒目季長從旁代對。上問難甚苦，季長辭屢屈。上問：「從誰受此義？」對曰：「受之王安石。」上笑曰：「然則宜爾。」季長雖黨附安石，而常非王雱、王安禮及吕惠卿所爲，以爲必累安石，雱等深惡之，故不甚得進用。壬戌，國子監言：「大學生員多而齋舍少，先以期集院爲律學〔四七〕，外屋尚百餘間，乞盡充學舍。」從之。爲屋百楹，學者以千計。

六月〔乙亥〕，詔監安上門鄭俠勒停，編管汀州。始，俠上書獻流民圖，朝廷以爲狂，笑而不問〔四八〕。安石既罷，吕惠卿執政，俠又言：「安石作新法爲民害，惠卿朋黨姦邪，壅蔽聰明。獨馮京立異，敢與安石校。請黜惠卿用京爲相。」惠卿大怒，遂白上，重責之。上謂輔臣曰：「天下財用，朝廷若少留意，則所省不可勝計。昨者撥併軍營，令會計減軍員十將以下三千餘人，除二節特支及傔從外〔四九〕，一歲省錢四十五萬緡、米四十萬石、紬絹二十萬匹、布三萬端、草二百萬束。若每事如此，及諸路轉運使得人，更令久任，使之經畫，財其可勝用哉。」辛卯，詔以司天監新製渾儀浮漏於翰林天文院安置。提舉司天監沈括、秋官正皇甫愈等各賜銀絹有差。上謂輔臣曰：「知州、轉運使令久任。」吕惠卿曰：「衆議皆以舉縣令爲急，不知列官分職，何處不擇人。」上曰：「刺史、縣令治民爲最近，故以擇人爲急。若縣令中明有績效，用朝廷擢三兩人以勵庶官〔五〇〕，不亦善乎。」馮京曰：「漢宣帝以縣令高第者爲刺史，刺史有殊績者入爲三公，黄霸是也。」上曰：「如此用人，恐亦非宜，此霸之風采，所以不及爲郡時也。」

秋七月[乙卯]，司農寺言：「五等丁産簿，舊憑書手及户長供通〔五一〕，隱漏不實。唯使民自供手實，許人糾告之法，最爲詳密。」[癸亥]惠卿獻議，謂：「宜倣手實之意，使人户自占家業。如有隱落，即用隱寄産業賞告之法，庶得其實。」手實法：凡造五等簿，預以式示民，令民依式爲狀納縣，簿訖〔五二〕，第其價高下爲五等。乃定書所當輸錢，示民兩月。非用器、田穀而輒隱落者，許告，有實，三分以一充賞。於是始行手實法。

八月丙戌，命知制誥沈括爲河北西路察訪使。先是，遣内侍籍民車以備邊，人未喻朝廷之意，相摇大擾。又市易司患西蜀井鹽不可禁，欲盡實私井而運解鹽以足之。上顧括曰：「卿知籍車之事乎？」括對曰：「知之。」上曰：「卿以爲何如？」括對曰：「車戰之利，見於歷世，巫臣教吴子以車戰，遂霸中國，李靖用偏厢鹿角以擒頡利。臣但未知一事，古人所謂輕重者兵車也〔五三〕，五御折旋利於輕速。今民間輜車重大椎樸，以牛挽之，日不能三十里，少蒙雨雪，則跬步不進，故世謂之太平車，恐兵間不可用耳。」上復喜曰：「人無如此曉朕者，當更思之。卿又聞西蜀禁鹽之利乎？」對曰：「亦粗知之。私井既容其撲賣，則不得無私易。一切實之而運解鹽，使一出於官售，此亦省刑罰、籠遺利之一端。然忠、萬、戎、瀘間，夷界小井尤多，不知虜鹽又何如止絶？如此後夷界更須列候加警，則恐所得不補所費。」明日，二事俱寢。執政喜謂括曰：「公有何術，立談而罷此二事？」括對曰：「聖主可以理奪，不可以言爭。若車可用、虜鹽可禁，括不敢以爲非。」

九月戊戌，上以連日陰雨，喜諭輔臣曰：「朕宫中令人掘地及一尺五寸，土猶滋潤，如此必可耕耨。」韓絳等言：「陛下憫憂元元，禱祠備至，精誠上達，旋獲感通。臣等比預太一齋祠，竊觀執事者踰旬未嘗解帶，可見聖意虔恭，左右之人亦不敢少怠也。」庚子，與輔臣論河北守備。韓絳等曰：「漢唐重兵皆在京師，其邊戍裁足守備而已。强本弱末，其勢亦順。開元以後，有事四夷，權臣皆節制一方，重兵悉在西北。天寶之亂，由京師空虛，賊臣得以肆志也。」上曰：「邊上老人亦謂今之邊兵過於昔時，其勢如倒裝浮圖。朕亦每以此爲念也。」〔丁未〕詔：「日者分兩浙爲東西路，今有司言供億錢穀多在浙西計置，及水利事盡在蘇、秀等州，分之，必至闕事。其毋復分路。」三司火，自己至戌止，焚屋千八十楹，案牘殆盡。乙卯，知制誥章惇權發遣三司使。

十月庚辰，詔三司置會計司以宰臣韓絳提舉。癸巳，工部郎中、新知邢州范純仁權發遣慶州。純仁過闕入覲，上見之甚喜曰：「卿父在慶州甚有威名，卿今繼之，可謂世職也。卿兵法必精。」對曰：「臣素儒家，未嘗學兵法。」又問：「卿久隨侍在陝西，必亦詳熟邊事。」對曰：「臣隨侍時年幼，並不復記憶。」純仁度必有以開邊之説誤上者，因進言：「臣不才，陛下若使完繕城壘，愛養百姓，臣策疲駑不敢有辭。若使臣開拓封疆，侵攘夷狄，非臣所長，願别擇才帥。」上卒不許。

十一月己未，冬至，合祭天地於圜丘，以太祖配，赦天下。

十二月乙亥，新知常州吕嘉問提舉河北糴便糧草，復理提點刑獄資序。以檢正中書户房公事張諤訟嘉問不應黜降故也〔五四〕。初，王安石既有江寧之命，諤與嘉問持安石而泣，安石勞之曰：「已薦呂惠卿矣。」兩人收淚謝安石。

乙卯熙寧八年春正月〔庚子〕，諫議大夫馮京守本官知亳州〔五五〕，王安國追毁出身以來文字、放歸田里，汀州編管人鄭俠改英州。呂惠卿憾俠且惡馮京異議，欲藉俠以排去京並及王安國，乘間白上曰：「俠書言青苗免役流民等事，此衆所共知也。若言禁中有人被甲登殿詬罵，此禁中事，俠安從知此。蓋俠前後所言，皆京使安國導之。乞追俠付獄窮治。」詔送御史臺。知制誥鄧潤甫同推究。呂惠卿議當俠大辟，上曰：「俠所言非爲身也，豈宜深罪。」始，惠卿事安石如父子，安國負氣，惡其憸巧，數面折之，惠卿切齒。及安石罷相，引惠卿輔政，惠卿遂欲代安石，恐其復來，乃因俠獄陷安國，亦以沮安石也。安石再入相，安國猶在國門，由是安石與惠卿交惡。〔辛丑〕呂惠卿爲手實法，奉使者至析秋毫〔五六〕，天下病之。是歲十月，卒罷手實法。詔張方平歸宣徽院供職。上問方平祖宗禦戎之策，方平曰：「近歲邊臣建開拓之議，皆行險僥倖之人，欲以天下安危試之一擲。事成則身蒙其利，不成則陛下任其患。不可聽也。」丁巳，權永興軍等路轉運使皮公弼言：「交子之法，以方寸之紙，飛錢致遠。然不積錢爲本，亦不能以空文行。今商、虢鐵冶所收極廣〔五七〕，苟即治更鑄折二錢，歲除工費外，可得百萬緡爲交子本。」并上可行十二事。上批：「委公弼總制營辦。」

二月，太常寺太祝王安上爲右贊善大夫、權發遣度支判官。安上，安石幼弟也。癸酉，觀文殿大學士、吏部尚書、知江寧府王安石依舊本官、平章事、昭文館大學士。始，安石薦韓絳、呂惠卿代己。惠卿既得勢，恐安石復入，遂欲逆閉其途，凡可以害安石者，無所不用其智。又數與絳忤。絳乘間白上，請復相安石。上從之，惠卿聞命愕然。翌日，上遣勾當御藥院劉有方齎詔往江寧召安石。安石不辭，倍道赴闕。［戊寅］差樞密副都承旨張誠一、入内押班李憲等行視寬廣處，閱殿前司馬步軍二千八百人，教李靖營陣法。上諭李憲等曰：「黄帝始置八陣法，敗蚩尤於涿鹿。諸葛亮造八陣圖於魚復平沙之上，晉桓温見之曰：常山蛇勢。此即九軍陣法也。後至隋，韓擒虎以授李靖，靖以時將臣曉其法者頗多，故造六花陣，使世人不能曉之。大抵八陣即九軍，九軍者方陣也。六花陣即七軍，七軍者圓陣也。蓋陣以圓爲體，方陣者，内圓而外方，圓陣即内外俱圓矣。故以圓物驗之，則方以八包一，圓以六包一，此九軍六花之陣大體也。六軍者，左右虞候各一軍，爲二虞候軍〔五八〕。左右廂各二軍，爲四廂軍。與中軍共爲七軍。八陣者加前後二軍，共爲九軍。本朝祖宗以來，置殿前馬步軍三帥，即中軍前後軍帥之別名。而馬步軍都虞候，是爲二虞候軍，天武、捧日，龍、神衛四廂，是爲四廂軍也。中軍帥總制九軍，即殿前都虞候專總中軍一軍之事務。是其名實與古九軍及六花陣相符而不少差也。李筌之圖，乃營法，非陣法也。朕採古之法，酌今之宜，曰營，曰陣，本於一法而已。止則曰營，行則曰陣。在奇正言之，則營爲正，陣爲奇也。」〔乙酉〕察訪使曾孝寬言：「慶曆八年，嘗詔河北州軍坊郭第三等、鄉村第二等每户養被甲馬一匹〔五九〕，以備非時官買。乞檢會施行。」户馬法始於此。

夏四月〔甲子〕，上與王安石論理財。安石曰：「但審計無爲小人所撓，令材士肯爲陛下盡力，則財極有可理之道。」〔乙亥〕太常禮院言：「已尊僖祖爲太廟始祖，孟夏禘祭當正東向之位，仍請自今禘祫，著爲定禮。」詔恭依。

閏四月〔壬寅〕，知制誥沈括上熙寧奉元曆。初，仁宗朝用崇天曆。至治平初，司天監周琮改撰明天曆，行之至熙寧元年七月，望夜將旦，月食東方，與曆不協。乃詔更造新曆。括言淮南人衛朴通曆法，詔朴改造。視明天曆朔減二刻。曆成行之。至紹聖初，又改曆。〔丁未〕賜大理寺丞歐陽發進士出身。發，修之子也。上問：「修所爲五代史如何？」王安石曰：「臣方讀數册，其文辭多不合義理。」上曰：「責以義理，則修止於如此。每卷後論説皆稱嗚呼，是事事皆可嘆嗟。」

五月丙寅，命輔臣禱雨於天地、宗廟、社稷。

六月辛卯朔，上批：「聞淮南旱甚，其令轉運司委州軍長吏禱名山靈祠。」辛丑，都官員外郎劉師旦言：「今九域圖自大中祥符六年修定，至今六十餘年，乞選有地理學者重修，更賜名曰九域志。」王安石上詩書周禮義序。詔付國子監，置之三經解之首〔六〇〕。先是，安石撰詩序稱頌上德，以文王爲比。上曰：「以朕比文王，恐爲天下後世笑。卿言當爲人法，恐如此非是。」安石言：「稱頌上德，以爲比於文王，誠無所悔。」〔六一〕上曰：「朕豈不自知，須當改之，但言解經之意足矣。」遂改撰以進，上乃頒行之。〔戊午〕司徒兼侍中、判相州韓琦薨。前一夕大星隕，州治櫪馬皆驚。上自爲碑文，載琦大節，又篆其首曰「兩朝顧命定策元勳之碑」，謚忠獻。

秋八月庚寅朔，司天監言日當食，雲陰微雨不見。庚戌，韓絳罷知許州。絳居相位，數與呂惠卿異議。王安石復入，論政愈駁，數稱疾固求罷，而有是命。

冬十月〔己丑朔〕，崇政殿說書呂升卿權發遣江南西路轉運副使。上既決意罷惠卿政事，故先出升卿。〔庚寅〕先是，御史蔡承禧奏：「臣累言參知政事呂惠卿姦邪不法。」是日，手詔：「參知政事呂惠卿，不能以公滅私，爲國司直，可守本官知陳州。」庚子，權三司使章惇知湖州。先是，御史中丞鄧綰言：「惠卿執政逾年，所立朋黨不一。然與惠卿同惡相濟，無如章惇。今惠卿雖已斥逐，而尚留惇在朝廷，亦猶療病四體而止治其一邊，糞除一堂而尚存穢之半也。」於是罷惇三司使，以本官出守。丁未，彗不見。自始出至没凡十二日。丁巳，富弼言：「臣近日忽聞别降手詔，許中外臣寮直言朝政之闕失。洛城士庶歡呼鼓舞，喧於道路。推是而往，則天下之人無不慰悦矣。去年久旱，陛下曾降手詔，許臣寮上封論事。人方喜悦，日俟朝廷施設，而不知何人上累聖德，遽成反汗。於是天下大失所望。臣願陛下盡取群奏，不遺疏賤，萬機之暇，一一親閲，擇其衆説所合者，斷在不惑，力賜施行，則人心悦服，天道助順。天人相應，立致太平。豈復有災眚出見，而上駭聖慮哉。」張方平言：「新法行已六年，事之利害非一二可悉。人爲天地心，天地之變，人心實爲之。故和氣不應，災異薦作，顧其事必有未協於民者矣。法既未協，事須必改。若又憚改，人將不堪。此臣所以爲陛下痛心疾首、一夕而九興也。」

十一月癸未，右諫議大夫宋敏求爲知制誥〔六二〕，陳襄爲樞密直學士。先是，知制誥鄧潤甫言：「近者群臣專尚告訐，此非國家之美〔六三〕，宜登用敦厚之人，以變風俗。」上嘉納之。居數日，敏求及襄有是命。丙戌，先是，王安石以疾居家，上遣中使勞問，又命輔臣即其家議事。時有不附新法者，安石欲深罪之，上不可，安石争之曰：「不然法不行。」上曰：「聞民間亦頗苦新法。」安石曰：「祁寒暑雨，民猶怨咨，此豈足恤也。」上曰：「豈若祁寒暑雨之怨亦無耶。」安石不悦，退而屬疾。上遣使慰勉之乃出。其黨爲安石謀曰：「今不取門下士上素所不喜者暴而用之〔六四〕，則權輕，將有窺人間隙者矣。」安石從之。上亦喜安石之出，凡所進擬皆聽安石，由是權益重。

十二月辛亥，王安石上再撰詩關雎義解，詔並前改定諸詩序解付國子監鏤板施行。

癸丑，詔：「安南世受王爵，而乃攻犯城邑，殺傷吏民，干國之紀，刑茲無赦。已差趙卨充安南道行營馬步軍都總管，須時興師，水陸兼進。天示助順，既兆布新之祥，人知侮亡，咸懷敵愾之氣。」時交趾所破城邑，即爲露布揭之衢路，言中國「作青苗、助役之法，窮困生民。今出兵欲相拯濟」。安石怒，故自草此詔。

丙辰熙寧九年春正月己卯〔六五〕，是日，交賊陷邕州。蘇緘曰：「吾義不死賊手。」乃還州廨，闔門命其家三十六人皆先死，藏之於坎，縱火自焚。緘憤沈起、劉彝致寇，彝又坐視城覆不救，乃列起、彝罪牓於市，冀達朝廷。邕人爲緘立祠，歲時禱之。

二月丁亥朔，判太原府郭逵爲安南道行營馬步軍都總管、招討使兼荆湖廣南路宣撫使，改趙卨爲副使。始吴充與安石争伐交趾利害，安石言必可取，充謂得之無益，上竟用安石言。〔辛丑〕廣南西路經略司以蘇緘死事聞，詔贈緘奉國軍節度使，謚忠勇。以其子、前桂州司户參軍子元爲西頭供奉官、閤門祇候，賜對便殿，上曰：「昔唐張巡以許遠守睢陽，蔽捍江淮，較之卿父未爲遠過也。」

三月甲戌，御集英殿，賜進士徐鐸以下並明經諸科及第、出身、同學究出身〔六六〕，總五百九十六人。鐸，邵武人也。戊寅，賜新及第進士等錢五百千，諸科錢二百千，造小録等。

夏四月，上與輔臣論營陣法，以謂：「爲將者少知將兵之理，且如八軍六軍皆大將居中。大將譬夫心也，諸軍則四體也，運其心智，以身使臂使指。攻其左則右救，攻其右則左救，前後亦然，則兵何由敗也。」

五月丙寅，詔復分兩浙爲二路。明年五月，復有詔合爲一路，蓋以財賦不可分故也。

六月，安石既與惠卿交惡，令徐禧、王古等按華亭獄，不得惠卿罪，更使周輔按之。安石子雱切責練亨甫、呂嘉問，亨甫、嘉問共議取鄧綰等所條惠卿事，雜他書下制獄。堂吏遽告惠卿於陳。惠卿即自訴，且訟綰及安石。上以示安石，安石歸而問雱，雱乃言其情，安石始咎雱。而嘉問等相繼得罪。安石由是愧上，數求去〔六七〕。上待安石自是意亦稍衰矣。天章閣待制王雱卒，手詔即其家上雱所撰論語孟子義。雱性刻深喜殺，常稱商君，以爲豪傑之士，每勸安石誅不用命大臣，而安石不從也。及與惠卿交惡，使人告發呂氏姦利事，皆自雱發之。

秋七月庚申，上批：「自關以西，秋稼頗有順成之望，近忽生蝗蝻蝦蛃，可令監司速分定州軍，往來督趣官吏，打撲浄盡以聞。」

八月，宣徽南院使、判應天府張方平言：「司農寺近降新制，應祠廟許依坊場河渡募人承買，收取浄利。管下閼伯廟、微子廟，閼伯主祀太火，火爲國家盛德所乘，微子開國於宋，亦本朝受命建號所因。又有雙廟，乃唐張巡、許遠以孤城死賊。欲乞朝廷不賣此三廟，以稱國家嚴恭典禮、追尚前烈之意。」上批：「司農寺鬻天下祠廟，辱國黷神，此爲甚者。可速令更不施行。」

冬十月丙戌，上批：「體問得前日小雨，於農事亦小有濟，宜且擇日賽謝。」戊子，上批：「權御史中丞鄧綰操心頗僻，賦性姦回，論事薦人，不循分守。可落學士、中丞，以兵部郎中知虢州。」壬辰，詔：「崇文院校書兼中書户房習學公事練亨甫，身備宰屬，與言事官交通。罷爲漳州軍事判官。」先是，王安石言：「聞御史中丞鄧綰嘗爲臣子弟營官，及薦臣子壻可用，又爲臣求賜第宅。兼綰近舉御史二人，尋卻乞不施行。聞其一人彭汝勵者，嘗與練亨甫相失，綰聽亨甫游説，故乞別舉官。綰豈可令執法在論思之地，亨甫亦不當留備宰屬。」故有是命。初，綰以附會安石居言職，及安石與吕惠卿之黨相傾，綰皆極力奏劾之。上益厭安石所爲，綰懼安石去而失勢，屢留之於上。亨甫諂事安石子雱以進，至是乃斥。丙午，左僕射兼門下侍郎、平章事王安石罷爲鎮南軍節度使、同平章事、判江寧府。安石之再入也，多稱病求去。及子雱死，力請解機務。上亦滋厭安石所爲，故有是命。樞密使、工部侍郎吴充依前官平章事。充在西府，數乘間言安石政事不便，上以其中立無私，故相之。知成都府馮京爲給事中、知樞密院事。先是，吕惠卿悉出安石前後私書手筆奏之，其一云：「勿令齊年知」。「齊年」者，謂京也。與安石同歲，在中書多異議，故云。又其一云「勿令上知」，由是上以安石爲欺，故復用京。

十二月癸卯，郭逵等次富良江，未至交州三十里。賊大敗，乾德懼，奉表詣軍門乞降，納蘇、茂、思琅、門諒、廣源五州之地，仍歸所掠子女。

丁巳熙寧十年春正月辛巳，詔天章閣待制楚建中罰銅三十斤。先是，范純仁代建中知慶州，擅發常平封樁粟麥收恤流亡，多所全活。會蓬生蔽野如粟，公私取給焉。復爲營求耕稼之具，歲以大穰。或言純仁廪貸過多，遣使按視，民聞之，争先輸官，比使者至，則已無欠。邠、寧間有叢塚，使者發塚數骸，劾純仁全活不實之罪。其地乃建中所封也。朝廷即欲移罪建中。純仁連奏建中方申請措置，而民多餓死，及臣因其措置偶免流亡，非臣才術能然也。建中竟不免罰銅。

二月辛卯，日中有黑子如李，至乙巳散。乙未，權御史中丞鄧潤甫言：「嘗有興利之臣，議前代帝王陵寢，許民請射耕墾，而司農可之，緣此唐之諸陵悉見芟刈。」詔：「唐諸陵除立定禁止頃畝外，其餘民已請射地許依舊耕佃，餘並禁止。」己亥，樞密副使王韶知洪州。韶鑿空開邊，以軍功至執政，乃專以勤兵費財歸曲於朝廷。上不悅，故出之。[己酉]寶文閣待制常秩卒。秩起處士，在朝廷碌碌無所發明，問望日損〔六八〕，爲時譏笑。

三月辛亥朔，分命輔臣祈雨。

五月庚戌朔，詔：「諸路言蝻蟲生，宜申嚴條約，下當職官除絶之。」監西京抽税竹木務、太子中允程顥改太常丞。以知河南府賈昌衡、京西北路轉運副使李南公等言「顥博通古今，行誼修潔，改官八年，未嘗磨勘」故也。戊午，詔修仁宗、英宗兩朝正史。庚申，詔以歐陽脩五代史藏秘閣。癸亥，知越州、資政殿大學士趙抃知杭州。抃知越州時，兩浙旱蝗，餓死者十五六。諸州皆禁人增米價，抃獨榜衢路，令有米者任增價糶之。於是諸州米商輻湊詣越，米價更賤，民無餓死者。先是，淮浙饑，詔出本界上供米損市價糶以活飢民，發運副使盧秉言：「價雖賤，貧者終不得米。請償糴本，盡以其餘賑恤流民。」詔可。是歲，奏計，上問曰：「如聞滁、和民食蝗以濟，有之乎？」秉對：「有之，民飢甚，死者相枕籍。」上慘然曰：「獨趙抃爲朕言與卿合。」前此發運司入奏，多獻羨餘以希恩，秉獨以錢七十萬緡償三司舊負。因言：「發運司但督六路財賦以時上之，本無羨餘，以進者率正數也。乞遂禁絶。」上嘉納之。

秋七月辛未，太常丞、知湖州鞠真卿爲太常博士、直秘閣。以宣徽北院使王拱辰、權御史中丞鄧潤甫並言「真卿自改官至登朝三十年，非特恩未嘗陳請磨勘」故也。

八月丙戌，詔監察御史裏行黄廉爲京東路體量安撫。廉嘗言：「都檢正俞充結中人，僥倖富貴，不宜使佐具瞻之地。」上曰：「人才蓋無類，顧駕御之如何耳。」廉對曰：「雖然，漸不可長，聖人長駕遠馭〔六九〕，故四凶在朝不廢時雍，彼皆才器傑然過人，任使稱意，爲後世患〔七〇〕，故放殛之耳。」上曰：「且置此事，河决曹村，京東尤被其害，今以累卿。」廉既受命，條舉百餘事，卒事所活飢民三十五萬三千口〔七一〕，壯者就功而食又二萬七千人，得七十三萬二千工，給當年牛、借種錢八萬六千三百緡〔七二〕，歸而論薦士夫，後多朝廷所收用云。己丑，秘書監蘇頌爲遼主生辰國信使，姚麟副之。集賢校理劉奉世爲正旦國信使，張世矩副之。故事，使虜者冬至日與虜人交相慶〔七三〕。是歲，本朝曆先契丹一日，虜人固執其曆爲是。頌曰：「曆家算術小異，則遲速不同，謂如亥時節氣當交，則猶是今夕，若踰刻則屬子時，爲明日矣。或先或後，各從本朝之曆可也。」虜人不能屈，遂各以其日爲節。使還奏之，上喜曰：「朕思之，此最難處，卿對得極宜。」甲辰，詔：「内外待制以上及臺諫官、發運轉運使、提點刑獄、轉運判官各舉文臣才行堪升擢官一員，令中書審察，隨材試用。毋得舉館職及兩府若己之親。」從監察御史黄廉奏請也。應詔者百餘人。廉又言：「勢孤族寒遠迹下僚者，既得以名聞於上，願詔中書審察其能否用之，則急才之詔不虛行於天下。」

九月，贈潁州團練推官邵雍秘書省著作郎。宰相吴充請於上，賜謚曰康節。雍初與常秩同召，雍竟辭不起，士大夫高之。

冬十月乙未，知河陽吕公著提舉中太乙宫。公著至京師，對延和殿，勞問周至，公著面奏：「伏睹近詔舉才行堪任升擢官，竊詳今日詔意，正欲達所未達。然數年以來，天下之士陛下素知其能，嘗試以事，而中就閑外者尚多〔七四〕。恐其間亦有材實忠厚、欲爲國家宣力者，未必盡出於迂闊繆戾而難用也。」自熙寧初，論新法不附執政者皆譴逐不復收用，故公著見上，首言之。

十二月壬午，詔自明年正月朔旦改元爲元豐。司馬光以書與吴充言：「今日救天下之急，保國家之安，苟不罷青苗、免役、保甲、市易之息，征伐之謀，而欲求其成效，是猶惡湯之沸而益薪鼓橐，欲適鄢、郢而北轅疾驅也。」充代王安石爲相，知天下不便新法，欲有所變更。嘗乞召還光及吕公著、韓維、蘇頌，又薦孫覺、李常、程顥等十數人，皆安石所斥退者。故光遺以此書，而充不能用，光亦卒不起。

戊午元豐元年春正月庚戌，詔河北轉運司，令所在長吏躬禱名山靈祠，旱故也。戊午，判太常寺陳襄、集賢校理黄履、李清臣、王存詳定郊廟奉祀禮文。〔乙丑〕權發遣三司使李承之言：「近年朝廷寬假資格稍高之人，爲其衰遲或不任事，未欲遽令休退，故置提舉、管勾宫觀之職，不立員數，而臣僚趨閒貪禄，冒居無恥，或精神未衰，便私避事亦求此職。乞今後在京宫觀毋得過十五員，諸路倍之。如有除授，令依例待闕。」詔：「自今陳請宫觀等差遣人，年六十以上聽差，仍毋過兩次。」

閏正月戊子，權監察御史裏行彭汝礪爲江南東路轉運判官。辭日，復上疏論時事，且言：「不患無將順之臣，患無諫諍之臣，不患無敢爲之臣，患無敢言之臣。」上察其忠，慰諭久之。庚子，日中有黑子如李，自是至戊午凡十九日。

三月壬午，侍讀吕公著讀後漢書畢，上留公著，極論治體，至三皇無爲之道、釋老虚寂之説。公著問上曰：「此道高遠，堯舜能知之乎？」上曰：「堯舜豈不知？」公著曰：「堯舜雖知之，然常以知人安民爲難，此所以爲堯舜也。」上又論前世帝王曰：「漢高祖、武帝有雄材大略，高祖稱『吾不如蕭何』，『吾不如韓信』，至張良，獨曰『吾不如子房』，蓋以子房道高，尊之故不名。」公著曰：「誠如聖諭。」上又曰：「武帝雖以汲黯爲戇，然不冠則不見，後雖得罪，猶以二千石禄終其身。」公著曰：「武帝之於汲黯，僅能不殺耳。」上又論唐太宗，公著曰：「太宗所以能成王業者，以其能屈己從諫耳。」上臨御日久，群臣畏上威嚴，莫敢進規。至是，聞公著言，竦然敬納之。［丁亥］御邇英閣，講官黄履進講周禮八柄，上曰：「坐而論道，謂之三公，而八柄非大宰所得與，何也？」履曰：「八柄以馭群臣。馭者，主道也，故非太宰所與。」上曰：「善。」庚寅，詔時雨稍愆，遣官禱玄冥五星。辛卯，遣官謝雨。

六月癸卯朔，日有食之。甲辰，夜東南有光燭地，大星出匏瓜，裂於内階，聲如雷。

秋七月丁酉，御史黄廉言：「前歲科場，逐經發解人數不均，乞自今於逐經内各定取人分數，所貴均收所長，以專士習。」詔自今在京發解並南省考試詩易各取三分，周禮禮記通取二分。又言：「國子監生員著述論議盡得講官緒餘，將來逐官例差考試，切恐去取之際或未能判然無疑。外方疏遠之人，偶不相合，遂致黜落。欲乞將來止選近歲新科人爲試官，或差近郡教授。」詔候差官日取旨。庚子，初，澶州決水復塞〔七五〕，吕公著奏疏曰：「曹村埽決，聖心惻然，即議閉塞，功未踰時而有成，患不閲歲而尋弭，實由陛下至誠，愛民愛物之心〔七六〕，天相神助，殆非人力。近日數起詔獄，有司酷於鍛鍊，比至臨決，多從末減。昔于公一郡之刺史耳〔七七〕，猶以陰德有報，況於萬乘之尊，固宜受福無疆，施於萬世。然臣願陛下親正士，拒壬人，必有忍以濟事功，推内恕以及人物，於以崇起忠厚，保合太和，則易所謂『自天祐之，吉無不利』，詩所謂『干禄百福，子孫千億』者，蓋將以類而應。」是月，公著入對，上迎謂曰：「覽卿所奏，深得人臣盡規之義。」時獄犴寖蕃，而上繼嗣未廣，公著辭順而意婉，故上納焉。

九月乙酉，吕公著、薛向並同知樞密院事。公著奏事畢，獨留謝，因言：「自熙寧以來，因朝廷論議不同，端人良士例爲小人排格，指爲沮壞法度之人，不可復用，此非國家之利也。願陛下加意省察。」上曰：「然，當以次收用之。」

十二月辛丑朔，詔提舉司天監，集曆官考算遼、高麗、日本國與本朝奉元曆同異聞奏。其後曆官趙延慶等言：「遼己未年氣朔與宣明曆合。日本戊午年氣朔與遼曆相近。高麗戊午年朔與奉元曆合。其二十四氣内，有七氣時刻並逐月太陽過宫日數時刻不同。」丙午，是日，月中有黑子如李〔七八〕，凡十三日乃散。〔戊午〕先是，上以國初廢大理獄非是。於是，中書言：「請復置大理獄，應三司及寺監等公事，除本司公人杖笞罪非追究者隨處裁決，餘並送大理獄結斷。置卿一人、少卿二人、丞四人，專主推鞫。」

〔是歲〕上每憤北虜倔强侵侮〔七九〕，有復幽燕之志，即景福殿庫聚金帛爲兵費。是年始更庫名，御製詩以揭之曰：「五季失圖〔八〇〕，玁狁孔熾。藝祖造邦，思有懲艾。爰設内府，基以募士〔八一〕。曾孫保之，敢忘厥志。」凡三十二庫。後積羡赢，又揭以詩曰：「每虔夕惕心〔八二〕，妄意遵遺業。顧予不武姿，何日成戎捷。」

己未元豐二年春正月，京兆府學教授蔣夔言：「春秋釋奠，以孔子爲先聖，顏子爲先師，其奠先師，肆祭器，實牲體，盥手灌爵〔八三〕，奠幣讀祝，與孔子無少異。而九人之像坐於兩旁，樽酒豆肉不及。乞下臣議於禮官，薦享祝獻顏子降於孔子，九人降於顏子，以正開元之失禮。」禮官言：「看詳孔子、顏子稱號，歷代各有據依，難輒更改，儀物祝獻亦難隆殺〔八四〕。檢會熙寧祀儀，十哲皆爲從祀，各設籩二豆二，俎簠簋爵各一，命官分獻，一奠而止。乞自今二京及諸州〔八五〕，文宣王廟十哲像春秋釋奠，並準熙寧祀儀。」從之。

二月甲寅，罷程顥判武學。以御史何正臣言「顥學術迂闊，趨向僻異」故也。同知樞密院呂公著言：「臣向輒論及判別忠邪之道，大抵小人之害君子，必求要切之語以中之，使之不能自解。陛下頗賜開納。近日除程顥判武學，命下數日，復因言者而罷去，則知臣前所陳者，其風猶未殄也。況如顥者，其立身行道素有本末，講學論議久益疏通。使得復見用於聖世，其奮身報國未必在時輩之後。兼所除武學差遣，亦未爲仕宦之要津，而小人斷斷必以爲不可者，直欲深梗正路，廣沮善人，其所措意非特一二人而已。」日中有黑子如李，凡十日乃散。

三月癸巳，集英殿賜進士、明經諸科開封時彦以下及第、出身、同出身、同學究出身，總六百二十人。

五月癸酉，奏事垂拱殿，御衣有蟲，自襟沿至御巾。上既拂之至地，視之，乃行蟲，其蟲善入人耳。上亟曰：「此飛蟲也。」蓋慮治及執侍者而掩之，實非飛蟲也。戊子，蔡確參知政事。時宰相吳充議變法，確爭曰：「曹參與蕭何有隙，至代何相漢，遵何約束。且法陛下所建立，一人協相而成之，一人挾怨而壞之，民何措手足乎？」充屢屈，法遂不變。

秋七月，御史舒亶言：「蘇軾作爲歌詩，頗有譏切時事之言。蓋陛下發錢以本業貧民，則曰：『贏得兒童語音好，一年强半在城中』。陛下明法以課試群吏，則曰：『讀書萬卷不讀律，致君堯舜終無術』〔八六〕。陛下興水利，則曰：『東海若知明主意，應教斥鹵變桑田』。陛下謹鹽禁，則曰：『豈是聞韶解忘味，爾來三月食無鹽』。其他觸物即事，應口所言，無非以詆謗爲主。小則鏤板，大則刻石，傳播中外，自以爲能。」詔知諫院張璪、御史中丞李定推治以聞。

八月甲辰，同修起居注王存言：「古者左史記事，右史記言。唐貞觀初，仗下議政事，起居郎執筆記於前，史官隨之。欲望追唐貞觀典故，復起居郎舍人職事。」丙午，詔：「修起居注官雖不兼諫職，如有史事，宜於崇政殿、延和殿承旨司奏事後，直前陳述。」從修起居注王存請也。

九月癸酉，以國子監直講滿中行爲館閣校勘。上批：「昨監生虞蕃訴學官上下共爲姦贓，而中行所履潔廉，不涉吏議，宜少奬之，以勵風俗。」故有是命。

冬十二月乙巳，御史中丞李定等言：「今酌周官書考賓興之意，爲太學三舍選察升補之法，上國子監敕式令並學令凡百四十條。」〔八七〕詔行之。太學置齋舍八十，齋容三十人，外舍生二千，内舍生三百，上舍生百，總二千四百。月一私試，歲一公試，補内舍生。間歲一試，補上舍生。彌封謄録如貢舉法。而上舍則學官不與考校。公試外舍生入第一第二等，參以所書行藝，預籍者升内舍。内舍生試入優、平二等，參以行藝，升上舍。分三等〔八八〕，俱優爲上，一優一平爲中，俱平若一優一否爲下。上等命以官，中等免禮部試，下等免解。學正增爲五人，學録增爲十人。學録參以學生爲之。〔庚申〕直史館蘇軾謫授黄州團練副使、本州安置，駙馬都尉王詵追兩官勒停〔八九〕，蘇轍監筠州酒税務，正字王鞏監賓州酒務〔九〇〕，張方平、李清臣、司馬光、范鎮、錢藻、陳襄、劉攽、李常、孫覺、曾鞏、王汾、劉摯、黄庭堅、戚秉道、吴琯、盛僑、王安上、周邠〔九一〕、杜子方、顔復各罰銅。初，御史臺既以軾具獄，上法寺當徒二年，會赦當原。於是中丞李定言：「古之議令者猶有死而無赦，況軾所著文字訕上惑衆，豈徒議令之比。乞特行廢絶，以釋天下之惑。」

御史舒亶又言：「駙馬都尉王詵收受軾譏諷朝政文字。」又言：「除王詵、王鞏、李清臣外，張方平而下凡二十二人，如盛僑，蓋皆略能誦説先王之言，辱在公卿士大夫之列，顧可置而不誅乎？」疏奏，軾等皆特責。獄事起，詵嘗屬轍密報軾，而轍不以告官，亦降黜焉。軾初下獄，方平及鎮皆上書救之，不報。軾既下獄，衆危之，莫敢正。言者直舍人院王安禮乘間進曰：「自古大度之君，不以語言謫人。按軾文士，本以才自奮，謂爵位可立取，顧録録如此〔九二〕，其中不能無觖望。今一旦致於法，恐後世謂不能容才，願陛下無庸竟其獄。」上曰：「朕固不深譴，特欲申言者路耳，行爲卿貰之。」其後獄果緩，卒薄其罪。

校證

〔一〕據長編卷二三一、宋史卷一五神宗紀、陳均皇朝編年綱目備要卷一九、彭百川太平治迹統類卷三〇均將富弼致仕事繫在本年三月，故下文「三月」應移此條前。

〔二〕通遠軍　李校：原作「安軍」，據長編卷二三三、宋史地理志三改。汪按：再造本、文海本亦作「安軍」。又王稱東都事略卷八二王韶傳、太平治迹統類卷一六神宗開熙河、歐陽忞輿地廣記卷一六亦作「通遠軍」。惟宋史卷一五神宗紀作「安遠軍」。

〔三〕朕師臣也　「也」原作「世」，據再造本、長編卷二二三三、皇朝編年綱目備要卷一九等校改。

〔四〕按：據長編卷二三六，庚戌爲閏七月三日，下文「閏七月」應移此日前。

〔五〕閏七月　原作「閏十月」，不合時序，再造本、文海本「十」作「七」，略殘，參長編卷二三六校改。又據長編，當前移。

〔六〕今　原作「令」，再造本、文海本同，作「令」不文，今依點校本長編，據長編紀事本末卷五九王安石事迹校改。

〔七〕滑　原闕，據長編卷二三七、元豐九域志卷一京西路補。

〔八〕各千步　原作「各十步」，再造本、文海本同，數與下文不合，據長編卷二三七、宋史卷一七四食貨志卷三二七王安石傳、皇朝編年綱目備要卷一九、文獻通考卷四田賦考校改。

〔九〕地土色　再造本、文海本同，長編卷二三七、皇朝編年綱目備要卷一九作「地土色號」。

〔一〇〕祖額租數　再造本、文海本作「祖額税數」。另長編卷二三七、皇朝編年綱目備要卷一九作「租額税數」。

〔一一〕款段逐驥　再造本、文海本、長編卷二三八等均同，惟吴曾能改齋漫録卷一二作「款段老驥」，作「老驥」似較佳。

〔一二〕不成　原作「學成」，文海本同，再造本、長編卷二三八、朱弁曲洧舊聞卷九、能改齋漫録卷一二、周煇清波别志卷二均作「不成」。據校改。

〔一三〕啞子　再造本、文海本同，長編卷二三八及上引諸書作「稚子」。

〔一四〕號揚　文海本同，再造本原闕文，後紅字補爲「號令」，長編卷二三八及上引諸書作「號令」。

〔一五〕十州　原作「九州」，再造本、文海本作「十州」，然前所列共九州，遺海州。疑四庫本校者因此將「十」誤改爲「九」。按長編卷二三八作「十州」，所列「楚」後亦多「海」，實爲十州。與元豐九域志卷五淮南路所載同。據改補。

〔一六〕舉充　再造本、文海本、太平治迹統類卷一二神宗聖政同，長編卷二四三作「舉人充」。

〔一七〕璋方在降謫　原闕「璋」，再造本、文海本同，據文義及長編卷二四五、皇朝編年綱目備要卷一九補。

〔一八〕冑案　原作「冑曹」，據再造本、文海本、長編卷二四五校改。下文「冑案」同。

〔一九〕六路　再造本、文海本同，點校本長編卷二四六據宋史卷一八〇食貨志將「六」校改爲「五」，似不妥。根據此詔所建錢監實際爲：京西路河南府阜財監、淮南路舒州同安監、兩浙路睦州神泉監、江西路興國軍富民監、湖南路衡州熙寧監、湖北路鄂州寶泉監，即六路六監。

〔二〇〕江南　再造本、文海本同，長編卷二四六、皇朝編年綱目備要卷一八、宋史卷一八〇食貨志作「江西」，似是。

〔二一〕有物力養馬者户二匹聽　再造本、文海本、章如愚群書考索後集卷四一兵制同，長編卷二

〔二二〕四六作「有物力養馬二匹者聽」，皇朝編年綱目備要卷一九作「有物力養二匹者聽」。

〔二三〕强予　原作「强子」，據再造本、文海本、長編卷二四六、群書考索後集卷四一兵制校正。皇朝編年綱目備要卷一九作「强與」，意同「强予」。

〔二三〕布在　再造本、文海本、皇朝編年綱目備要卷一九同，或謂當從上讀爲「錢布」。長編卷二四六無「布」字。

〔二四〕緣納錢　原作「緡納錢」，據再造本、文海本、長編卷二四六、皇朝編年綱目備要卷一九校改。

〔二五〕四等　長編卷二四六、皇朝編年綱目備要卷一九「四等」後有「五等」二字，再造本、文海本、群書考索後集卷四一兵制無此二字。

〔二六〕要　再造本、文海本、群書考索後集卷四一兵制同，長編卷二四六、皇朝編年綱目備要卷一九作「委」。又「度」字後長編卷二四六、皇朝編年綱目備要卷一九有「之」字。

〔二七〕張敦禮　李校：原作「馬敦禮」，據長編卷二四七改。汪按：再造本、文海本亦誤，今從李校。另宋史卷四六四外戚傳可爲佐證。

〔二八〕洮山路　原作「洮州路」，據再造本、文海本、長編卷二四七、東都事略卷八二王韶傳校改。

〔二九〕木令征　宋史卷一五神宗紀同，再造本、文海本、長編卷二四七、東都事略卷八二王韶傳、太平治迹統類卷一六神宗開熙河、王應麟玉海卷一九三上兵捷均作「本令征」。

〔二〇〕青龍侯　再造本、文海本同，長編卷二四七作「青龍族」。

〔二一〕五聲之變　原作「五星之變」，再造本、文海本同，據上下文及長編卷二四八、群書考索後集卷四七兵門、歷代名臣奏議卷二二一校改。

〔二二〕五文　李校：長編卷二五一作「五錢」。汪按：宋元文獻「文」、「錢」常互用，不須校。

〔二三〕賠甚多　再造本、文海本同，長編卷二五一、皇朝編年綱目備要卷一九作「賠（陪）備甚多」。

〔二四〕聞鎮定州　原脱「鎮」字，再造本、文海本同，據長編卷二五一、徐松宋會要輯稿食貨六五之一四又六六之三八、皇朝編年綱目備要卷一九、徐自明宋宰輔編年録卷八補。

〔二五〕廛布　原作「纏布」，再造本、文海本同，據周禮注疏卷一五地官司徒、長編卷二五一、太平治迹統類卷二八用度損益、群書考索後集卷五二財校改。

〔二六〕罰其人　原作「買其人」，據再造本、文海本、長編卷二五一、太平治迹統類卷二八用度損益校改。

〔二七〕寄倉常平米　再造本、文海本同，長編卷二五一作「京倉常平麥」。

〔二八〕翰林學士　再造本、文海本同，長編卷二五一、東都事略卷五八韓維傳、李幼武宋名臣言行録後集卷一〇韓維、杜大珪名臣碑傳琬琰之集下卷一七韓維傳均作「翰林學士承旨」。

〔二九〕旱暵雖遠　再造本、文海本、東都事略卷八神宗紀、太平治迹統類卷一二神宗聖政等均同，惟長編卷二五一作「旱暵雖逢」，作「逢」意差强。

〔四〇〕州縣　再造本、文海本同，長編卷二五二作「州學」。

〔四一〕餘官　原作「館官」，據再造本、文海本、長編卷二五二校改。

〔四二〕争貨於市　原作「争貸於市」，再造本、文海本同，據文義及長編卷二五二、東都事略卷一一七卓行傳、祝穆古今事文類聚前集卷五繪拆屋圖、周煇清波雜志卷一一校改。

〔四三〕一下手詔　再造本、文海本同，長編卷二五二、東都事略卷九一滕元發傳、名臣碑傳琬琰之集中卷二三蘇軾滕甫墓誌銘、蘇軾東坡全集卷八九滕元發墓誌銘均作「下一手詔」。

〔四四〕動民之行　再造本、文海本同，長編卷二五二作「勤民之行」。

〔四五〕召諸公車對策　再造本、文海本同，長編卷二五二、太平治迹統類卷一二神宗聖政作「召詣公車對策」。

〔四六〕豐財之武　再造本、文海本同，長編卷二五二作「豐財之務」。

〔四七〕期集院　再造本、文海本同，長編卷二五三、群書考索後集卷三〇士、玉海卷一一二學校熙寧律學均作「朝集院」，似作「朝集院」是。

〔四八〕笑而不問　原作「笑而召問」，據再造本、文海本、長編卷二五四、司馬光涑水記聞卷一六等校改。

〔四九〕及傔從外　再造本、文海本同，長編卷二五四、宋史卷一九四兵志、文獻通考卷一五三兵考「傔從」後均有「廩給」二字，似當據補。

〔五〇〕用朝廷擢　再造本、文海本同，長編卷二五四無「用」字。

〔五一〕舊憑書手及户長供通　再造本、文海本同，長編卷二五四據宋會要輯稿食貨六六之三九於「户長」前補「耆」字，可參。

〔五二〕簿訖　再造本、文海本同，長編卷二五四、皇朝編年綱目備要卷一九作「簿記」。

〔五三〕輕重　再造本、文海本同，長編卷二五五、東都事略卷八六沈括傳、邵博聞見後録卷二二均作「輕車」。似作「輕車」是。

〔五四〕黜降　再造本、文海本同，長編卷二五六作「黜陟」，似誤。

〔五五〕諫議大夫馮京　再造本、文海本同，按據長編卷二五九，馮京時任「参知政事、右諫議大夫」，據本書體例，「参知政事」不當略。

〔五六〕至析秋毫　原作「至折秋毫」，再造本、文海本同，據文意及長編卷二五九、皇朝編年綱目備要卷二〇、太平治迹統類卷一三神宗任用安石校改。

〔五七〕商號鐵冶　再造本、文海本同，長編卷二五九、群書考索後集卷六二財用作「商號鄜耀紅崖清遠鐵冶」。

〔五八〕虞候軍　原作「虞軍」，再造本、文海本同，據下文及長編卷二六〇、宋史卷一九五兵志、皇朝編年綱目備要卷二〇、文獻通考卷一五七兵考補「候」字。

〔五九〕甲馬一匹　李校：原作「甲馬一世」，據長編卷二六〇改。汪按：再造本、文海本、皇朝編年綱目備要卷二〇等亦均作「一四」。

〔六〇〕三經解　再造本、文海本同，長編卷二六五作「三經義解」。

〔六一〕誠無所悔　再造本、文海本同，長編卷二六五作「誠無所愧」。

〔六二〕宋敏求爲知制誥　再造本、文海本同，長編卷二七〇、太平治迹統類卷一二神宗聖政作「宋敏求爲龍圖閣直學士」，涑水記聞卷一六作：「宋次道（宋敏求字次道）爲龍圖閣直學士」。宋史卷二九一宋敏求傳則謂「乃加敏求龍圖閣直學士，命修兩朝正史」。宋敏求熙寧三年被罷免知制誥後似未再任此職，故作「爲知制誥」似誤。

〔六三〕國家之美　「美」原作「義」，據再造本、文海本、長編卷二七〇、宋史卷二九一宋敏求傳、涑水記聞卷一六校改。

〔六四〕暴而用之　再造本、文海本同，長編卷二七〇、宋史卷三二七王安石傳、皇朝編年綱目備要卷二〇、宋宰輔編年録卷八均作「暴進用之」。

〔六五〕己卯　再造本、文海本同，長編卷二七二繫陷邕州於庚辰日，即己卯之次日。

〔六六〕徐鐸　原作「王鐸」，再造本、文海本同，據長編卷二七三、宋史卷三二九徐鐸傳、魏泰東軒筆録卷四、梁克家淳熙三山志卷二六人物科名校改。又長編卷二七三於「出身」後有「同出身」二字，似當補。

〔六七〕由是愧上數求去　再造本、文海本同，長編卷二七六作「由是愧，上疏求去」。

〔六八〕問望日損　再造本、文海本同，長編卷二八〇、宋史卷三二九常秩傳、東都事略卷一一八隱逸傳均作「聞望日損」。

〔六九〕長駕遠馭　再造本、文海本同，長編卷二八四、黄庭堅山谷別集卷八叔父給事行狀作「長駕遠御」。

〔七〇〕爲後世患　再造本、文海本同，長編卷二八四、山谷別集卷八叔父給事行狀作「爲後世慮」。

〔七一〕卒事所活　原作「卒全所活」，再造本、文海本同，據長編卷二八四、山谷別集卷八叔父給事行狀校改。又「三十五萬」，二書及宋史卷三四七黄廉傳並作「二十五萬」。

〔七二〕給當年牛　再造本、文海本同，長編卷二八四、山谷別集卷八叔父給事行狀作「給當牛」。宋史卷三四七黄廉傳作「質私牛」。

〔七三〕虜　本句二「虜」及下文二「虜」字，原均作「遼」，據再造本、文海本回改。

〔七四〕中就閑外　再造本、文海本、宋朝諸臣奏議卷一五呂公著上神宗乞廣收人才同，長編卷二八五作「終就閒外」，太平治迹統類卷一二神宗聖政作「終就閒散」。

〔七五〕決水復塞　再造本、文海本、太平治迹統類卷一二神宗聖政同，長編卷二九〇作「決河復塞」。

〔七六〕愛民愛物　再造本、文海本同，長編卷二九〇作「憂民愛物」。

〔七七〕剌史　再造本、文海本同，長編卷二九〇、太平治迹統類卷一二神宗聖政作「獄吏」。于公

〔七八〕事見漢書卷七一于定國傳，非刺史，乃獄吏。作獄吏是。

〔七八〕月中　再造本、文海本同，長編卷二九五、宋史卷五二天文志、文獻通考卷二八四象緯考均作「日中」，作「日中」似是。

〔七九〕北虜　原作「契丹」，據再造本、文海本回改。

〔八〇〕五季失圖　原作「五季失國」，再造本、文海本同，據長編卷二九五、宋史卷一七九食貨志、皇朝編年綱目備要卷二〇、徐夢莘三朝北盟會編卷七一、太平治迹統類卷二八用度損益、洪邁容齋三筆卷一三元豐庫、群書會元截江網卷一聖製、陸佃陶山集卷一一神宗皇帝實録敘論等校改。

〔八一〕基　再造本、文海本、長編卷二九五同，皇朝編年綱目備要卷二〇、太平治迹統類卷二八用度損益作「期」。

〔八二〕惕　原作「惕」，據再造本、文海本及上引諸書校改。

〔八三〕灌爵　再造本、文海本同，長編卷二九六、群書考索後集卷三一士作「濯爵」。

〔八四〕隆殺　再造本、文海本同，長編卷二九六、群書考索後集卷三一士作「降殺」。

〔八五〕二京　再造本、文海本同，長編卷二九六、群書考索後集卷三一士作「三京」。

〔八六〕終無術　再造本、文海本、皇朝編年綱目備要卷二〇同，長編卷二九九、東坡全集卷三戲子由、胡仔漁隱叢話前集卷四二東坡、蔡正孫詩林廣記後集卷四蘇東坡烏臺詩案均作「知無術」。

〔八七〕百四十條　再造本、文海本、宋會要輯稿職官二八之九、宋史卷一五神宗紀、群書考索後集卷二七士、玉海卷一一二學校均同，惟長編卷三〇一作「百四十三條」。

〔八八〕分三等　再造本、文海本同，今長編卷三〇一據宋史卷一五七選舉志、皇朝編年綱目備要卷二〇、文獻通考卷四二學校考校補爲「上舍分三等」，可參。

〔八九〕駙馬都尉　原作「駙馬都蔚」，據下文及再造本、文海本、長編卷三〇一校改。

〔九〇〕監賓州酒務　再造本、文海本同，長編卷三〇一作「監賓州鹽酒稅務」。

〔九一〕周攽　李校：長編卷三〇一作「周邠」。汪按：再造本、文海本作「周攽」，宋史卷三二九舒亶傳則作「周邠」，又蘇軾文集中有多首與周邠唱和詩，潛說友咸淳臨安志多記蘇軾與周邠唱和事，故作「周邠」是。

〔九二〕録録　再造本、文海本、宋史卷三二七王安禮傳同，長編卷三〇一、皇朝編年綱目備要卷二〇、太平治迹統類卷二五蘇軾立朝大概作「碌碌」。

宋史全文卷十二下

宋神宗三

庚申元豐三年春正月辛巳，詔改國子監直講爲太學博士，每經二人。癸未，增國子監歲賜錢萬五千緡。以國子監言，歲費錢三萬七千緡，而所入纔二萬三千緡也。

二月辛丑，命輔臣祈雨。詔改諸王宫侍講爲講書。

三月乙丑，工部侍郎平章事吴充罷爲吏部尚書、觀文殿大學士、西太一宫使。己丑，上以慈聖光獻故大推恩於曹氏，且欲以佾爲正中書令。吕公著言非所以寵外戚。上曰：「褒寵外戚，誠非國家美事。顧以慈聖光獻有功於宗社，宜優恤其家爾。」公著因言：「自古亡國亂家不過親小人、任宦官、通女謁、寵外戚等數事而已。」上深以爲然。時王中正、宋用臣等任事，故公著假此以諷。上既退，薛向歎曰：「公乃敢言如此事，使向汗流浹背。」

夏四月乙未，吴充卒。世譏充心正而力不足，知不可而不能勇退云。詔校定孫子、吴子、六韜、司馬法、三略、尉繚子、李靖問對等書，鏤板行之。戊申，御史臺言：「奉詔復置六察，察在京官司。今請以吏部及審官東西院、三班院等隸吏察，户部、三司及司農寺等隸户察，刑部、大理寺、審刑院等隸刑察，兵部、武學等隸兵察，禮祠部、太常寺等隸禮察，少府、將作等隸工察。」從之。辛酉，增國子監歲賜錢六千緡。

五月乙丑，編修學制所言：「奉旨立勢要及國子監生、太學官親屬許不以鄉貫就開封應舉之法。臣等看詳：監以國子爲名，而無國子教養之，實恐未稱朝廷建學育士之意。乞應清要官親戚並令入監聽讀，以二百人爲額，解發毋過四十人。」從之。

六月戊戌，詔宗室教授並兼大小兩學，廣親、睦親北宅二員，餘各一員。

秋七月癸未，是夜，彗出西北太微垣郎位南，在軫。丙戌，詔以星變，自今月戊子避正殿，減常膳，中外臣寮並許直言朝政闕失。

八月，罷諸路提點刑獄司檢法官。戊申，劉几等言：「太常大樂鍾磬凡三等：王朴樂一也，李照樂二也，胡瑗、阮逸樂三也。王朴之樂，其聲太高，此太祖皇帝所嘗言。仁宗景祐中，命李照定樂，乃下律法，以取黄鍾之聲。是時人習舊聽，疑其太重，李照之樂由是不用。至皇祐中，胡瑗、阮逸再定大樂，比王朴樂微下，及鑄大鍾，或譏其聲弇鬱，因亦不用。於是郊廟依舊用王朴樂。欲請下王朴樂二律以定中和之聲，就太常鍾磬擇其可用者，其不可修者別製。」從之。戊午，彗滅。初，七月癸未，彗出於軫，長丈。丙戌，出於翼。戊子，長三尺〔一〕。是月庚子，出於張，三十六日乃没。

九月乙亥，詳定官制所上以階易官寄禄新格：中書令、侍中、同平章事爲開府儀同三司，左右僕射爲特進，吏部尚書爲金紫光禄大夫，五曹尚書爲銀青光禄大夫，左右丞爲光禄大夫，六曹侍郎爲正議大夫，給事中爲通議大夫，左右諫議爲太中大夫，秘書監爲中大夫，光禄卿至少府監爲中散大夫〔二〕，太常至司農少卿爲朝議大夫，六曹郎中爲朝請、朝散、朝奉大夫，凡三等。員外郎爲朝請、朝散、朝奉郎，凡三等。起居舍人爲朝散郎。司諫爲朝奉郎。正言太常國子博士爲承議郎。太常、秘書、殿中丞爲奉議郎。太子中允、贊善大夫、中舍、洗馬爲通直郎。著作佐郎、大理寺丞爲宣德郎。光禄衛尉寺、將作監丞爲宣義郎〔三〕。大理評事爲承事郎。太常寺太祝、奉禮郎爲承奉郎。秘書省校書郎、正字、將作監主簿爲承務郎。又言開府儀同三司至通議大夫以上無磨勘法。太中大夫至承務郎應磨勘待制以上，六年遷兩官，至太中大夫止；承務郎以上四年遷一官，至朝請大夫止；候朝議大夫有闕次補。其朝議大夫以七十員爲額。選人磨勘並依尚書吏部法，遷京朝官者依今新定官。其禄令並以職事官俸賜禄料舊數與今新定官請給對擬定〔四〕。並從之。乙酉，舒國公王安石爲特進，改封荆國公。罷議樂修樂局。

其范鎮令降敕獎諭。鎮初召對，爲上言：「定樂當先正律。」上曰：「然，雖有師曠之聰，不以六律不能正五音。」鎮作律、尺、龠、合、升、豆、區、鬴、斛，欲圖上之，又乞訪求真黍以定黃鍾，而几即用李照樂加四清聲而奏樂成。及是，鎮謝曰：「此劉几樂也。臣何與焉。」

十一月己丑朔，翰林天文院言，日食雲陰不見。又言，巳時六刻雲間見日〔五〕，不及所食分數。壬子，直龍圖閣、勾當三班院曾鞏議經費曰：「宋興，承五代之敝，六聖相繼，與民休息，故生齒既庶，財用有餘。且以景德、皇祐、治平較之，天下歲入，皇祐、治平皆一億萬以上，歲費亦一億萬以上。景德官一萬餘員，皇祐二萬餘員，治平總二萬四千員。景德郊費六百萬，皇祐一千二百萬，治平一千三百萬。以二者校之，官之衆、郊之費皆一倍於景德。誠詔有司案尋載籍而講求其故，可罷者罷之，可損者損之，使官之數、郊之費皆同於景德者，省蓋半矣。」已而再上議曰：「案國初三班吏員止於三百，或不及之，至天禧之間，乃總四千二百有餘。至於今，乃總一萬一千六百九十。宗室又八百七十。蓋景德員數已十倍於初。而以今考之，殆三倍於景德。歲歲有增，未見其止。臣略考其入官之由，具於別記以聞，議其可罷者罷之，可損者損之。臣之所知者三班也，吏部東西審官與天下他費，尚必有近於此者。惟陛下試加考察，以類求之，使天下歲入億萬而所省者什三，計三十年之通，當有十五年之蓄，使國家富盛如此，則何爲而不成。」上頗嘉納之。

十二月甲子，詔應遷官除授者並即寄禄官，除大兩省待制以上至太中大夫，餘官至朝請大夫，並通磨勘，進士八年，餘十年一遷。所理年月，自降指揮日爲始。自官制行，以舊少卿、監爲朝議大夫，諸卿、監爲中散大夫，秘書監爲中大夫。故事，兩制以上轉官至前行郎中，即超轉諫議大夫，前行郎中於階官爲朝請大夫，諫議大夫於階官爲太中大夫，而兩制磨勘者舊不轉卿監，即於今制不當轉此三階。又舊制，朝議大夫止以七十員爲額，餘官轉至朝請大夫即須俟有闕方許次補，至是，因有司申明，乃降是詔。其大兩省、待制以上，自通直郎至太中大夫，磨勘理三年，承務郎以上至朝請大夫，理四年，自如舊制。丁卯，中大夫、集賢院學士蘇頌知滄州。頌入辭，因言母老畏寒，須春上道。上曰：「卿母誰氏？」頌曰：「龍圖閣直學士陳從易女。」上曰：「天聖間侍從耶？」頌曰：「臣外祖天聖間以直昭文館知廣州，罷還不市南物，輦俸餘錢過嶺。仁宗聞之，即日擢知制誥。」上曰：「清過於馬援矣。」頌到滄數月，召還判吏部。

辛酉元豐四年春正月，中書禮房請令進士於本經論語孟子大義、論策之外，加律義一道，省試二道，武舉止試孫吳大義及策。從之。

三月甲辰，翰林學士、承議郎張璪爲參知政事。先是，王珪嘗三薦璪不用。珪曰：「璪果賢。陛下未嘗用，以爲不賢，讒也。臣恐士弗得進矣。臣爲宰相，三薦賢三不用，臣失職請罷。」上喜曰：「宰相當如是。朕姑試卿，卿德不回，朕復何慮。」

夏五月戊申，詔河東、河北路轉運司尋訪程嬰、公孫杵臼墳廟所在。以承議郎吴處厚言：「二人保全趙孤，乞加封爵。」故也。詔嬰封成信侯，杵臼封忠智侯。

六月甲子，有上書乞審擇守令者。上謂輔臣曰：「天下守令之衆，至千餘人，其才性難以遍知，惟立法於此，使象之於彼〔六〕，從之則爲是，背之則爲非，以此進退方有準的，所謂朝廷有政也。如漢黄霸妄爲條教，以干名譽，在所當治而反增秩賜金。夫家自爲政，人自爲俗，先王之所必誅，變風變雅，詩人所刺。朝廷惟一好惡，定國是，守令雖衆，沙汰數年，自當得人也。」戊辰，詔：「聞河北飛蝗極盛，漸已南來，速令開封府界提舉司、京東南西路轉運司遣官督捕。」己卯，洪州言，知州、觀文殿學士王韶卒。韶爲人粗獷，用兵頗有方略，然熙河所奏多欺誕。軍以首級爲功，韶交親皆楚人，多依韶以求仕，韶分屬諸將，諸將畜降羌老弱，或殺與其首以應命〔七〕。既病疽發，皆洞見五藏〔八〕，亦其報也。壬午，詔：「陝西緣邊諸路，累報夏國大集兵，須至廣爲之備。」以种諤爲鄜延路經略安撫副使，應本司事與經略安撫使沈括從長處置。諤入對，大言曰：「夏國無人，秉常孺子，臣往提其臂而來耳。」上壯之，乃決意西征，命諤副括。上初議西討，知樞密院孫固曰：「舉兵易，解禍難，前後論之甚切。」上意既決，固曰：「然則孰爲陛下任此者？」上曰：「吾以屬李憲。」固曰：「伐國大事，而使宦者爲之，士大夫誰肯爲用？」上不悦。他日，又對曰：「今五路並進而無大帥，就使成功，兵必爲亂。」上諭以其無人。同知樞密院吕公著進曰：「既無其人，不若且已。」固曰：「公著言是也。」

秋七月丁亥〔九〕，權發遣群牧判官郭茂恂言：「準詔以陝西博買蕃部馬并糧草，欲專以茶博買馬，以綵帛博買粮穀，及以茶馬併爲一司，令臣具經久利害。臣竊聞昔時亦是用茶折馬價，雖兼用金帛等，亦從其便。近歲始專用銀、絹及錢鈔等。況賣茶買馬事實相須，令提舉買馬官通管茶場，實爲職務相濟。」從之。〔甲辰〕詔斬四方館使韓存寶於瀘州。先是，存寶經制瀘州夷賊無功，時方大舉伐夏，故誅存寶以令諸將。

八月庚申，史館修撰曾鞏兼同判太常寺。詔鞏專典史事，更不預修兩朝史。上曰：「修史最爲難事，如魯史亦止備録國事，待孔子然後筆削。司馬遷才足以周物〔一〇〕，猶止記君臣善惡之迹，爲實録而已。」王珪曰：「近修唐書，褒貶亦甚無法。」上曰：「唐太宗治僭亂以一天下，如房、魏之徒，宋祁、歐陽輩尚不能闚其淺深，及所以成就功業之實。爲史官者，才不足以過其一代之人，不若實録事迹，以待賢人去取褒貶爾。」

九月丙申，熙河路都大經制司言，九月乙酉收復蘭州。李憲又言，乞建蘭州爲帥府，以鎮洮爲列郡。並從之。己亥，宰臣王珪上國朝會要三百卷〔一〕。仁宗時修會要，自建隆至慶曆四年，一百五十卷。熙寧初，珪請續之，凡十二年乃成，止熙寧十年，通舊增損成三百卷。

冬十月〔戊午〕，种諤破米脂寨援軍。捷書至，群臣稱賀。辛巳，史館修撰曾鞏言：「臣修定五朝國史，要見宋興以來，名臣良士或嘗有名位，或素在丘園，嘉言善行，歷官行事，軍國勳勞，或貢獻封章，著撰文字，本家碑誌行狀紀述，或他人爲作傳記之類，今所修國史，須當收采載述。恐舊書訪尋之初有所未盡。乞京畿委開封知府及畿縣知縣，外委逐路監司、州縣長吏博加求訪，有子孫者延致詢問，所有事迹或文字盡因郡府納於史局，以備論次。或文字稍多，其家無力繕寫，即官爲庸寫校正〔二〕。其嘗任兩府、兩制、臺諫之家，家至詢訪，各限一月，發送史局，並中書編集累朝文字及樞密院機要文字，並累朝御札詔副本〔三〕，送本局以備討論。」從之。

十一月癸未朔，日有食之。辛丑，環慶涇原兵去靈州。初，高遵裕攻圍靈州十有八日不能下，糧道且絕，賊決七級渠以灌我師，潰死者甚衆。先是，有詔輒班師者族，城久不下，遵裕曰：「活兩路生靈，得罪死無所恨。」遂班師。

十二月，先是，知樞密院孫固乞罷西師，既而既出無功〔一四〕，上諭固曰：「若用卿言，必不至此。」於是固又言：「兵法，期而後至者斬。始議五路入討，會於靈州，李憲獨不赴，乃自開蘭、會，欲以弭責，要不可赦，乞誅之。」不從。

壬戌元豐五年春二月〔甲寅〕，兩浙路轉運司言：「知潤州鞠真卿侮法專威。」上曰：「刺史、縣令，治民爲最近，漢自刺史有入爲三公者，蓋重其任耳。今之藩郡不過數十，往往多不得人，則縣令可知也。自今更宜謹擇。」乙亥，分命輔臣祈雨。

三月乙酉，提舉江南西路常平等事劉誼言：「聞道塗洶洶，以賣鹽爲患。望稍變法以便民。」又上書云：「陛下所立新法，本以爲民。爲民有倍稱之息，故與之貨錢，爲民有破産之患，故與之免役，爲民無聯屬之任，故教伍保，爲民有積貨之不售〔一五〕，故設市易，皆良法也。行之數年，天下訟之，法弊而民病，色色有之。其於役法尤甚。」又言：「蹇周輔元立鹽法，以救淡食之民，於今民間積鹽不售，以致怨嗟，賣既不行，月錢欠負，追呼刑責，將滿江西。其勢若此，則安居之民轉爲盜賊，其將奈何。」上批：「劉誼職在奉行法度，既有所見，自合公心陳露，輒敢張皇上書，特勒停。」〔戊戌〕司天監言：「四月朔日，當食於寅。」詔：「自己亥易服，避正殿，減常膳，其日百司守職。」乙巳，御集英殿，賜進士、明經、諸科黄裳以下及第、出身、同出身五百九十三人。

夏四月壬子朔，雲陰日不見食。知開封府王安禮言：「三院獄空，揭諸府門，遼使過見歎息，稱爲異事。」上曰：「昔由余聘秦觀政，内史廖輩從容俎豆，以奪其謀者，秦有人也。安禮留意吏事，能駭動外夷，於古無愧矣。」壬戌，崇文殿校書楊完編類元豐以來詳定郊廟奉祀禮文，成三十卷以進〔一六〕。癸酉，王珪依前官、守尚書左僕射兼門下侍郎，蔡確依前官、守尚書右僕射兼中書侍郎。

講義曰：建官之制，不惟其名，而惟其實。不惟其官，而惟其人。君子觀元豐五年官制之成，左右僕射之名初正也，而以王珪、蔡確爲之，則有忝於左右僕射之名矣。觀政和三年官名之正，太宰、少宰之名初立也，而以何執中、蔡京爲之，則有忝於太宰、少宰之名矣。

甲戌，詔中書五月朔行官制。知定州章惇守門下侍郎參知政事，張璪守中書侍郎，翰林學士承議郎蒲宗孟爲中大夫、守尚書左丞，翰林學士、朝奉郎王安禮爲中大夫、守尚書右丞。翰林學士承議郎李清臣試吏部尚書。尋詔清臣特遷朝奉大夫。通直郎、館閣校勘、檢正中書禮房公事王震試右司員外郎〔一七〕。於是，開天章閣，初用官制除拜。詔震及雍從輔臣執筆入記聖語，面授以左右司，仍使自書，時論榮之。詔自今更不除館職〔一八〕，見帶館職人依舊，如除職事官，校理以上轉一官，校勘減磨勘三年，校書減二年，並罷所帶職。丁丑，同知樞密院呂公著爲資政殿學士、知定州。始議五路舉兵伐夏，公著諫不聽，尋上表求罷。上封還其奏。及西師無功，公著言外議皆謂王中正宜正典刑。於是用李憲策，將圖再舉，公著又固諫，上不悦。會章惇自定州召爲門下侍郎，公著因乞代惇守邊。章繼上，乃有是命。又李舜舉入奏，上意悟，欲罷西師，公著入辭，上慰勞之曰：「卿不當居外，行且召卿矣。」

五月［癸未］，手詔：「朝廷議更官制，本欲覈正吏治，非徒膠古希奇而已。比命官置司〔一九〕，修講逾年，逮今頒行〔二〇〕，尚爽條理。其詳定官恐須益得深曉文法之人。御史中丞徐禧可同詳定官制。如頃所論體統〔二一〕，今以此意著爲式令。」〔二二〕蓋上嘗論：「蘇綽建復官制，上自朝廷，下至州縣，悉分爲六曹，財賦如一〔二三〕。令先自京師，候推行有序〔二四〕，即監司、州、縣皆可施行矣。」［己丑］王珪言：「故事，中書進熟、進草，唯執政書押。今官制門下省給事中獨許書畫黄，而不得書草，舒亶疑之，因以爲請。」上曰：「造令、行令，職分宜別。給事中不當書草，著爲令。」三省言：「九寺三監分隸六曹，欲申明行下。」上曰：「不可。一寺一監職事或分屬諸曹〔二五〕，豈可專有所隸。宜曰九寺三監於六曹隨事統屬，著爲令。」［辛卯］上以命令稽緩，語輔臣，頗悔改官制。蔡確等慮上意遂欲罷之，乃力陳新官制置禄比舊月省俸錢二萬餘貫。上意遽止〔二六〕。詔尚書六曹分隸六察。［甲午］上謂輔臣曰：「雖周之盛時，亦以爲才難。唯能以道泛觀，不拘流品，隨才任使，則取人之路廣。苟不稱職，便可黜逐。不可謂已與之官禄，反以係吝而難於用法。如臣下有勞，朝廷見知，雖有過失，亦當寬貸。故律有議賢議勞之法，亦周之八柄詔王之遺意。然有司議罪，自當守官，誅宥則繫主斷，如此則用人之道無難矣。」

六月甲寅，修兩朝正史成一百二十卷。〔乙卯〕上批：「昨據李憲奏，進置堡障以爲駐兵討賊之地。近李舜舉奏，財糧未備。朝廷以舜舉所言忠實可聽信，已罷深入攻取之策。若賊犯邊，自當應敵掩擊。」先是，舜舉退詣執政，王珪迎勞之曰：「朝廷以邊事屬押班及李留後，無西顧之憂矣。」舜舉曰：「四郊多壘，此卿大夫之辱也。相公當國，而以邊事屬二内臣，可乎？内臣正宜供禁庭洒掃之職耳〔二七〕，豈可當將帥之任耶。」聞者代珪發慚。詔：「自今事不以大小，並中書省取旨，門下省覆奏，尚書省施行。三省同得旨事，更不帶三省字行出。」是日，輔臣有言：「中書省獨取旨，事體太重。」上曰：「三省體均。中書省擬而議之，門下省審而覆之，尚書省承而行之。苟有不當，自可論奏，不當緣此以亂體統也。」先是，官制所莫能究其分省設官之意，乃釐中書、門下、尚書爲三，各得取旨，出命既紛然無統紀，至是，上一言遂定。上臨御久，群臣俯伏聽命，無能有所論説。時因奏事有被詰責者，王安禮進説曰：「陛下固聖矣，而左右輔弼宜擇自好之士、有廉隅者居之，則朝廷尊。至於論事苟取容悦，偷爲一切之計而已，人主將何便於此。」上善其言。戊午，宰臣王珪言：「天聖中，修真宗正史成，别録三朝寶訓以備省覽。今當修仁宗英宗兩朝寶訓。」詔祕書省著作局依例修進，差林希、曾鞏。詔尚書省得彈奏六察御史失職。壬申，廣南西路轉運使馬默言，安化州蠻作過。上曰：「默意欲用兵耳。用兵大事，極須謹重。向者郭逵安南與昨來西師，兵夫死傷皆不下二十萬，有司失入一死罪其責不輕，今無罪置數十萬人於死地，朝廷不得不任其咎。天下大事，蓋常起於至細。」章惇曰：「唐虞君臣相戒，亦曰一日二日萬幾。」上曰：「知幾至難，惟聖賢爲能圖於未形，所以無智名勇功，其次於其幾兆而圖之則易爲力，其下事至於著見而謀之，故用力多而見功寡。」章惇又曰：「善師者不陳，蓋圖之未兆耳。」上曰：「事之將兆，天常見象。但人不能知，彗孛示人事甚直，猶如語言，顧今無深曉天道之人耳。古人能知之，則能消伏。」王珪曰：「天象既如此，必至於用兵，此亦數也。」上曰：「惟先格王正厥事，能正厥事，雖必至於用兵，可以無悔矣。」

秋七月，上因論刑曰：「先王之肉刑蓋不可廢，至漢文帝罷之，若革秦之敝，欲休養生民則可矣，如格以先王之法，則不得爲無失。三代之時，民有疆井，分别圻域，彰善癉惡，人重遷徙，故以流爲重。後世之民，遷徙不常，而流不足治也，故用加役流。又未足懲也，故有刺配。猶未足以待，故又有遠近之别。蓋先王教化明，習俗成，則肉刑不爲過也。」戊子，鄜延路計議邊事徐禧等言：「銀州故城形勢不便，當遷築於永樂埭上〔二八〕。自永樂埭至長城嶺置六寨〔二九〕，自背罔川至布娘堡置六堡。」從之。

八月癸丑，詔：「三省、樞密院、秘書、殿中、內侍、入內內侍省，聽御史長官及言事御史彈糾。」先是，置監察，隨所隸察省曹寺監，而三省至內侍省無所隸，故以長官、言事御史察之。

九月甲申，永樂城成，以兵四千人守之。丙戌，徐禧、李舜舉復入永樂城〔三〇〕。丁亥，賊三十萬衆攻城，遂圍城。戊戌，永樂城陷，禧及舜舉俱死，稷爲亂兵所殺，曲珍及王湛、李浦逃歸，士卒得免者十無一二。或言禧實不死，有自虜還者嘗見之。

冬十月戊申朔，李秬、种諤、沈括奏永樂城陷，漢蕃官二百三十人、兵萬二千三百餘人皆没。上涕泣悲憤，爲之不食。早朝，對輔臣慟哭，莫敢仰視。既而歎息曰：「永樂之舉，無一人言其不可者。」右丞蒲宗孟進曰：「臣嘗言之。」上正色曰：「何嘗有言，在內惟吕公著，在外惟趙卨嘗言用兵不是好事耳。」自是之後，上始知邊臣不可信，亦厭兵事，無意西伐矣。壬申，詔户部右曹於京東、淮、浙、江、湖、福建十二路發常平錢八百萬緡輸元豐庫。自熙寧以前，諸道榷酤場率以酬衙前之陪備官費者，至熙寧行役法〔三一〕，乃罷收酒場〔三二〕，聽民增直以雇取〔三三〕，其價以給衙前。時有坊場錢。至元豐初，法既久〔三四〕，儲積贏羨。司農請歲發坊場百萬緡輸中都，三年，遂於寺南作元豐庫貯之，幾百楹。凡錢帛之隸諸司、非度支所主輸之，數益廣，欲以待非常之用焉。

十一月戊寅朔，上謂輔臣曰：「御史分察中都官，事已多矣，又令察舉四方，將何以責治辦？且於體統非是。可罷御史察諸路官司，如有不職，令言事御史彈奏，著爲令。」

癸亥元豐六年春正月甲申，白虹貫日。甲午〔三五〕，詔諸路提點刑獄司各置檢法官一員。

［二月］丙辰〔三六〕，熙河蘭會鈐轄王文郁知蘭州，代李浩。西賊之圍蘭州，數十萬衆奄至，文郁曰：「賊衆我寡，正當折其鋒以安衆心，然後可守。此張遼所以全合肥也。」堅請不已，浩許之，乃募死士百餘，夜縋而下，持短刀突之，賊衆驚潰，爭渡河，溺死者甚衆。時以文郁方尉遲敬德云。（二月）甲子，三省言：「御史臺六察案官以二年爲一任，欲置簿各書其糾劾之多寡當否，爲殿最，歲終條具，取旨陞黜。事重者隨事取旨。」從之。

夏四月辛亥，龍神衛四廂都指揮使种諤卒。自熙寧初，諤首興邊事，後再討西夏，皆諤始謀，卒致永樂之敗。議者謂諤不死，邊事不已。［辛未］給事中韓忠彦等以職事對，上顧謂曰：「法出於道，人能體道，則立法足以盡事。立法而不足以盡事，不可以立法也〔三七〕。蓋立法者未善耳。」又曰：「著法者，欲簡於立文，詳於該事。」壬申，御邇英閣，蔡卞講周禮，至司市，上謂卞曰：「先王建官治市，獨如此其詳，何也？」卞對曰：「先王建國，前朝而後市。朝以治君子，市以治小人，不可略也。」上曰：「市，衆之所聚，詳於治聚故也。」

五月，于闐貢方物。上問曰：「經涉何國？」曰：「道由黄頭回紇、草頭達怛〔三八〕、董氊等國。」問：「達怛有無酋領、部落？」曰：「以乏草粟，故經由其地，皆散居也。」癸卯，詔賜資州孝子支漸粟帛〔三九〕。

六月乙巳朔，詔御史臺六察案各置御史一員。癸丑，禮部尚書黄履試御史中丞。御史翟思言事，有旨詰所自，履諫曰：「御史以言爲職，非有所聞則無以言。今乃究其所自來，則人將懲之，而臺諫不復有聞矣。恐失開言路之意。」事遂寢。元豐間，詔大理兼鞫獄所承内降公事，上下皆曰：是詔獄也，意必傳重。少卿韓晉卿獨持平覈實，無所觀望，人以不冤。上知其才，凡獄難明及事繫權貴者，悉以委晉卿。尚書省建，擢刑部郎中。天下大辟請讞，執政或以爲煩，將劾不應讞者。晉卿適白事省中，因曰：「聽斷求實〔四〇〕，朝廷之心也。今讞而獲戾，讞不至矣。」議者或引唐覆奏〔四一〕，欲令天下庶獄悉從奏決。晉卿曰：「法在天下，而可疑、可矜者上請，此祖宗制也。今四海一家，欲械繫待朝命〔四二〕，恐罪人之死於獄，多於伏辜者。」朝廷皆從之。〔乙丑〕兼同提舉成都府等路茶場郭茂恂乞併茶場、買馬爲一司，庶幾茶司同任買馬之責。

閏六月乙亥朔，夏國主秉常奉表，乞修職貢。〔乙未〕賜江淮等路發運副使蔣之奇紫章服。發運司歲漕穀六百二十萬石，之奇領漕事，以是月至京師〔四三〕，於是入覲。上問勞備至，面賜之，且曰：「朕不復除官漕事，一以委卿。」之奇辭謝，因條畫利病三十餘事，多見納用。丙申，守司徒、開府儀同三司致仕韓國公富弼卒。先是，弼上疏論治道之要曰：「臣聞自古致天下治與亂者，大綱不出用諛佞、讜直之人二端而已。諛佞者進則人主不聞有過，惟惡是爲，所以致亂也。讜直者進，則人主日有開益，惟善是從，所以致治也。臣自離朝廷，退居林下，時亦仰知朝政所爲，大率諛佞者競進於朝，讜直者多處於外，雖有在朝者，蓋恐觸忤奸佞，亦皆結舌，不敢有所開陳。」疏奏，上謂輔臣曰：「富弼有疏來。」章惇曰：「弼言何事？」上曰：「言朕左右多小人。」惇曰：「盍令分析，孰爲小人？」上曰：「弼三朝老臣，豈可令分析？」王安禮進曰：「弼之言是也。」罷朝，惇責安禮曰：「右丞對上之言失矣。」安禮曰：「吾儕今日曰誠如聖諭，明日曰聖學非臣所及，安得不謂之小人？」惇無以對。弼既上疏，又條陳時政之失，以待上問。及卒後乃得其稾，曰：「今日上自輔臣，下及庶士，畏禍圖利，習成弊風，忠詞讜論，無復上達，致陛下聰明蔽塞，天下禍患已成。尚不知驚懼改悔，創艾補救，日甚一日，殆將無及。陛下即位之初，邪臣納説，圖任之際，聽受失宜〔四四〕，謂能拒絕衆人，不使異論得行，然後聖化可運，事功可成，此蓋奸人自謀利於苟悦，而柄任之臣欲專權自肆，以成己志。遂誤陛下放斥忠直，進用邪佞，忠詞杜絕，諂譽日聞。去歲朝廷納邊臣妄議，大舉戈甲以討西戎，師徒潰敗，兩路騷然。當舉事之初，執政大臣、臺諫、侍從，苟能犯顏極諫，則聖心自回，禍難自息矣。臣不知是時小大之臣，有爲陛下力争其不可者乎？西師乃一事也，不幸又有甚於此者。朝廷之事，莫大於用人。夫輔弼之任，論議之職，皆當極天下之選。彼夫貪寵患失、柔從順媚者，豈可使之。事一出於上，則下莫任其責，小人因得行其奸矣。故事成則下得竊其利，事不成則君獨當其咎，豈上下同心、君臣一德之謂乎？此乃朝廷之大體也。」又曰：「今上下情意否塞不通，爲臣者莫得盡其心。百姓愁怨失所，無由上達，而政令之施行，書詔所曉諭，不聞歡欣信服之意。臣恐非朝廷所以示天下也。」又曰：「宮闈之臣，委之統制方面，皆非所宜。在外則挾權怙寵，陵轢上下〔四五〕，入侍左右，寵禄既過，則驕怨易啓〔四六〕，勢位相及，則猜奪隨至〔四七〕，立黨生禍。」又曰：「興利之臣，虧損國體，爲上斂怨。至若爲場以停民貨，造舍而蔽舊屋，榷河舟之載，擅路糞之利，急於斂取，道路嗟怨。此非上所以與民之意。」又曰：「聖意以今日之事爲無足慮邪，亦以爲當深思而救之邪？所信用者皆君子邪，有小人邪？此豈逃聖鑑之明，但無以順從爲悦，則忠邪判矣。」弼早有公輔之望，天下皆稱曰「富公」，名聞夷狄。遼使每至，必問其出處安否。臨事周悉，度不萬全不發。當其敢言奮不顧身，忠義之性，老而彌篤。家居一紀，斯須未嘗忘朝廷。贈太尉，謚文忠。

秋七月丙辰，以安燾同知樞密院。西邊用兵歲久，上益厭之，乃不次用燾。時夏人款塞，燾謂宜遂撫納，且戒邊臣毋爲兵端。既又請還疆土，燾言：「當使知吾宥過而罷兵，不應示吾厭兵之意。」

八月己卯，太白晝見。［乙酉］前桐城縣尉周諤上書，詔中書省記姓名。上日閲匭函，小臣所言利害，無不詳覽如此。辛卯，詔中大夫、尚書左丞蒲宗孟守本官、知汝州。先是，宰執同對，上有無人材之歎。宗孟對曰：「人材半爲司馬光以邪説壞之。」上不語，正視宗孟久之。宗孟懼甚，無以爲容。上復曰：「蒲宗孟乃不取司馬光耶！司馬光者，未論別事，只辭樞密副使，朕自即位以來，唯見此一人，他人則雖迫之使去，亦不肯矣。」又因泛論古今人物，宗孟盛稱揚雄之賢，上作色言：「揚雄劇秦美新〔四八〕，不佳也。」罷朝，安禮戲宗孟曰：「揚雄爲公坐累。」

九月癸卯朔，日有食之。中書舍人趙彦若等言：「六房公事，乞據舍人員數分領。以吏、户、禮、兵、刑、工爲次，其年事〔四九〕、班簿、制敕庫房並通領。」從之。戊辰，起居郎蔡京言：「舊修起居注官二員，不分左右，故月輪一員修纂。今起居郎舍人分隸兩省，所以備左右，史官則左當書動，右當書言。乞自今起居郎、舍人隨左右分記言動。」從之。

冬十月癸酉朔，夏國主秉常遣使奉表，復修職貢，仍乞還所侵地，長爲外藩。乃賜秉常詔：「其地界已令鄜延路移牒宥州施行。歲賜候疆界了日依舊。」「戊子」詔封孟軻爲鄒國公，以吏部尚書曾孝寬言：「孟軻未加爵命。」故特封之。

十一月丙午，冬至，祭昊天上帝於圜丘，以太祖配。始罷合祭天地。還御宣德門，大赦天下。甲寅，判河南府潞國公文彦博守太師、開府儀同三司致仕。

甲子元豐七年春正月辛酉，責授黄州團練副使蘇軾移汝州。軾言：「汝州無田産，乞居常州。」從之。元豐中，軾繫御史獄，上本無意深罪之。宰臣王珪言：「蘇軾有不臣意。」因舉軾檜詩「根到九泉無曲處，世間唯有蟄龍知」之句，對曰：「陛下飛龍在天，而求之地下之蟄龍，非不臣而何？」上曰：「彼自詠檜，何預朕事。」珪語塞，遂薄其罪。然上每憐之，一日語執政曰：「國史大事，朕意欲俾蘇軾成之。」執政有難色，上曰：「非軾則用曾鞏。」其後鞏亦不副上意。上復有旨起軾以本官知江州。中書蔡確、張璪受命，明日，改江州太平觀，又明日命格不下。於是，徙軾汝州。有「蘇軾黜居思咎，閱歲滋深，人材實難，不忍終棄」之語。前此，京師盛傳軾已白日仙去，上對左丞蒲宗孟嗟惜，故軾表有「疾病連年，人皆相傳爲已死；飢寒併日，臣亦自厭其餘生」之句也。

二月庚午朔，河北轉運使、措置河北糴便吴雍言〔五〇〕：「見管人糧馬料總千一百七十六萬石，奇贏相補，可支六年。河北十七州邊防大計，倉廩充實，雖因藉豐年，實以吏能幹職〔五一〕。同措置王子淵在職九年，悉心公家，望考察成效，以勸才吏。」詔賜子淵紫章服。

三月丁巳，大燕集英殿中〔五二〕，皇子延安郡王初侍立於前，宰臣王珪率百僚廷賀。王年未當出閣，上特令侍宴，以見群臣。壬戌，詔太學外舍生周邦彦爲試太學正。邦彦獻汴都賦文采可取，故擢之。邦彦，錢塘人。

五月庚申，詔中書舍人蔡卞往江寧府省視王安石疾病。辛酉，白虹貫日。壬戌，詔：「自今春秋釋奠，以鄒國公孟軻配食文宣王，設位於兖國公之次。荀況、揚雄、韓愈以世次從祀於二十一賢之間，並封伯爵。」

六月［甲戌］，禮部言：「歐陽脩等編太常因革禮，始自建隆，訖於嘉祐，爲百卷。嘉祐之後闕而不録。熙寧以來，禮文制作，足以垂法萬世。乞下太常，委博士接續編纂，以備討閱。」從之。戊子，集禧觀使王安石請以所居江寧府上元縣園屋創禪寺，乞賜名額。從之，以報寧禪院爲額。或云安石子雱處性險惡，安石在政府，凡所爲不近人情者，雱實使之，既死，安石嘗恍惚見雱荷鐵枷如重囚狀，遂請以園屋爲僧寺，蓋以雱求救於佛也。

秋七月癸丑，分命輔臣祈晴。

八月癸巳，衢州言，太子少保致仕趙抃卒。贈太子少師，謚清獻。

冬十月乙亥，給事中韓忠彦爲禮部尚書。忠彦入謝，上諭曰：「先令公之勳，朕所不敢忘，卿復盡忠，朝廷此未足以酬卿也。」辛卯，樞密院奏：「乞以自來御前批降指揮，備載於册，以爲樞密府龜鑑。」從之。

十一月，夏國主秉常遣謨箇咩迷乙遇齎表入貢〔五三〕。

十二月戊辰，端明殿學士兼翰林侍讀學士司馬光爲資政殿學士。降詔獎諭，賜銀絹衣帶。范祖禹爲秘書省正字。並以修資治通鑑書成也。上諭輔臣曰：「前代未嘗有此書，過荀悦漢紀遠矣。」初，元豐五年，將行官制，謂輔臣曰：「官制將行，欲取新舊人兩用之。」又曰：「御史大夫非司馬光不可。」蔡確進曰：「國是方定，願少遲之。」王珪亦助確，乃已。及除光第四任提舉崇福宮，詔滿三十箇月，即不候替人，發來赴闕。蓋將復用光也。是歲，秋宴，上感疾，始有建儲意。又謂輔臣曰：「來春建儲，其以司馬光及呂公著爲師保。」蔡確知光必復用，欲自託於光，乃謂職方員外郎邢恕曰：「上以君實爲資政殿學士，異禮也。君實好辭官，確晚進，不敢進書，和叔門下士，宜以書言不可辭之故。」恕但與光之子康書，致確語，康以白光，光笑而不答，亦再辭而後受之。

乙丑元豐八年春正月戊戌，上不豫。

二月癸巳，上疾甚。王珪言：「去冬嘗奉聖旨，皇子延安郡王來春出閤，願早建東宮。」凡三奏，上三顧微肯首而已。又乞皇太后權同聽政，至於再三，皇太后泣許。先是，蔡確疑上復用呂公著及司馬光，則必奪己相，乃與邢恕謀爲固位計。恕故與皇太后姪公繪、公紀游，恕密執二人手曰：「右相令布腹心，上疾未損，延安郡王沖幼，宜早定議。雍、曹皆賢主也。」〔五四〕公繪等懼曰：「君欲禍我家。」徑去。已而恕反謂雍王顥有覬覦心，與內殿承制致仕王棫共造誣謗。是日，入問疾，退乃於樞密院南廳共議之。王珪曰：「上自有子，復何議。」翌日，遂立皇太子。確、惇、京、恕邪謀遂不得逞，其蹤迹詭秘亦莫辨詰，各自謂有定策功。事久語聞，卒爲朝廷大禍，其實本恕發之。

三月甲午朔，皇太后垂簾，皇子立簾外，珪等遂宣制，立爲皇太子，改名煦。又詔應軍國事並皇太后權同處分，候康復日依舊。戊戌，上崩於福寧殿。宰臣王珪讀遺制，哲宗皇帝立。

史臣曰：上聰明英睿，天性孝友，事兩宮竭誠盡力，親愛二弟無纖毫之間，終上之世，乃出居外第。聖學高遠，言必據經，深造道德之蘊，而詳於度數。禁中觀書，或至夜分。在東宮，素聞王安石有重名，熙寧初，擢輔政，虛己以聽之。安石更定法令，中外争言不便，上亦疑之，而安石堅持之不肯變。其後天下終以爲不便，上亦不專信任。安石不自得，求引去，遂八年不復召，然恩顧不衰。司馬光、吕公著雖論議終不合，而極口稱其賢，勵精求治，如恐不及。總攬萬機，小大必親。御殿決事，或日昃不暇食，侍臣有以爲言者，上曰：「朕享天下之奉，非喜勞惡逸，誠欲以此勤報之也。」將定官制，獨處閤中，考求沿革，一年而成，人皆不知。每當用兵，或終夜不寢，邊奏絡繹，手札處畫，號令諸將，丁寧詳密，授以成算。故千里外，上自節制，機神鑒察，無所遁情。如李憲、張誠一輩，雖甚親用，然未嘗一日弛其御策，無不畏上之威明，而莫敢肆。欲先取靈夏，滅西羌，乃圖北伐，積粟塞上數千萬石，多儲兵器以待。及永樂陷没，知用兵之難，於是亦息意征伐矣。謙沖退謹〔五五〕，去華務實，終身不受尊號，此誠帝王之盛德也。

初，司馬光不敢赴闕，會神宗崩，聞孫固、韓維皆集闕下，時程顥在洛，亦勸光行，乃從之。衛士見光，皆以手加額曰：「此司馬相公也。」民争擁光馬，呼曰：「公毋歸洛，留相天子，活百姓。」所在數千人聚觀之，光懼，遂徑歸洛。

講義曰：所貴乎大臣者，非以其有過天下之材智也，必其有服天下之德望也。王安石所以變舊法之易者，以其虛名實行，足以取信於人。司馬光所以改新法之易者，以其居洛十五年，天下皆期之爲宰相也。然安石其權臣，温公其重臣歟。

太皇太后聞之，詰問主者，遣内侍梁惟簡勞光，問所當先者。光乃上疏曰：「近年以來，閭閻愁苦，痛心疾首，而上不得知。明主憂勤，宵衣旰食，而下無所訴。莫若明下詔書，廣開言路，不以有官無官之人，應有知朝政闕失及民間疾苦者，並許進實封狀，盡情極言。陛下以聽政之暇，略賜省覽，其義理精當者，即施行其言。」

夏四月[辛未]，詔開封府界、京東路養馬指揮並罷〔五六〕。又詔：「京東、京西路保甲養馬法，元定年限極寬，民間易以應辦。而有司不務循守，期限迫急，遂致搔擾。先帝已嘗降手詔詰責約束，至今猶不能奉行。其兩路保馬，宜令並依元降年限收買。其剩買過數目，並充以次年分之數。」其後詔京東、京西路保馬等級分配諸軍，餘數發赴太僕寺。其格不應支配，即還民户變易，納所給價錢。又詔在京並京西及泗州所買物貨等場並罷〔五七〕。中書省言：「内外人户見欠市易錢物當議減放。」詔大姓户放七分，小姓户全放。[丁丑]資政殿大學士呂公著兼侍讀。公著時知揚州，召用遵先帝意也。資政殿學士司馬光知陳州。辛巳，職方員外郎邢恕爲右司員外郎。恕雅善司馬光及呂公著，蔡確度光及公著必復用，遂深交恕，意欲因恕以結二人也。然恕傾險，乃更與確陰謀，謂確有定策功，於是驟遷都司。［甲申］司馬光上疏曰：「昔仁宗皇帝擢臣知諫院，臣初上殿，即言：『人君之德三：曰仁，曰明，曰武。致治之道三：曰任官，曰信賞，曰必罰。』英宗皇帝時，臣曾進歷年圖，其後序言：『人君之道一，其德有三。』其志亦猶所以事仁宗也。大行皇帝新即位，擢臣爲御史中丞，臣初上殿言：『人君修心，治國之要。』其志亦猶所以事英宗也。今皇帝陛下新承大統，猥蒙訪落，謹復以『人君修心治國之要』爲獻，其志亦猶所以事大行皇帝也。臣近曾上奏，乞下詔書開言路，伏望聖慈早賜施行。」［乙酉］樞密院言：「府界、三路保甲兩丁之家，止有病丁並田不及二十畝者，聽自陳，提舉司審驗與放免。」詔可。［庚寅］司馬光上疏曰：「先帝勵精求治，以致太平。不幸所委之人，不足以仰副聖志，自謂古今之人皆莫己如，多以己意輕改舊章，謂之新法。其人意所欲爲，人主不能奪，天下莫能移，縉紳士大夫望風承流，競獻策畫，作青苗、免役、市易、賒貸等法。又有邊鄙之臣，行險僥倖，輕動干戈，深入敵境，使兵夫數十萬暴骸於曠野。又有生事之臣，建議置保甲、户馬，以資武備，變茶鹽鐵冶等法，增家業、侵街、商税錢以供軍須，非先帝之本志也。先帝升遐，奔喪至京，乃蒙太皇太后、陛下特降中使訪以得失，既而聞有旨罷修城役夫，撤詗邏之卒，止御前造作，斥退近習之無狀者，戒飭有司奉法失當，過爲煩擾者，罷物貨等場及民所養户馬，又寬保馬年限，四方之人無不鼓舞聖德〔五八〕。新法之弊，天下之人無貴賤愚智皆知之〔五九〕。是以陛下微有所改，而遠近皆相賀也。然尚有病民傷國有害無益者，如保甲、免役錢、將官三事，皆當今之急務，釐革所宜先者。」

五月，詔曰：「蓋聞爲治之要，納諫爲先。凡内外之臣，有能以正論啓沃者，豈特受之而已，固且不愛高爵重禄以奬其忠。若乃陰有所懷，犯非其分，或扇摇機事之重，或迎合已行之令，上則觀望朝廷之意，以徼倖希進，下則衒惑流俗之情，以干取虚譽。然則黜罰之行，是亦不得已也。」詔新知陳州司馬光過闕入見。先是，光上疏言：「諫争之臣，人主之耳目也。太府少卿宋彭年言：在京不可不並置三衙管軍臣僚。水部員外郎王諤乞今依保馬元立條限，均定逐年合買之數。又乞令太學增置春秋博士。朝廷以非其本職而言，各罰銅三十斤。陛下臨政之初，而二臣首以言事獲罪，臣恐中外聞之，忠臣解體，直士短氣，太平之功尚未可期也。」於是，令光過闕入見。戊戌，詔汝州安置蘇軾復朝奉郎、知登州。己亥，詔吕公著乘傳赴闕，程顥爲宗正寺丞。丙午酉時，地震即止。詔府界三路弓兵並依保甲未行以前復置。庚戌，守尚書左僕射王珪卒。珪自輔政至宰相，凡十六年，守成而已。時號「三旨宰相」，以其上殿進呈云「取聖旨」，上可否訖又云「領聖旨」，既退諭稟者云「已得聖旨」故也。丙辰，正奏名進士劉逵等五百七十五人、特奏名八百四十七人並釋褐，武舉進士三十九人並賜袍笏銀帶。戊午，尚書右僕射兼中書侍郎蔡確守左僕射兼門下侍郎，知樞密院事韓縝守右僕射兼中書侍郎，門下侍郎章惇知樞密院，資政殿學士司馬光爲門下侍郎。初，光以知陳州過闕，未入對，上疏：「乞下詔廣開言路〔六〇〕。及到京，蒙降中使，以五月五日詔書賜臣看閱，詔書始末之言固盡善矣，中間逆以六事防之，臣以爲人臣惟不言，苟上言則皆可以六事罪之矣。或於群臣有所褒貶，則可以謂之陰有所懷；本職之外微有所涉，則可以謂之犯非其分；陳國家安危大計，則可以謂之扇搖機事之重；或與朝旨暗合，則可以謂之迎合已行之令；言新法之不便當改，則可以謂之觀望朝廷之意；言民間愁苦可閔，則可以謂之衒惑流俗之情。然則天下之事，無復可以言者矣。是詔書始於求諫，而終於拒諫也。乞删去中間一節，使天下之人各盡所懷，不憂黜罰。如此則中外之事、遠近之情如指掌矣。」未幾，果別下詔令，實書其事。自「上新即位」至「無復忌憚」三十一字並去之。光既除門下侍郎，又以劄子辭免，並請更改新法。於是太皇太后遣中使賜手詔，諭令供職，光乃受命。

六月丙寅，罷府界三路保甲不許投軍及充弓箭手指揮。［庚午］詔賜楚州孝子徐積絹三十匹、米三十石。丙子，資政殿學士韓維知陳州。維初赴臨闕庭，太皇太后降手詔勞問。維奏：「治天下之道，不必過求高遠，止在審人情而已。識人情不難，以己之心推人之情可見矣。大凡人情貧則思富，苦則思樂，勞困則思息，鬱塞則思通。陛下誠能常以利民爲本，則人富矣。常以愛人爲本〔六一〕，則人樂矣。役事之有妨農務者去之，則勞困息矣。法禁之無益治道者蠲之，則鬱塞通矣。」又奏：「臣嘗具奏，陳陛下深察盜賊所起之原，罷非業之令，寬訓練之程，蓋爲保甲、保馬發也。臣非謂國馬遂可不養，但官置監牧可矣。非謂民兵遂可不教，但於農隙一時訓練可矣。」丁丑，承議郎、新除宗正寺丞程顥卒。顥嘗論熙寧初，張戩爭新法不可行，遂以語觸王安石，因曰：「新法之行，乃吾黨激成之。當時自愧不能以誠感上心〔六二〕，遂成今日之禍。吾黨當與安石分其罪也。」顥深有意經濟，方召用，遽死，士大夫識與不識莫不哀傷。文彦博采衆議，題其墓曰「明道先生」云。

呂中曰：道之不明，天實憫之，篤生賢哲，姿禀特異。元氣之會，渾然天成。天意固有所屬矣。居洛十年，充養備至，人見其詞氣，肅然不敢即也。而和氣充浹，見面盎背，遽色厲辭無有也。人見其接物粹然，若可易也，而望之崇深，截乎規矩準繩，不敢慢也。局度清越世故，若將浼焉，而克勤小物〔六三〕，雖鄙賤猥瑣弗憚也。立言洒落，近而易知，扣之則無窮，出之則愈新也。人隨其所見者不一，而不知先生道積於中，固純乎而弗雜也。嘗究極先生所以用力之地，謂心不可以一事留，學不可以一善止，有適有莫，戒非其天地之全〔六四〕，客氣未消，防其爲義理之勝〔六五〕。去新學之支離，非釋氏之不相聯屬，忌學者先立標準，斥記誦者之玩物喪志。遊其門者，如群飲於洛〔六六〕，各充其量。故得先生之教者，如顯道之誠篤，公掞之端厚。得先生之和者，如淳夫之安恬，中立之簡易。隨其所得，固已自足名世矣。元祐群賢，悉起散地，先生獨有憂色，使之叶濟於朝，以施調一之功，安有紹聖報復之禍哉。

〔戊寅〕奉議郎、知定州安喜縣事王巖叟爲監察御史。癸未，吕公著入見，太皇太后遣中使賜食。公著上奏十事：一曰畏天，二曰愛民，三曰修身，四曰講學，五曰任賢，六曰納諫，七曰薄斂，八曰省刑，九曰去奢，十曰無逸，皆隨事解釋，粗成條貫，不爲繁辭，以便觀覽。是日，同上奏曰：「先帝新定官制，設諫議大夫、司諫、正言之官，其員數甚備。伏乞申敕輔弼，選忠厚骨鯁之臣、正直敢言之士，遍置左右，使掌諫諍。又御史之官，號爲天子耳目，而比年以來，專舉六察故事，廢國家治亂之大計。察官司簿領之過也〔六七〕。伏乞盡罷察案，只置言事御史四人或六人，仍詔諫官、御史並須直言無諱，規主上之過失，舉時政之紕繆，指群臣之姦黨，陳下民之疾苦。」丁亥，詔曰：「古之王者即政之始，必明目達聰，以防壅蔽，敷讜言以輔不逮〔六八〕，然後物情得以上聞，利澤得以下究。應中外臣寮及民庶，並許實封直言朝政闕失、民間疾苦，朕將親覽以考求其中而施行之。」司馬光凡三奏乞改前詔，於是始用其言也。呂公著既上十事，太皇太后遣中使諭公著曰：「覽卿所奏，深有開益。當此拯民疾苦，更張何者爲先？」庚寅，公著復上奏曰：「自王安石秉政，變易舊法，群臣有論其非便者，指以爲沮壞法度，必加廢斥。是以青苗、免役之法行，而取民之財盡；保甲、保馬之法行，而用民之力竭；市易、茶鹽之法行，而奪民之利悉。若此之類甚衆，更張之際，當須有術，不在倉卒。且如青苗之法，但罷逐年比較，則官司既不邀功，百姓自免抑勒之患。免役之法，當少取寬剩之數，度其差雇所宜，無令下户虚有輸納。保甲之法，止令就冬月農隙教習，仍只委本路監司提按，既不至妨農害民，則衆庶稍得安業。至於保馬之法，先朝已知有司奉行之繆。市易之法，先帝尤覺其有害而無利。及福建、江南等路配賣茶鹽過多，彼方之民殆不聊生，恐當一切罷去。而南方鹽法、三路保甲尤宜先革者也。陛下必欲更修庶政〔六九〕，使不驚物聽，而實利及民，莫若任人爲急。」是日，又同上奏：「孫覺方正有學識，可以充諫議大夫。范純仁剛勁有風力，可以充諫議大夫或户部右曹侍郎。李常清直有守，可備御史中丞。劉摯資性端厚，可充侍御史。蘇轍、王巖叟並有才氣，可充諫官或言事御史。」太皇太后封公著劄子付司馬光，詳所陳更張利害，有無兼濟之才，直書以聞。光奏：「公著所陳，與臣言者正相符合。惟有保甲一事，朝廷既知其爲害於民，無益於國，便當一切廢罷，更安用教習。」光又言：「陛下推心於臣，俾擇多士。竊見劉摯公忠剛正，趙彦若博學有父風，傅堯俞清立安恬，范純仁臨事明敏，唐淑問行己有恥，范祖禹温良端厚〔七〇〕，此六人者，若使之或處臺諫，或侍講讀，必有裨益。」知慶州范純仁言：「郡邑之弊，守令知之。一路之弊，職司知之〔七一〕。茶鹽利局、民兵、刑法、差役之弊，提其局及受其寄者知之〔七二〕。軍政之弊，三帥與將領者知之。邊防之弊，守邊者知之。伏望陛下特下明詔，各使條陳本職，限一月内聞奏，亦可因其所陳，略知其人之才識，然後審擇而行之。」

秋七月甲午，詔諸鎮寨市易抵當並罷。丁酉，請大行皇帝尊謚於天，天錫之曰「英文烈武聖孝皇帝」，廟曰神宗。詔恭依。戊戌，吕公著爲尚書左丞。公著言：「國朝之制，每便殿奏事，止是中書、樞密院兩班。昨來先帝修定官制，中書省、門下省、尚書省各爲一班，雖有三省同上進呈者，蓋亦鮮矣。執政之臣，皆是朝廷遴選，正當一心同力、集衆人之智以輔惟新之政。」遂詔應三省合取旨事及臺諫章奏，並進呈施行〔七三〕。詔：「府界三路保甲自來年正月以後並罷團教，仍依義勇舊法，每歲農隙赴縣教閲一月。」門下侍郎司馬光乞「盡罷諸處保甲、保正長使歸農，依舊置耆長、壯丁巡捕盜賊，户長催督税賦。其所養保馬，揀擇勾收太僕寺，量給價錢，分配兩騏驥院」〔七四〕。蔡確等執奏不行。詔保甲依樞密院今月六日指揮，保馬別議立法。［庚申］司馬光言：「臣伏見臣僚民庶上言朝政闕失、民間疾苦奏狀必多，乞降付三省，委執政官分取看詳，擇其可取者用黄紙簽出，再進入，或留置左右，或降付有司施行。」從之。

八月丙子，月有食之。既。癸未，諫議大夫孫覺言：「乞依天禧元年手詔言事〔七五〕，左右諫議大夫、左右補闕拾遺，凡發令舉事，有不便於時、不合於道，大則廷議，小則上封。若賢良之遺滯於下，忠孝之不聞於上，則條其事狀而薦言之。」詔依此申明行下。［丁亥］詔府界新置馬牧監並提舉經度制置牧馬司並罷〔七六〕。司馬光言：「近降農民訴疾苦實封狀，王嚞等一百五十道除所訴重複外，俱已簽帖進入。竊惟四民之中，惟農最苦。蠶婦治繭績麻紡緯，其勤極矣。農蠶者，天下衣食之源，人之所仰以生也。是以聖王重之。竊聞太宗嘗遊金明池，召田婦數十人於殿上，賜席使坐，問以民間疾苦，賜帛遣之〔七七〕。太宗興於側微，民間事固無不知，所以然者，恐富貴而忘之故也。真宗乳母秦國夫人劉氏，本農家也，喜言農家之事，真宗自幼聞之，及踐大位，咸平、景德之治爲有宋隆平之極。景德農田敕至今稱爲精當。自非大開言路，使畎畝之民皆得上封事，則此曹疾苦，何由有萬分之一得達於天聽哉。」

九月己酉，劉摯爲侍御史。摯言：「伏見諫官止有大夫一員，御史臺自中丞、侍御史、兩殿中法得言事外，監察御史六員專以察治官司公事。欲望聖慈於諫院增置諫官員數，本臺六察御史並許言事，其所領察案自不廢如故〔七八〕。所貴共盡忠力，交輔聖政。」朝奉郎蘇軾爲禮部郎中。戊午，監察御史王巖叟上疏曰：「今民之大害，不過三五事而已。如青苗實困民之本，須盡罷之。而近日指揮但令斂散不立額而已。役錢須如舊來復行差法，而近日指揮但令減寬剩而已。保甲之害，蓋由提舉一司上下官吏逼之使然，而近日指揮雖止令冬教，然尚存官司。此皆姦邪遂非飾過，將至深之弊略示更張，以應副陛下聖意而已。」貼黃稱：「如執論者以青苗、免役遽罷之，恐國用不足，則乞陛下問以治平、嘉祐之前，國用何以不闕。願令講究而行之。」

冬十月己巳，太皇太后諭輔臣曰：「民間保馬宜早罷，見行法有不便於民者改之。」癸酉，詔：「倣六典置諫官，其具所置員以聞。」從劉摯之言也。丁丑，詔尚書、侍郎、給舍、諫議、中丞、待制以上各舉堪充諫官二員以聞。初，中旨除范純仁爲左諫議大夫，唐淑問爲左司諫，朱光廷爲左正言，蘇轍爲右司諫，范祖禹爲右正言，令三省、樞密院同進呈。太皇太后問：「此五人何如？」章惇曰：「故事，諫官皆令兩制以上奏舉，然後執政進擬。今除目從中出，臣不知陛下從何知之，得非左右所薦。此門不可輕啓。」〔七九〕太皇太后曰：「皆大臣薦，非左右也。」惇曰：「大臣當明揚，何以密薦？」由是呂公著以范祖禹，韓縝、司馬光以范純仁親嫌爲言。惇曰：「臺諫所以糾繩執政之不法，故事，執政初除，親戚及所舉之人見爲臺諫官者皆徙他官。今當循故事，不可違祖宗法。」光曰：「純仁、祖禹作諫官誠協衆望，不可以臣故妨賢者進，臣寧避位。」惇曰：「縝、光、公著必不至有私，萬一他日有姦臣執政，援此爲例。純仁、祖禹請除他官，仍令兩制以上各得奏舉。」故有是詔。淑問、光廷、轍除命皆如故。純仁改爲天章閣待制，祖禹爲著作佐郎。詔監察御史兼言事，殿中侍御史兼察事。始用吕公著及劉摯之言也。詔罷義倉，其已納數遇歉歲以充賑濟。［己卯］侍御史劉摯言：「州縣之政，廢舉得失，其責宜在監司。宜稍復祖宗故事，於三路各置都轉運使，用兩制臣寮充職，以重其任。自餘諸路亦望推擇資任稍高、練達民情〔八〇〕、識治體、近中道之人，使忠厚安民而不失之寬弛，肅給應務而不失之淺薄。」癸未，趙彦若兼侍讀，傅堯俞兼侍講。先是，侍御史劉摯言：「皇帝陛下春秋鼎盛，在所資養，左右前後，宜正人與居，語默見聞，宜正事是接。伏見兼侍講陸佃、蔡卞皆新進少年，欲望於内外兩制以上官内，别選通經術、有行義、忠信孝悌、淳茂老成之人以充其任。」於是佃、卞皆罷，而彦若、堯俞有是命。乙酉，葬神宗英文烈武聖孝皇帝於永裕陵。［丙戌］詔罷方田。［己丑］詔提舉府界三路保甲官並罷，令逐路提刑及府界提點司兼領。王巖叟言：「風聞章惇於簾前問陛下御批除諫官事，曲折再三，語涉輕侮。外庭傳聞，衆所共憤。惇又謂陛下何從而知，是不欲威權在人主，端良入朝廷，侵官犯分，慢上瀆尊。國有常憲，乞行顯黜。」劉摯言：「神宗皇帝靈駕進發，準敕前一日，五使、三省執政官宿於兩省。竊聞宰臣蔡確獨不曾入宿，慢廢典禮，有不恭之心。」左正言朱光庭言：「蔡確先帝簡拔，位至宰相，靈駕發引，輒先馳去數十里之遠，以自便安，爲臣不恭，莫大於此。」又言章惇欺罔肆辯，韓縝挾邪冒寵。章數上，其言甚切。

十一月癸巳，鮮于侁爲京東轉運使。於是，司馬光語人曰：「今復以子駿爲轉運使，誠非所宜，然朝廷欲救東土之弊，非子駿不可，此一路福星也。可以爲諸路轉運使模範矣。安得百子駿布在天下乎！」侁既至，奏罷萊蕪、利國兩監鐵冶。又乞海鹽依河北通商。民大悦。丁巳，鄉貢進士程頤爲汝州團練推官，充西京國子監教授。以司馬光、吕公著及西京留守韓絳薦其學行，故有是命。劉摯言：「章惇性資佻薄，素無行檢，伏請罷惇政事。」王巖叟言：「昨來初議垂簾儀制之日，章惇嘗對衆肆言曰：『待與些禮數。』臣子聞之，莫不一意共怒。伏以太皇太后，先皇帝之母，陛下之祖母，垂簾聽政又先帝之遺制，國朝以來自有故事，豈以私意輒可重輕。乞付有司治正惇罪。」

十二月〔壬戌〕，詔：「今月十五日開講筵，講論讀寶訓〔八二〕。講讀官日赴資善堂，以雙日講讀，仍輪一員宿直。初講及更旬，宰相、執政並赴。」罷太學保任同罪法。又罷裁桑法。蠲民所欠罰錢。丙寅，劉摯言：「宰臣蔡確，山陵使回，必須引咎自劾，而確不顧廉隅，恐失爵位，無故自留。伏望早發睿斷，罷確政事，以明國憲。」先是，王巖叟言：「臣伏睹陛下變保甲月教之法爲冬教，人人始得安業。」又言：「乞依義勇舊法免冬教。」於是詔府界三路保甲第五等兩丁之家免冬教。甲戌，天章閣待制兼侍講范純仁、中書舍人王震並爲給事中。監察御史王巖叟言：「給事中處門下，當封駁，非他職比。凡政令之乖宜，除授之失當，諫官所未論，御史所未言，皆先得以疏駁而封還之。其於扼天下之要，以厲至公而嚴朝廷，莫先此者。按震出使無廉介之譽，立朝無端亮之稱，封駁之任非震所當處。」尋命震出守。劉摯言：「蔡確無大臣進退之節，與章惇固結朋黨。自陛下進用司馬光、呂公著以來〔六二〕，意不以爲便。今中外以謂確與惇不罷，則善良無由自立，天下終不得被仁厚之澤。」丙子，左正言朱光庭奏：「竊見蔡確先帝簡拔，位至宰相，送終殊不盡恭。章惇素來輕易多言，不以朝廷生民爲慮。韓縝內行不修，宜令解機任而善去。司馬光宜更進之宰輔，以盡猷爲。范純仁公忠正直，願進之宰輔，俾與司馬光協濟庶務。韓維天下之賢才，宜置之宥密。退三姦於外，以清百辟，進三賢於內，以贊萬幾。太平之風自茲始矣。」戊寅，侍御史劉摯言：「蔡確自京官，不十年至輔弼，特以累治大獄，鍛鍊誣陷，緣此以進身。是以任風憲則專以護持苗、役法令爲公論，居廟堂，則專以聚利生靈膏血爲相業〔八三〕。排斥忠良，引置黨類，與章惇、張璪爲黨。疑言路或有文字，訪聞逐之，各令親信於内臣中出入探伺，訪求虚實。」〔八四〕〔丁亥〕起居舍人邢恕權發遣隨州。恕嘗教高公繪上書，乞尊禮太妃爲高氏異日之福。太皇太后呼公繪問曰：「汝不識字，誰爲汝作此書？」公繪以恕稿進，既罷恕新命，又絀之。

校證

〔一〕長三尺　再造本、文海本、宋史卷五六天文志、文獻通考卷二八六象緯考及四庫本長編卷三〇七均同，惟點校本長編作「長三丈」。

〔二〕光禄卿至少府監　原遺「監」字，再造本、文海本同，據長編卷三〇八、徐松宋會要輯稿職官五六之二、陳均皇朝編年綱目備要卷二〇、宋史卷一六九職官志、費衮梁谿漫志卷二文武官制、王應麟玉海卷一一九元豐新定官制正官名寄禄新格禄令、邵博邵氏聞見後録卷一校補。

〔三〕宣義郎　再造本、文海本及上引諸書略同，惟長編卷三〇八作「宣議郎」。

〔四〕俸賜禄料舊數　「料」原作「科」，再造本、文海本同，按「禄科」不文，據長編卷三〇八、宋會要輯稿職官五六之二、玉海卷一一九元豐新定官制正官名寄禄新格禄令校改。又「今新定」之「今」原作「令」，據再造本、文海本及上引長編、宋會要輯稿、玉海校改。

〔五〕雲間見日　再造本、文海本同，長編卷三一〇作「雲開見日」。

〔六〕象之於彼　再造本、文海本、彭百川太平治迹統類卷一二神宗聖政等同，惟長編卷三一三作「奉之於彼」。

〔七〕或殺與其首以應命　再造本、文海本同，長編卷三一三作「或殺其首以應命」，無「與」字，句較通。

〔八〕皆洞見五藏　再造本、文海本同，長編卷三一三「皆」作「背」，從上讀。

〔九〕按長編卷三一四繫以下記事於「己丑」日。

〔一〇〕才足以周物　「才」，再造本、文海本、長編卷三一五作「材」。「周物」，再造本、文海本同，長編卷三一五作「開物」。

〔一一〕三百卷　原作「二百卷」，據再造本、文海本、長編卷三一六、宋史卷二〇七藝文志、文獻通考卷二〇一經籍考、陳振孫直齋書録解題卷五校改。

〔一二〕庸寫　再造本、文海本同，長編卷三一八、曾鞏元豐類稿卷三一史館申請三均作「傭寫」。

〔一三〕御札詔　再造本、文海本同，上引長編、元豐類稿均作「御札手詔」。

〔一四〕既而既出無功　文海本同，再造本「既出」字殘，紅筆補「師出」二字。長編卷三二一作「既而師果無功」，似是。宋史卷三四一孫固傳作「其後師果無功」。

〔一五〕積貨　原作「積貸」，據再造本、文海本、長編卷三二四校改。

〔一六〕三十卷　再造本、文海本、宋史卷二〇四藝文志、太平治迹統類卷一二神宗聖政、直齋書録解題卷六、佚名王氏談録、玉海卷六九禮儀等均同，惟長編卷三二五作「二十卷」，疑長編誤。

〔一七〕按：與長編卷三二五比對，王震前、李清臣後略去了關於安燾、何正臣、蘇頌、謝景温、李定、許將、崔台符、舒亶、吴雍九人的任命情況，其中至少關於吴雍的任命是不該省略的，因爲下文的「雍」即指吴雍，而前文並未言及吴雍。據此，在關於王震的文字前應補入「朝奉郎檢正中書户房公事吴雍守左司郎中」。

〔一八〕更不除館職　「館」原作「餘」，據再造本、文海本、長編卷三二五、宋會要輯稿職官一八之五校改。

〔一九〕比命官　李校：原作「此命官」，據長編卷三二六改。汪按：再造本、文海本亦作「此命官」，宋會要輯稿職官五六之九、徐自明宋宰輔編年録卷八同長編，作「比命官」，意較佳，今從李校。

〔二〇〕逮今　再造本、文海本作「迨今」，長編卷三二六、宋會要輯稿職官五六之九、宋宰輔編年録卷八作「追今」，「追」應爲「迨」之形近訛，「逮」、「迨」音、義均近，故不改。

〔二一〕所論體統　再造本、文海本、宋會要輯稿職官五六之九、徐自明宋宰輔編年録卷八均同，惟長編卷三二六作「所諭體統」。

〔二二〕今以此意著爲式令　「式令」，李校：原作「定令」，據長編卷三二六改。汪按：再造本、文海本、宋會要輯稿職官五六之九同長編，李校是。又「令」，再造本、長編作「令」。

〔二三〕財賦如一　再造本、文海本、長編卷三二六同，宋會要輯稿職官五六之九、太平治迹統類卷三〇官制沿革、宋宰輔編年録卷八、章如愚群書考索後集卷七官制均作「體統如一」，義較佳。

〔二四〕推行　原作「推排」，再造本、文海本同，據長編卷三二六、宋會要輯稿職官五六之九、宋宰輔編年録卷八、群書考索後集卷七官制校改。

〔二五〕或分屬諸曹　上引諸書略同，惟長編卷三二六作「故分屬諸曹」，似誤。

〔二六〕遽止　再造本、文海本、太平治迹統類卷三〇官制沿革同，長編卷三二六作「上意遂止」。

〔二七〕正宜　再造本、文海本、宋史卷四六七宦者傳同，長編卷三二七、皇朝編年綱目備要卷二一、司馬光涑水記聞卷一四作「止宜」。

〔二八〕永樂堞　再造本、文海本、太平治迹統類卷一五神宗經制西夏同，長編卷三二八作「永樂埭」。

〔二九〕長城嶺　再造本、文海本、太平治迹統類卷一五神宗經制西夏同，長編卷三二八作「長城領」。

〔三〇〕永樂　李校：當作「水洛」，見宋史地理志四。李校誤，永樂城事史籍記載頗多，此不須辯。

〔三一〕行役法　原遺「法」字，再造本、文海本同，「行役」不文，今據長編卷三三〇、宋史卷一七九食貨志、皇朝編年綱目備要卷二〇補「法」。

〔三二〕罷收酒場　再造本、文海本、群書考索後集卷六四財賦同，長編卷三三〇作「收酒場」、皇朝編年綱目備要卷二〇作「罷酒場」。

〔三三〕以雇取　再造本、文海本、皇朝編年綱目備要卷二〇、群書考索後集卷六四財賦同，長編卷三三〇、宋史卷一七九食貨志作「以售，取……」後者義差強。

〔三四〕法既久　再造本、文海本同，長編卷三三〇、皇朝編年綱目備要卷二〇作「法行既久」。

〔三五〕甲午　據長編卷三三二，下文所述乃乙未日事。

〔三六〕丙辰　據長編卷三三三，丙辰日在二月内。下文「二月」當移此日前。

〔三七〕不可以立法也　再造本、文海本同，長編卷三三四作「非事不可以立法也」，義大異。

〔三八〕達怛　再造本、文海本同，長編卷三三五作「達靼」。下同。

〔三九〕支漸　原作「文漸」，再造本、文海本同，據長編卷三三五、宋史卷一六神宗紀卷四五六孝義支漸傳、皇朝編年綱目備要卷二一校改。

〔四〇〕聽斷求實　再造本、文海本同，長編卷三三五、周煇清波雜志卷二作「聽斷求生」，宋史卷四二六循吏韓晉卿傳作「聽斷求所以生之」。

〔四一〕唐覆奏　再造本、文海本、長編卷三三五同，清波雜志卷二作「唐覆奏令」。

〔四二〕今四海一家欲械繫待朝命　再造本、文海本同，長編卷三三五、清波雜志卷二作「今四海萬里，一欲械繫待朝命」，宋史卷四二六循吏韓晉卿傳作「四海萬里，必須繫以聽朝命」。

〔四三〕是月　再造本、文海本同，長編卷三三六作「五月」。

〔四四〕圖任之際聽受失宜　再造本、文海本、宋史卷三一三富弼傳、歷代名臣奏議卷三八同，惟長編卷三三六作「圖治之際聽任失宜」。

〔四五〕陵轢　再造本、文海本同，長編卷三三六作「淩鑠」，誤。

〔四六〕驕怨易啓　再造本、文海本同，長編卷三三六作「驕恣易啓」。

〔四七〕隨至　再造本、文海本同，長編卷三三六作「互至」。

〔四八〕劇秦美新　再造本、文海本同，長編卷三三八、皇朝編年綱目備要卷二一、宋宰輔編年録卷八此四字前均有「著」字。

〔四九〕年事　再造本、文海本同，長編卷三三八校改「年」爲「主」，謂：「宋史卷一六一職官志，中書省有主事、班簿、制敕庫房而無『事房』，此處『年事』顯爲『主事』之誤。」可參。

〔五〇〕措置河北糴便　「便」原作「儲」，措置河北糴便司爲北宋重要機構，而無措置河北糴儲之名銜。今據再造本、文海本、長編卷三四三校改。

〔五一〕實以　再造本、文海本同，長編卷三四三作「實亦」。

〔五二〕集英殿中　再造本、文海本同，長編卷三四三「中」前有「燕」字，似誤。

〔五三〕謨箇咩迷乙遇　再造本、文海本同，長編卷三五〇作「謨固咩迷乞遇」。

〔五四〕賢主　再造本、文海本同，長編卷三五一、宋史卷四七一姦臣邢恕傳、王稱東都事略卷八〇蔡確傳、太平治迹統類卷一八宣仁垂殿聖政、宋宰輔編年録卷九均作「賢王」。作「賢王」似是。

〔五五〕退謹　再造本、文海本作「退託」，長編卷三五三作「通讓」。似作「通讓」是。

〔五六〕京東路　再造本、文海本同，長編卷三五四於「京東」後校加「等」字，謂：「『等』字原脱，據長編紀事本末卷九四變新法、卷一〇四保馬、治迹統類卷二二熙寧元祐保甲保馬變更及宋會要兵二四之二五補。」補「等」似是。

〔五七〕所買　再造本、文海本同，長編卷三五四、宋宰輔編年録卷九均作「所置」。作「所置」似是。

〔五八〕鼓舞聖德　李校：句不通。司馬公文集卷四六進修心治國之要劄子狀作「四方之人，無不鼓舞，聖德傳佈，一日千里」。汪按：李校可參。

〔五九〕皆知之　李校：原脱「皆」字，據長編卷三五五、司馬公文集卷四六補。汪按：再造本、文海本亦無此字，依李校補「皆」較佳。

〔六〇〕乞下詔廣開言路　再造本、文海本同。按此句與上下文不聯，據長編卷三五五，句前應加「臣先」二字，方可通。

〔六一〕愛人爲本　再造本、文海本同，長編卷三五七、太平治迹統類卷一八宣仁垂殿聖政均作「愛人爲心」。

〔六二〕以誠感　再造本、文海本同，長編卷三五七作「以誠感寤」，皇朝編年綱目備要卷二一、呂中宋大事記講義卷一八作「以誠感悟」。

〔六三〕小物　再造本、文海本、類編皇朝大事記講義卷一八均同，惟四庫本宋大事記講義作「小事」。

〔六四〕戒非其　再造本、文海本同，宋大事記講義卷一八作「戒其非」。

〔六五〕防其爲　再造本、文海本同，宋大事記講義卷一八作「防其非」。

〔六六〕群飲於洛　再造本、文海本同，宋大事記講義卷一八作「群飲於酪」。

〔六七〕察官司簿領之過　再造本、文海本同。「官」，趙汝愚宋朝諸臣奏議卷五三呂公著上哲宗乞選置臺諫罷御史察案同，長編卷三五七作「案」。「過」，長編卷三五七、呂公著上哲宗乞選置臺諫罷御史察案、歷代名臣奏議卷二〇三均作「細過」。

〔六八〕敷讜言　再造本、文海本同，長編卷三五七、東都事略卷九哲宗紀、太平治迹統類卷一八宣仁垂殿聖政均作「敷求讜言」。

〔六九〕庶政　原作「度政」，據再造本、文海本、長編卷三五七、太平治迹統類卷一八宣仁垂殿聖政、宋朝諸臣奏議卷一一七呂公著上哲宗論更張新法當須有術校改。

〔七〇〕端厚　再造本、文海本同，長編卷三五七、皇朝編年綱目備要卷二一作「端愿」。

〔七一〕職司　再造本、文海本、皇朝編年綱目備要卷二一、宋朝諸臣奏議卷一九范純仁上哲宗乞詔内外百官條陳本職及所經歷利害、范純仁范忠宣奏議卷下奏乞詔内外臣條陳利害均同,宋大事記講義卷一八作「監司」,點校本長編卷三五七據續通鑑校改「職司」爲「監司」,似不當。

〔七二〕受其寄者　再造本、文海本同,長編卷三五七及上引宋朝諸臣奏議、范忠宣奏議作「受其害者」。皇朝編年綱目備要卷二一據長編改「寄」爲「害」。因所涉均爲官員,似作「寄」是。

〔七三〕並進呈施行　再造本、文海本同,長編卷三五八、太平治迹統類卷一八宣仁垂殿聖政均作「並同進呈施行」,或應據補「同」字。

〔七四〕分配兩騏驥院　再造本、文海本同,長編卷三五八、宋朝諸臣奏議卷一二四司馬光上哲宗乞盡罷諸處保甲、歷代名臣奏議卷二二一、司馬光傳家集卷四七乞罷保甲劄子均作「分配兩騏驥院、坊監及諸軍」。

〔七五〕乞依天禧元年手詔言事　再造本、文海本同,按:句疑有誤,長編卷三五九作「乞依天禧元年手詔言事勘會官制事目格字」,亦有疑問。宋史卷一六一職官志作「據官制格目」,似删簡過甚。存疑待考。

〔七六〕馬牧監　再造本、文海本同,長編卷三五九作「牧馬監」。

〔七七〕賜帛遺之　再造本、文海本同,長編卷三五九、宋朝諸臣奏議卷一一八司馬光上哲宗乞省覽農民封事、傳家集卷四八乞省覽農民封事劄子作「賜帛遺之」。似作「遺」是。

〔七八〕所領察案自不廢　再造本、文海本、太平治迹統類卷一八宣仁垂殿聖政、宋朝諸臣奏議卷五三劉摯上哲宗乞增諫員及許察官言事均同，長編卷三五九作「所領察案目不廢」，劉摯忠肅集卷三乞增諫員及許察官言奏事原作「所領察耳目不廢如故」，點校本據長編改「耳目」爲「案目」。

〔七九〕輕啓　再造本、文海本、長編卷三六〇均作「浸啓」。

〔八〇〕練達民情　再造本、文海本同，長編卷三六〇、太平治迹統類卷一八宣仁垂殿聖政、宋朝諸臣奏議卷六七劉摯上哲宗乞推擇監司與民休息、歷代名臣奏議卷一三八、忠肅集卷六乞選監司澄汰州縣疏均作「練達民政」。

〔八一〕講論　再造本、文海本同，長編卷三六二、玉海卷二七帝學元祐講論語賜宴及御書詩卷一六一宫室祥符資善堂均作「講論語」。後者似是。

〔八二〕司馬光　原作「司焉光」，據再造本、文海本、長編卷三六三校改。

〔八三〕聚利生靈膏血　文海本同，再造本闕頁，長編卷三六三作「聚剥生靈膏血」，「聚剥」似佳。

〔八四〕或有文字訪聞逐之各令親信於内臣中出入探伺　「逐之」，再造本闕頁，文海本、長編卷三六三均作「逐人」，從下讀。「出入探伺」，文海本同，長編卷三六三作「出入稍親近者探伺」。

宋史全文卷十三上

宋哲宗一

丙寅元祐元年春正月庚寅朔，改元。户部言：「準敕，府界諸路耆長壯丁之役，欲乞應府界諸路自來有輪差及輪募役人去處，並乞依元役法。如有合增損事件，亦依役法增損條施行。」從之。甲辰，監察御史王巖叟奏：「自冬不雪，今涉春矣，旱暵爲災，變異甚大。陛下於天下之大害、朝中之大姦，已悟而復疑，將斷而又止也。今天下之大害，莫如青苗、免役之法，陰困生民，莫如茶鹽之法，流毒數路。朝中之大姦，莫如蔡確之陰邪險刻、章惇之讒賊狠戾，陛下反容而留之，此天意之所以未開也。」集賢校理黄廉爲户部郎中。廉提舉河東路保甲，凡六年，雖在團教場，未嘗易儒服。故比陝西、河北獨不賜戰袍〔一〕。元豐它路保甲擁兵入縣鎮賊殺官吏〔二〕，獨河東保甲不爲犬吠之盜。司馬光閒居，往來陝、洛間，聞河東民言甚美，因熟問治狀。吕公著亦言河東軍興，邊民德廉甚厚，故有是除。辛亥，以時雨稍愆，今月二十四日太皇太后躬詣中太一宫、集禧觀祈禱。朱光庭言：「蔡確、章惇、韓縝不恭不忠不耻。議論政事之際，章惇則明目張膽，肆爲辯説，力行醜詆，以害政事。蔡確則外示不校，中實同欲，陽爲尊賢，陰爲助邪。韓縝則每當議論，亦不扶正，唯務拱默，爲自安計。」癸丑，太皇太后駕出祈雨。丙辰，上幸大相國寺祈雨。侍御史劉摯言：「臣累彈奏宰臣蔡確，乞行罷免，至今未蒙指揮。今再論安危所繫之大體，伏自聖明臨御之始，首起司馬光，使之執政。光以至誠直道，獨行孤立，廟堂同列，略無誠心助光爲善者。不惟不助，而又有忌耻嫉害之心〔三〕。夫嫉光者，乃所以害政利於己也。陛下雖有仁惠之政，爲確等所艱難，而不得純被於民，下則士大夫雖有忠義之節，爲確等所脅制，而不得自竭于君。今光病羸已甚，萬一不能支持，則陛下之仁政遂不立矣，生民之疾苦遂不復蘇矣。」〔丁巳〕户部言：「相度河北鹽法所言，乞廢罷見行新法，復行舊法通商。」從之。司馬光以疾謁告，凡十有三旬不能出，然奏疏相屬，移書三省曰：「今法度所宜最先更張者，莫如免役錢。光見欲作一文字奏聞，若降至三省，望諸公同心協力與贊成。朝廷今欲整治天下，蘇息疲民，先須十八路各得好監司一兩人，忠厚曉事，憂民忘私，使之進賢退不肖、興利除害。前日所草監司資格，及委官薦舉文字，願諸公堅執此格，始爲有益也。國家所賴爲根本者，莫若農民，農民者，衣食之原，國家不可不先存恤也。」又手書與呂公著曰：「比日以來，物論頗譏晦叔謹嘿太過。此際復不廷争，事蹉跌〔四〕，則入彼朋矣。願勉旃勉旃。光自病以來，悉以身付醫，家事付康，惟國事未有所付，今日屬於晦叔矣。」

二月辛酉，詔大名府自經水災，民田多渰浸，耕種未得，人户艱食。可委安撫使韓絳詢訪賑濟。

大事記曰：此祖宗以仁立國之意暫息於熙寧，而復續於元祐也。使元豐、紹聖相傳襲，中間無元祐數年之澤，則靖康之禍豈止如今日之所歎哉〔五〕。

乙丑，命宰臣蔡確提舉修神宗皇帝實録，以鄧温伯、陸佃並爲修撰官，林希、曾肇並爲檢討官。先是，司馬光言：「免役之法，其害有五：舊日上户充役有所陪備，然年滿之後，卻得休息。今則年年出錢，錢數多於往日陪備者。此其害一也。舊日下户元不充役，今來一例出錢。此其害二也。舊日所差皆土著良民，今召募四方浮浪之人，作公人則曲法受贓，主官物則侵欺盜用，事發則挈家亡去。此其害三也。農民所有，不過穀帛與力，今曰我不用汝力，輸我錢，我自雇人。若遇凶年，則不免賣莊田、牛具、桑柘以求錢納官。此其害四也。提舉常平倉司惟務多斂役錢，廣積寬剩，希求進用。此其害五也。爲今之計，莫若降勑，應免役錢並罷，其諸色役錢並依熙寧元年以前舊法定差〔六〕。惟衙前一役，最號重難，曏有破家産者。朝廷爲此始議作助役法。若猶以爲衙前户難以獨任，即乞依舊於官户、僧道寺觀、單丁、女户有屋業者。並令隨貧富分等第出助役錢，遇衙前合當重難差遣，即行支給。」乙丑，三省樞密院同進呈，得旨依奏。初議役法，蔡確言：「此大事也，當與樞密院共之。」故三省、樞密院同進呈。丙寅，劉摯彈奏蔡確、章惇章十餘上。丁卯，詔内外待制〔七〕、大中大夫以上，各舉曾歷一任知州已上〔八〕、聰明公正、所至有名、堪充監司者二人。若到官之後，才識昏愚，職業隳廢，薦才按罪，喜怒任情，并舉者加懲責。韓維言：「范鎮往在仁宗朝嘗爲諫官，率先群臣，首唱大義〔九〕，擇宗室之賢，預建儲副，以安國本。凡上章者十九，貽執政書者二，獻大合祭賦者一，所言忠切，至忘其身。自此大臣始繼有論奏，英宗皇帝遂自藩邸入繼大統。先帝追録忠言，如文彦博、富弼皆身被褒寵，賞延其嗣。劉沆、王堯臣雖已歿，猶推恩官其子，而恩賞獨不及鎮。伏望聖慈察鎮先識首議，有勞宗社，特降明詔，褒顯厥功。使天下知朝廷之行信賞，雖久而不廢，人臣之抱忠計，雖隱而必録。足使爲善者勸，上助風化。」司馬光以病在告，亦移書三省，趣同列進呈維疏，優與推恩。己巳，以光禄大夫致仕范鎮爲端明殿學士致仕，仍以鎮子平西縣令百揆爲宣德郎。（二月）辛未，劉摯試御史中丞。詔起居舍人依舊制不分記言動〔一〇〕。癸酉，監察御史王巖叟爲左司諫。右司諫蘇轍始供職，上言：「帝王之治，必先正風俗。風俗既正，中人以下皆自勉以爲善。風俗一敗，中人以上皆自棄而爲惡。邪正盛衰之源，未有不始於此。昔真宗獎用正人，孫奭、戚綸、田錫、王禹偁之徒既以諫諍顯名，則忠良之士相繼而起。其耄期厭事，丁謂乘間將竊國命，而風俗已成，無與同惡，謀未及發，旋即流放。仁宗仁厚，是非之論一付臺諫，孔道輔、范仲淹、歐陽脩、余靖之流以言事相高。時執政大臣豈皆盡賢，然畏忌人言，不敢妄作，一有不善，言者即至，隨即屏去〔一〕。故雖人主寬厚，而朝廷之間無大過失。及先帝嗣位，執政大臣變易祖宗法度，惟有呂誨、范鎮等明言其失，二人既已得罪，臺諫有以一言及之者，皆紛然逐去，由是風俗大敗。臣願陛下永惟邪正盛衰之漸，始於臺諫，修其官則聽其言，言有不當隨事行遣，使風俗一定，忠言日至，則太平之治可立而待也。」甲戌，上御邇英閣，侍讀韓維言：「陛下仁孝發於天性，每行見昆蟲螻蟻，輒違而過之，且敕左右勿踐履，此亦仁術也。臣願陛下推此心以及百姓，則天下幸甚。」〔丙子〕司馬光言：「復行差役之初，州縣不能不小有煩擾。伏望朝廷執之堅如金石，雖有小小利害未備，徐爲改更，勿以人言輕壞利民良法。」

講義曰：仲淹之事所以行之而遽變者，以章得象爲相而仲淹爲參政也。司馬光所以能變新法於數月之頃者，以光爲左僕射而其權重也。使天假之年，得以盡行其志，則豈有後日之禍哉。

〔丙戌〕蘇轍言：「蔡確憸妄刻深〔二〕，韓縝識闇行汚，章惇雖有應務之才，難以獨任。司馬光、呂公著雖有憂國之志，而才不逮心〔一三〕。至若張璪、李清臣、安燾皆斗筲之人，願早賜罷免，別擇大臣負天下之重望、有過人之高才者代之。」〔丁亥〕先是，知樞密院章惇言：「近奉旨與三省同進呈司馬光乞罷免役行差役事劄子。臣曉夕反覆看詳，方見其間甚多疏略。光初言上户以差役爲便，以出免役錢爲害，至十七日劄子內，卻言彼免役錢雖於下户困苦，而上户優便。旬日之間，兩入劄子，而所言上户利害正相反，必是講求未得審實，率爾而言。以此推之，措置變法之方，必恐未能盡善。」惇又常與同列爭曰：「保甲、保馬一日不罷，則有一日害。如役法，熙寧初以雇代差，行之太速，故有今弊。今復以差代雇，當詳議熟講，庶幾可行，而限止五日，其弊將益甚矣。」御史中丞劉摯言：「竊慮五日之內倉猝難了，乞特與展限作一月。」右司諫蘇轍言：「竊見州縣役錢，所在例有餘剩，猶足支數年。欲乞將見在役錢且依舊雇役，盡今年而止。卻於今年之內，催督諸處審議差役，令的確可行，更無弊害。」始司馬光奏乞復行差役舊法，知開封府蔡京即用五日限，令兩縣差一千餘人充役。亟詣東府白光，光喜曰：「使人人如待制，何患法之不行乎。」議者謂京但希望風旨，苟欲媚光，非事實也。

國是論曰：司馬光在元祐改免役法，蔡京知開封府，即日改爲差役，光乃不疑其異而稱之。楊畏改熙、豐而從元祐，呂大防喜其材，蘇軾、蘇轍亦不疑其害己而薦之。卒之叛元祐者，畏與京也。安石欲人同己，而能惡翻悔之人。元祐諸賢鑒安石之失，而反用翻悔之輩。然則欲人同己之言，未可專以責安石也，持天下之衡者難矣哉。

尚書左丞呂公著劄子：「勘會司馬光近建明役法文字，大意已善，其間不無疏略。今章惇所上文字，大率出於不平之氣，專欲求勝。望選差近臣三數人，專切詳定聞奏。」是日，詔：「司馬光建明役法，尚慮其間未得盡備。宜差韓維、呂大防、孫永、范純仁專切詳定以聞。」初，范純仁自慶州召入，聞光議復行差役法，純仁曰：「法固有不便，然亦有不可暴革。蓋治道唯去太甚者耳。又況法度乃有司之事，所謂宰相當爲天子搜求賢才，布列庶位，則法度雖有不便於民者，亦無所患。苟不得人，則雖付以良法，失先後施行之次，亦足以爲民病矣。」光弗聽。純仁嘆曰：「是又一王介甫矣。」復折簡遺之曰：「此法但緩行而熟議，則事不擾，急行而疏略則擾。今公寧欲擾民，而且將疏略之法使謬吏遽行，則其擾民又在公意料之外。以愚思之，不類公之所舉。今純仁畫計，不改公之法，而止欲先自京西推行，使不擾一人而公法可成。」光亦弗聽也。

呂中曰：世率謂吴、蜀之民以雇役爲便，秦、晉之民以差役爲便。荆公、温公不能周知四方風俗，故荆公主雇役，温公主差役。然差、雇二役輕重相等，利害相半，非關於風土然也。蓋嘗推原二法之故矣。夫差役之法行，民雖有供役之勞，亦以爲有田則有租，有租則有役，皆吾職當爲之事，無所憾也。其所可革者，衙門之重役耳〔一四〕。官物陷失勒之出，官綱費用責之供，農民之所不堪。苟以衙前之役募而不差，農民免任，則民樂於差之法矣。至雇役之法行，民雖出役之直，而闔門安坐，可以爲生生之計，亦無怨也。其可去者，寬剩之過敷耳。實費之用，固所當出，額外之需，非所當誅。苟以寬剩之數散而不斂，下户免需，則樂於雇之説矣。因其利而去其害，則二法皆可行也。然士夫進用於熙寧之時，以雇爲是，進用於元祐之時，以差爲得。公心不立，隨聲是非，可嘆也。善乎邵氏之言曰〔一五〕：蘇、范、温公門下士，以差役爲未便〔一六〕，章惇、荆公門下士，以雇役爲未盡。雖賢否不同，各不私所主。若蔡京，則賢如温公、暴如子厚，皆足以欺之，真小人耳。信哉斯言。

閏二月己丑朔，王巖叟嘗入對，極言：「蔡確陰邪巧佞，祖宗遺戒不可用炎人，兩漢以來，仗節死義、立功立事皆中原人。」〔一七〕上曰：「爲是舊臣。」巖叟曰：「孰非舊臣？」上曰：「近日頗旱。」對曰：「以聖德如此，無致災變之理。惟是執政間有此人，所以致旱。」上曰：「待便行。」庚寅，蔡確知陳州。從所請也。臺諫累有章疏論確，朝廷訖不肯正其罪，世以爲恨云。司馬光依前官守尚書左僕射。光方以疾再乞宫觀，未報，而有是命，光固辭，不許。詔：「已差官詳定役法，各遞與限兩月，體訪的確利害聞奏。」[甲午]先是，門下侍郎司馬光言：「天下錢穀皆總於三司〔一八〕。自改官制以來，將舊日三司所掌事務散在六曹及諸寺監，户部不得總天下財賦，不能盡知天下錢穀之數，無由量入爲出。欲乞令尚書兼領左右曹，諸州錢穀金帛須具文帳申户部，六曹及寺監欲支用錢物，皆須先關户部，符下支撥，如此，則利權歸一。」是日，詔尚書省立法。［丙申］命宰臣司馬光提舉編修神宗皇帝實録。王安石欲力就新法，諸路始置提舉常平廣惠農田水利官，皆得按察官吏。又增轉運副使、判官等，皆選年少資淺輕俊之士爲之。司馬光言：「天聖中，諸路止各有轉運使一員，亦無提點刑獄。」詔諸轉運使只置使一員，副使或判官一員，其諸路提舉官並罷，提點刑獄分兩路者合爲一路，共差文臣兩員。本路錢穀財用事，悉委轉運使，刑獄、常平、兵甲、賊盜事，悉委提點刑獄司管幹。丁酉，王巖叟入對：「求治不可太急，太急則奸人有以迎意進説。」又奏：「乞察賢不賢，去留不可緩。賢者亦留，不賢者亦留，賢者耻而不樂爲用。」上曰：「何如得民一歸厚？」巖叟曰：「示以厚則民歸厚，示之一則民歸一，顧在上者何如耳。」又奏：「聖人不以無過爲美，而以改過爲美。不以無諫爲美，而以從諫爲美。」又奏：「兩宫垂簾，杜絶内降。」太皇太后曰：「這箇則極是，决然不到得，不消憂也。」［一九］［己亥］劉摯言：「保甲罷團教，臣竊有私憂過計者。夫鄉野之民，其性易於轉習。今之保甲，衣必華細，食必酒肉，固已變其向者布麻粗糲之習矣。群聚而笑喧［二〇］，奮臂而矜勇，固已移其向者椎魯勞苦之習矣。臣愚以爲宜有法以斂制之。若保甲之技藝强弱高下，州縣皆有等籍，今按取優等之人，取其情願，刺以爲本州禁軍。自餘中下藝等，亦召願充公人者，依近制募以爲弓手、手力、耆户長之役。」〔壬寅〕蘇轍言：「願於元豐庫或内藏庫乞錢三十萬貫，上以爲先帝收恩於既往，下以爲社稷消患於未萌。河北之民，喜爲剽劫，近歲創爲保甲，驅之使離南畝，教之使習凶器，今雖已罷，而弓刀之手不可以復執鋤，酒肉之口不可以復茹蔬，既無所歸，勢必爲盜。故臣願乞三十萬貫爲招軍例物，選文武臣僚有才幹者各一二人，分往河北逐路，於保甲中招其强勇精悍者爲禁軍，隨其人才，以定軍分。」〔二〕〔癸卯〕劉摯言：「知樞密院章惇素無才行，近者差役乃是三省樞密院同共進呈。惇果有所見，當於是時敷陳講畫。今待敕命宣布，方始退而横議。惇非不知此法之是與非也，蓋寧負朝廷而不忍負安石，欲存面目以見安石而已。」甲辰，劉摯言：「臣伏見户部尚書曾布，在熙寧初，王安石託以腹心，故其政皆出於布之謀，其法皆造於布之手。臣時爲御史，曾以此告之於先皇帝曰：『大臣誤朝廷，而大臣所用者誤大臣。』蓋指布輩也。」朱光庭奏：「今日廟堂之上，司馬光未出，只有吕公著一人忠樸可倚，其餘皆奸邪。伏望聖慈早進范純仁，庶得賢者在位，同心一德，以輔聖政。」〔丙午〕程頤爲校書郎〔三〕。先是，王巖叟言：「西京國子監教授程頤，學極聖人之精微，行全君子之純粹。早與其兄顥俱以德名顯於時，陛下方欲用顥而顥卒，陛下復起頤而用之，四方俊乂莫不翹首鄉風，以觀朝廷所以待之者如何，處之者當否。臣願陛下加所以待之之禮，擇所以處之之方，而使高賢得爲陛下盡其用，則所得不獨頤一人而已。四海潛光隱德之士皆將相招而爲朝廷出矣。」〔庚戌〕詔：「英州編管人鄭俠特放逐便，仍除落罪名，尚書吏部先次注舊官，與合入差遣。」從監察御史孫升、左司諫蘇轍所奏也。辛亥，詔：「正議大夫、知樞密院事章惇宜解機務，可守本官知汝州，與放謝。」其制辭曰：「鞅鞅非少主之臣，硜硜無大臣之節。」言者既數劾惇，惇居位如故。及惇與同列於簾前争論喧悖，有「它日安能奉陪喫劍」之語，太皇太后怒其無禮，乃黜之。王巖叟嘗入對，言：「治天下之道無他，事只在合人心而已。」上曰：「會得。」巖叟曰：「既荷陛下聽納，臣等不敢不極盡忠慮，惟在陛下久而不厭，常賜收採。」上曰：「甚善。」乙卯，同知樞密院事安燾知樞密院，試吏部尚書兼侍講范純仁同知樞密院。權給事中王巖叟言：「伏睹畫黄除同知樞密院安燾知樞密院，試吏部尚書范純仁同知樞密院者。臣謹按，燾資材闒茸，器識暗昧，立朝以來，無一長爲人所稱。燾之不才，舊位且非所據，況可冠洪樞、顓兵柄。所有畫黄謹繳連封進。其范純仁除命，伏乞分爲別敕行下。」巖叟又言：「臣兩次論駁除安燾，竊聞已有指揮，門下省更不送給事中書讀，令疾速施行。臣位可奪也，而守官之志不可奪也。身可忘也，而愛君之心不可忘也。陛下既重改成命，必欲施行，則願指揮別差官權給事中，以全孤臣之守。」

蘇轍言：「安燾自同知樞密院除知院，度越四人，直出其上，不知陛下何以取之而遽至此。」孫覺言：「安燾材能不爲士大夫所稱，臣以爲巖叟封還，稍爲舉職。」劉摯奏：「燾備位執政以來，未聞有一善見稱於人，亦不聞有一言少補於國。」又同孫升奏：「伏聞除安燾事，因給事中兩次封駁，特降指揮，更不送本官書讀，直下吏部施行。朝廷命令之出，必由門下書讀省審而後行，所以審重防察，示至公於天下也。今陛下除一大臣，因其封駁不當，遂廢給事中職業不令書讀〔二三〕，則是命大臣而以私矣。私門一開，將何以振肅公道、維持紀綱乎？」丙辰，左司諫王巖叟、右正言朱光庭進對，太皇太后曰：「知卿等公正，朝廷有闕失一一言來，但安心言事。太皇太后垂簾，官家又年小，不比神宗時。若非臺諫公正忠孝，及執政得人，一耳目何由得盡天下事〔二四〕。卿駁安燾甚當，但以顧託，不欲盡去。」又曰：「神宗時執政，若一一進言，安得有今日天下許多事。」又曰：「知人爲難，堯舜猶病之。」又曰：「民間已蘇息未？愛民當如赤子。」丁巳，安燾辭免新命，不允。敕黄付巖叟書讀。巖叟又封還。詔：「應内外見監理市易官錢，許以納過息罰錢充折，如已納及官本，即便與放免。並坊場淨利錢亦依此。或正身並保人孤貧者，權住催理。及今日已前積欠免役錢，與減放一半，餘分限三年隨夏稅帶納。」〔是月〕殿中侍御史呂陶言：「君子小人之分辨，則王道有成。邪正雜處於朝，則政體不能純一。太皇太后保佑聖嗣，安養生民，召用一二舊老，與之裁正法度，緝正紀綱〔二五〕。然大臣之異議者，則不能盡誠竭力，以稱太皇太后之意。推原其情，蓋有三説：一曰先帝之法，豈可遽改。二曰國家用度至廣，非取於民何以足。三曰司馬光老且病，將不能終其事。當熙寧、元豐之際，小人之黨棋布於天下，急利者争斂財〔二六〕，急功者争用兵，結民怨起邊禍，皆非先帝之本意，乃大臣無所補報而有以成之。」

三月己未，左司諫王巖叟言：「陛下用范純仁雖驟，何故無一人有言，蓋賞賢也。一進安燾則諫官、御史交章論奏，蓋非公望所與也。今進一非才於極高之位，輕朝廷名器，一當論也。告命不由門下書讀而行之，損朝廷紀綱，二當論也。」庚申，劉摯言：「安燾、范純仁告命不由給事中，直付所司，陛下何故自隳典憲。」庚申，詳定役法所言：「乞下諸路，除衙前外，諸色役人只依見用人數定差。官户、僧道、寺觀、單丁、女户出錢助役指揮勿行。」從之。司馬光言：「伏睹朝廷改科場制度，凡取士之道，當以德行爲先，文學爲後。就文學之中，又當以經術爲先，辭采爲後。今國家大議，科場之法，莫若依先朝成法，合明經、進士爲一科，立周易、尚書、毛詩〔二七〕、周禮、儀禮、禮記、春秋、孝經、論語爲九經。今天下學官依注疏講説，學者博觀諸家，自擇短長，各從所好。春秋止用左氏傳，其公羊穀梁陸淳等説並爲諸家，孟子止爲諸子，更不試大義，應舉者聽自占習三經以上，多少隨意，皆須習孝經論語。」光以奏稿示范純仁，純仁答光曰：「孟子恐不可輕，猶黜六經之春秋。純仁更有一説，朝廷欲求衆人之長，而元宰先之，似非明夷莅衆之議。不若清心以俟衆論，可者從之，不可更俟衆賢議之。如此則逸而易成，有害亦可改而責議者矣。」〔二八〕光欣納之。戊辰，蘇轍言：「陛下用司馬光爲相，雖應務之才有所不周，而清德雅望賢愚同敬。至於韓縝以屠沽之行，使與光同列，以臣度之，不過一年，縝之邪計必行，邪黨必勝，光不獲罪而去，則必引疾而避矣。去歲虜使入朝〔二九〕，見縝在位，使副相顧反唇微笑。縝無狀，舉祖宗七百里之地無故與之。北虜地界之謀出於耶律用正，今以爲相。虜以闢國七百里而相用正，而朝廷以蹙國七百里而相縝，臣愚所未喻也。」庚午，吏部侍郎李常爲户部尚書。常，文士，少吏幹，或疑其不勝任，以問司馬光。光曰：「使此人掌邦計，則天下知朝廷非急於征利，貪吏望風掊刻之患庶幾少息。」中書舍人胡宗愈爲給事中，起居舍人蘇軾免試爲中書舍人〔三〇〕。軍器監丞王得君添差監亳州永城縣倉。先是，得君上書言：「應臣僚上章與議改法，但許建明事情，不得妄有指斥。」內出手詔曰：「予方開廣言路，得君意欲杜塞人言，無狀若此，可罷職與外任監當。」司馬光言：「今討論經史〔三一〕，上自伏羲，下至周威烈王二十二年，略序大要，合爲二十卷，名曰稽古録。伏望看詳，送秘書省正字范祖禹等，令繕寫上進。候讀祖宗寶訓了日，乞取此書進讀。」從之。

三月壬申〔三二〕，詔：「安燾堅辭知樞密院事，特依所乞，依舊同知樞密院事。」劉摯、呂陶進對，太皇太后宣諭曰：「近除胡宗愈、蘇軾如何？」摯等對：「甚合公議。」又曰：「盡是此中自除，兼蘇軾天下知其有文，多年淹滯。」又曰：「每執政來，常説與，凡差除，須是公正，外人自無言語。」禮部尚書韓忠彦等言：「今參詳，如有祥瑞邊捷，宰臣已下紫宸殿稱賀。」詔劉摯、王覿、刑部郎中杜紘將元豐敕令格式重行刊修。先是，摯言：「法者，天下之大命也。先王制法，其意使人易避而難犯。故至簡至直，而足以盡天下之理。後世制法，惟恐有罪者之或失也，故多張綱目，而民於是無所措其手足矣。世輕世重，惟聖爲能變通之。」己卯，司馬光言：「聖旨問臣程頤上殿當除以何官職？臣竊惟崇政殿説書足爲超擢。」辛巳，程頤爲通直郎、崇政殿説書。頤進劄子三封：一曰：「皇帝輔養之道，不可不至大，率一日之中接賢士大夫之時多，親寺人、宮女之時少，則自然氣質變化，德器成就。乞朝廷遴選賢德之士，以待勸講。講讀既罷，常留二人直日夜，則一人直宿，以備訪問。」其二曰：「三代必有師、傅、保之官〔三三〕。師，道之教訓，傅，傅其德義，保，保其身體。臣以爲傅德義者，在乎防見聞之非，節嗜好之過。保身體者，在乎適起居之宜，存畏謹之心。祗應宮人、内臣並選年四十五以上、厚重小心之人，服用器玩皆須質樸，擇内臣十人充經筵祗應，以伺候皇帝起居。凡動息必使經筵官知之。」其三曰：「竊見經筵臣僚，侍者坐而講者獨立，於禮爲悖。欲乞今後特令坐講，以養主上尊儒重道之心。臣以爲天下重任，惟宰相與經筵。天下治亂繫宰相，君德成就責經筵。由此言之，安得不以爲重。」劉摯言：「布衣程頤之遜避不已，而陛下恩命每有加焉。孔子曰：『如有所譽者，其有所試矣。』今有譽而不試，每辭而加進，臣於是知頤之不敢受也。若頤者，特以迂闊之學，邀君索價而已。乞止授以初命之官，既使得以禄養其親，又使受之有義，廉恥不立於天下也久矣。今幸有一人焉，若授受不當於義，則使天下靡然益不以廉隅爲事，豈不重哉。」頤卒留經筵，摯所言不用。頤每以師道自居，其侍講色甚莊，言多諷諫。頤聞帝宮中盥而避蟻，因講畢請曰：「推此心以及四海，帝王之要道也。」帝稱善。[是月]孫覺言：「韓縝不可用爲相。臣所聞所見者凡十有二，實封而上進者八九，登殿而口陳者再，而臣所言猶未效。」王巖叟言：「韓縝無天下之望。」

夏四月己丑，右僕射韓縝爲光禄大夫、觀文殿大學士、知潁昌府。内批：「縝自以爲不才，恐妨賢路，故乞出，視矜功要名而去者縝得進退之體。故有遷官之異。宜於制詞中聲説此意。」矜功要名蓋指蔡確、章惇也。詔賜守太師致仕文彦博肩輿赴闕，令河南津置行李。先是，司馬光除左僕射，固辭以疾，乞召用彦博。及將罷韓縝，太皇太后以御劄付光，欲除彦博太師兼侍中，行右僕射事。光奏彦博官爲太師，年八十一，臣比彦博乃是後進，而位居其上，非所以正大倫也。不聽。王巖叟奏乞罷三舍法。［庚寅］蘇轍言：「禮部欲復詩賦，司馬光乞以九經取士，二議並未施行。欲乞先降指揮，明言來年科場一切如舊。但所對經義兼取注疏及諸家議論，不專用王氏之學，仍罷律義。然後徐議未爲晚也。」從之。御史上官均言：「請令學者各占三經，雜以論語孟子，不必專用新義，試策以二：一問歷代，一訪時務。」後詩賦與經義訖參用云。［辛卯］司馬光乞：「令提點刑獄司指揮逐縣令佐，專一體量鄉村人户有闕食者〔三四〕，一面申知上司及本州，更不候回報，即將本縣義倉及常平倉米穀直行賑濟。將來夏秋成熟，令隨税送納，一斗只納一斗，更無利息。逐縣令佐有能用心存恤，並不流移者，優與酬奬。其全不用心賑貸，致户口多有流移者，取勘聞奏。」三省進呈，依奏。癸巳，荆國公王安石卒。司馬光手書與呂公著曰：「介甫文章節義過人處甚多，但性不曉事，而喜遂非。今方矯其失，革其弊，不幸介甫謝世，反覆之徒必詆毁百端。光意以謂朝廷特宜優加厚禮，以振起浮薄之風。㕔前力主張，更全仗晦叔也。」三省言：「尚書六曹職事閒劇不等，今欲減定，以主客兼膳部，職方兼庫部，都官兼司門，屯田兼虞部，定爲三十五員。」從之。

五月丁巳朔〔三五〕，呂公著依前官守尚書右僕射兼中書侍郎。先是，執政官每三五日一聚都堂，故爲長者得以專決，同列難盡争也。光嘗懇確，欲數會議，庶各盡所見，而確終不許。公著既秉政，乃日聚都堂，遂爲故事。河東節度使、守太師、開府儀同三司致仕文彦博特授太師、平章軍國重事。詔令一月兩赴經筵，六日一入朝，因至都堂與執政商量事。如遇有軍國機要事，即不限時日，並令入預參决。韓維守門下侍郎。［壬戌］蘇轍言：「國朝舊典，冬至圜丘，必兼享天地，從祀百神。自後或用鄭氏説，獨祀五天帝，或用王氏説，獨祀昊天上帝。雖於古學各有援據，而考之國朝之舊，則爲失當。」詔禮官今秋明堂用皇祐明堂典禮〔三六〕。丁卯，劉摯言：「學校之制，主於教育人材，非行法之地也。欲望罷不許相見之禁，教誨請益，聽其在學往還。」戊辰，詔孫覺、顧臨、程頤同國子監長貳看詳修立國子監太學條制。乙亥，右司諫蘇轍言〔三七〕：「呂惠卿懷張湯之辯詐，兼盧杞之姦凶。王安石初任執政，用爲心腹，及其權位既均，勢力相軋，反眼相噬，化爲讎敵。始安石罷相，以執政薦惠卿，既已得位，恐安石復用，遂起王安國、李士寧之獄，以扼其歸。安石覺之，被召即起，迭相攻擊，期致死地。安石由是得罪。夫惠卿與安石，出肺肝，託妻子，平居相結惟恐不深，一旦争利遂相抉摘，不遺餘力，此犬彘之所不爲，而惠卿爲之。乞陛下斷自聖意，略正典刑，縱未以污鈇鑕，猶當追削官職，投畀四裔，以禦魑魅。」〔戊寅〕先是，劉摯言：「王安石以道義文學起而輔政，先帝舉天下聽之。呂誨獨以爲不然，曰：安石居廟堂，天下必無安靜之理。又曰：誤天下蒼生必此人。誨坐是貶官於外。後安石變亂祖宗法度，天下被其患者十七八年，皆如誨言。欲望哀其志節，特賜褒贈。」呂大防、范純仁言：「呂晦忠於先朝，極陳讜論，致忤時宰，謫死外藩。今其家貧甚，諸子仕於常調。」詔誨特贈通議大夫，男由庚與堂除合入差遣。

六月〔甲午〕，劉摯言：「呂惠卿公違詔敕，擅出師旅，其罪不可以不治。」王巖叟言：「陛下登極赦書，不得侵擾外界。呂惠卿兩次擅發兵入西界，不可不誅也。」蘇轍言：「中外士大夫見惠卿獨得不誅，皆謂朝廷用法不平，掇拾蜂蠆，脱遺鯨鯢。」〔戊戌〕詔：「自今科場程試，毋得引用字説。」從林旦言也。〔甲辰〕呂惠卿落職降爲中散大夫、光禄卿分司南京，蘇州居住。韓川言：「市易之設，雖曰平均物直，不免貨交以取利[三八]。又所收不補所費。請結絶見在物貨，晝日更不收買。」[三九]從之。王覿言：「先帝令常平錢斛存留一半，遇斛米價貴，減市價出糶，收成時添市價收糴，誠務在於平穀價。郡縣之吏，妄意朝廷之法，惟急於爲利，故於青苗新令則競務力行，於糶糴舊條則僅同虚設。伏望朝廷罷散青苗錢，行舊常平倉法，以成先帝之素志。」丙午，王巖叟、朱光庭、蘇轍、王覿等言：「呂惠卿罪惡責授分司南京，竊以執鯨鯢於漏網，稍正邦刑，蓄虎豹於近郊，終貽後患。臣等豈不知降四官、落一職爲分司官在於常人不爲輕典乎，蓋以堯之四凶、魯之少正卯，既非常人，不當復用常法治也。」戊申，吏部尚書孫永等議：「神宗輔相之臣，有若文忠富弼秉心直亮，操術閎遠，歷事三世，計安宗社，以配享神宗皇帝廟廷，實爲宜稱。」詔從之。初議或欲以王安石，或欲以吴充，太常少卿鮮于侁曰：「勳德第一，惟富弼耳。」辛亥，吕惠卿責授建寧軍節度副使，本州安置，不得簽書公事。從諫官王巖叟等四人所奏也。蘇軾草制，詞曰：「凶人在位，民不奠居。司寇失刑，士有異論。稍正滔天之罪，永爲垂世之規。吕惠卿以斗筲之才，挾穿窬之智，諂事宰輔，同升廟堂。樂禍而貪功，好兵而喜殺。以聚斂爲仁義，以法律爲詩書。首建青苗，次行助役均輸之政，自同商賈。手實之禍，下及雞豚。苟可蠹國以害民，率皆攘臂而稱首。先皇帝求賢若不及，從善如轉圜，始以帝堯之心姑試伯鯀，終焉孔子之聖不信宰予。發其宿姦，謫之輔郡，尚疑改過〔四〇〕，稍畀重權，復陳罔上之言，繼有碭山之貶。反復教戒，惡心不悛，躁輕矯誣，德音猶在，始與知己共爲欺君，喜則磨足以相歡〔四一〕，怒則反目以相噬，連起大獄，發其私書，黨與交攻，幾半天下，奸贓狼籍，横被江東〔四二〕。至其復用之年，始倡西戎之隙，妄出新意，變亂舊章，力引狂生之謀，馴致永樂之禍。興言及此，流涕何追。迨予踐祚之初，首發安邊之詔。假我號令，成汝詐謀。不圖涣汗之文，止爲疑賊之具〔四三〕，迷國不道，從古罕聞。尚寬兩觀之誅，薄示三危之竄。國有常典，朕不敢私。」甲寅，詔曰：「先帝講求法度，愛物仁民，而搢紳之間，不能推原本意，或妄生邊事，或連起犴獄。久乃知弊，此群言所以未息，朝廷所以懲革也。敕正風俗，修振紀綱，蓋不得已。況罪顯者已正，惡鉅者已斥，則宜蕩滌隱疵，闊略細故。應今日以前有涉此事狀者，一切不問。言者勿復彈劾，有司毋得施行。各俾自新，同歸美俗。」始鄧綰責滁州，言者未已。太皇太后因欲下詔，慰存反側。呂公著以爲當然，遂從之。或謂公著曰：「今除惡不盡，將貽患它日。」公著曰：「治道去太甚耳。文、景之世，網漏吞舟。且人才實難，宜使自新，豈宜使自棄耶。」乙卯，崇政殿説書程頤上疏曰：「臣以爲今日至大、至急、爲宗社生靈長久之計，惟是輔養上德而已。周公作立政之書，舉常伯至於綴衣虎賁，以爲知恤茲者鮮〔四四〕，一篇之中，丁寧重複，惟在此一事而已。書又曰：『僕臣正，厥后克正』。又曰：『后德惟臣』。又曰：『侍御僕從，罔匪正人』。是古人之意，人主跬步不可離正人也。蓋所以涵養氣質、薰陶德性，故能習與智長，化與心成。古之生子，能食能言而教之，大學之法，以豫爲先，人之幼也，知思未有所主，便以格言至論日陳於前，雖未曉知，且當薰聒〔四五〕，使盈耳充腹，久自安習，若固有之，雖以他言惑之不能入也。若爲之不豫，及乎稍長，思慮偏好生於內，衆言辯口鑠於外，欲其純全不可得也。今講讀官共五人，四人皆兼要職，獨臣不領別官，近差修國子監太學條制，是亦兼也〔四六〕，乃無一人專職輔導者，執政之意可見也。蓋惜人材不欲使之閒爾。又以爲雖兼他職不妨講讀，此尤不思之甚也。今夫鍾，怒而擊之則武，悲而擊之則哀，誠意之感然也〔四七〕。告於人亦如是。古人所以齋戒而告君者，何謂也？臣前後兩得進講，未嘗敢不宿齋豫戒，潛思存誠，覬感動於上心。若使營於職事〔四八〕，紛紛其思慮，待至上前然後善其辭說，徒以頰舌感人，不亦淺乎。此理非知學者不能曉也。今諸臣所兼皆要官，若未能遽罷，且乞免臣修國子監條制〔四九〕，俾臣夙夜精思竭誠，專在輔道陛下〔五〇〕。擢臣於草野之中，蓋以其讀聖人書、聞聖人道，臣敢不以其學上報聖明。竊以聖人之學不傳久矣，臣幸得之於遺經，不自度量，以身任道，不虞天幸之至，得備講説於人主之側，誠使得以聖人之學，上沃聖聰，則聖人之道有可行之望，豈特臣之幸哉。」

講義曰：人主之學，非徒涉書史而已。凡起居動作之間，無非學也。講學之地，非徒曰經筵而已，凡宮闈之中，九重之邃，無非學也。講學之人，非徒曰師保而已，凡侍御僕從、綴衣趣馬，無非正人而後可也。是以古先聖王，兢兢業業，雖在紛華波蕩之中，幽獨得肆之地〔五一〕，而所以精之一之，如對神明，如臨淵谷。雖深居禁密之地，而凜然若立乎宗廟之中。朝廷之上，雖以天子之尊，周旋講讀之間，而視若嚴師父之臨乎其前〔五二〕，此學之所以成也。伊川經筵之説，其古今聖賢之端本培根乎〔五三〕。

秋七月丙辰朔，尚書省言：「舊制，中外學官並試補。」詔：「尚書、侍郎、左右司郎中、學士、待制、兩省、御史臺官、國子司業各舉二員，宜罷試法。」〔五四〕蘇軾奏論衙前一役，只當招募，不當定差。嘗白司馬光，光不然之。軾曰：「昔韓魏公刺陝西義勇，公爲諫官，争之甚力，公亦不顧〔五五〕。軾昔聞公道其詳，豈今日作相，不許軾盡言邪。」光不悦而罷。辛酉，宰臣司馬光言：「知人之難，聖賢所重。莫若使在位達官人舉所知。欲乞朝廷設十科舉士：一曰可爲師表科，二曰可備獻納科，三曰可備將帥科，四曰可備監司科，五曰可備講讀科，六曰可備顧問科，七曰可備著述科，八曰善聽獄訟科，九曰善治財賦科，十曰能斷請讞科。應職事官自尚書至給舍、諫議，寄禄官自開府儀同三司至大中大夫，職自觀文殿大學士至待制，每歲須得於十科内舉三人。」從之。乙丑，夏國主秉常卒。〔己卯〕左僕射司馬光等言：「欲乞今後凡有詔令降付尚書省者，僕射、左右丞簽訖，分付六曹謄印，符下諸司及諸路、諸州施行。其臣民所上文字，降付尚書省，僕射、左右丞簽訖，亦分付六曹。本曹尚書、侍郎及本廳郎官次第簽訖，委本廳郎官討尋公案，下筆判云今欲如何施行，次第通呈侍郎、尚書。非六曹所能專决者，聽詣僕射、左右丞咨白，或申都省，或上殿取旨。若本曹顯不當，即行糾劾。所貴上下相承，各有職分，行遺簡徑，事務辦集。」上官均亦奏乞：「尚書省事類分輕重，某事關尚書，某事關二丞，某事關僕射。」從之。是月，劉摯言：「乃者朝廷患免役之弊，下詔改復差法，而法至今不能成。朝廷患常平之敝，並用舊制施行，曾未累月，復變爲青苗之法。其後又下詔切責首議之臣，而斂散之事至今行之如初。此二事，大事也，而反覆二三，尚何以使天下信之。且改之易之誠是耶，君子猶以爲反令，況改易而未必是，徒以暴過舉於天下，則曷若謹之於始乎。」

〔八月〕辛卯〔五六〕，司馬光劄子：「勘會青苗錢利民甚少，害民極多。今欲只令州縣依舊法趁時糴糶，其青苗錢更不支俵，所有舊欠二分之息盡除放，只元支本錢隨見欠多少分作料次隨税送納。」詔從之。初，同知樞密院范純仁以國用不足，建請復散青苗錢。時司馬光方以疾在告，不與也。已而臺諫共言其非，皆不報。光尋具劄子，乞約束州縣抑配者。蘇軾又繳奏乞盡罷之。光始大悟，遂力疾入朝，於簾前争曰：「不可〔五七〕。是何奸邪勸陛下復行此事？」純仁失色，卻立不敢言。青苗錢遂罷不復散。太皇太后諭輔臣曰：「臺諫官言，近日除授多有不當。」司馬光言：「朝廷近詔臣僚舉可任監司者，既令各舉所知，必且試用，待其不職，然後罷黜，亦可並坐舉者。」吕公著曰：「舉官雖是委人，亦須執政審察人材。」光曰：「自來執政只於舉到人中取其所善者用之。」韓維曰：

「光所言非是，豈可直信舉者之言。今不先審察，待其不職而罰之，甚失義理。」公著曰：「近來除用多失，亦由限以資格。」光又曰：「資格豈可少。」維又曰：「資格但可施於叙遷，若升擢人材，豈可拘資格。」〔丁酉〕司馬光以疾作先出都堂，遂謁告，自是不復入朝。（八月）己亥，王巖叟、朱光庭入對延和殿。巖叟進劄子，論及人材之難。上曰：「只爲難得全者，有材者無德，有德者無材。」對以爲〔五八〕：「執政大臣須當用材德兼備者，自餘各隨合用處用之。若當局務之任，則用材可也。若當獻納論思之地，須用德方可。」簾下甚然之。癸卯，通直郎、充崇政殿説書程頤兼權判登聞鼓院。頤再辭之。詔不帶職官充侍讀、侍講、崇政殿説書，其請俸依職事官例支見錢。頤在講筵，嘗質錢使，或疑禄薄，問知乃自供職後不曾請俸。尋詰户部，户部索前任歷子。頤言：「頤起草萊，無前任歷子。」其意以爲朝廷待士，便當廪人繼粟、庖人繼肉也。即令户部自爲出歷子。蘇轍言：「上官均上言，極論官冗之弊，已蒙朝旨降付給舍、左右司看詳施行。」〔均言：〕「臣伏見今之自文職入流者凡四：進士、補蔭與夫納粟得官、百司胥吏是也。計其才行可以居官治事者，納粟胥吏不如補蔭，補蔭不如進士、武舉。又進士科所謂特奏名者凡五例，其最濫者。但曾一次預薦，僅及三十年，即該推恩。臣以爲有可罷者，納粟得官是也。有可以裁抑者，特奏名、資蔭、胥吏是也。」〔五九〕

九月丙辰朔，守尚書左僕射兼門下侍郎司馬光卒。光爲政踰年，而病居其半。每欲以身徇下，躬親庶務不舍晝夜。賓客見其體羸，曰：「諸葛孔明二十罰以上皆親之，以此致疾。公不可以不戒。」光曰：「死生，命也。」爲之益力。

吕中曰：天將禄人之國，必先祚其君子。天將以元豐爲元祐，則使司馬光獲相於初元。天將使元祐爲紹聖，則不使司馬光憖遺於數歲。當是時，新法已多變矣。然君子未盡用也，小人未盡去也。公薨於今日，而黨議已兆於明日，使光尚在，則君子尚有所立，必無朋黨之禍，必無報復之事。一身之存亡，二百年治亂之所繫也。

太皇太后聞其喪，哭之慟，上亦感涕不已。明堂禮畢皆臨奠，贈太師、温國公，謚曰文正，御篆表其墓道曰「忠清粹德之碑」。光在相位，遼人、夏人遣使入朝與吾使至虜中者〔六〇〕，虜必問光起居。而遼人敕其邊吏曰：「中國相司馬矣，切毋生事開邊隙。」及卒，京師之民皆罷市往弔，畫其像刻印鬻之，時畫工有致富者。及葬，四方來會者蓋數萬人，哭之如哭其私親。蘇軾嘗論：「光所以感人心、動天地者，而蔽以二言：曰誠，曰一。」君子謂軾知言。軾嘗載光語晁補之曰：「吾無過人，但平生所爲，未嘗有不可對人言耳。」始光當國悉改熙寧、元豐舊事。或謂光曰：「舊臣章惇、惠卿輩皆小人，它日有以父子之義間上，則朋黨之禍作矣。」光正色曰：「天若祚宋，必無此事。」遂改之不疑。

君子謂光之勇，孟軻不如。若曰當參用熙、豐舊臣，共變其法，以絶異時之禍，實光所不取也。

大事記曰：變熙寧之法者，乃神宗末年之悔，太皇初年之盛心，天下人心之公論也。司馬光謂先帝之法善者雖百世不可改。若安石、惠卿等所建，非先帝意者，改之當如拯焚救溺，此正孔子三年無改於道之本旨也〔六一〕。然謂太皇以母改子，則它日章、蔡之徒必以子不可改父之説進者〔六二〕，此紹述之論所由起也。當時吕公著之言曰：「保馬之法，先朝已知有司奉行之謬，市易之法，先帝尤覺其有害而無利，福建、江南等路配賣茶鹽，俱非朝廷本意，當一切罷去。則是當變之法，皆出於神宗末年之意。推此意而行之，則無紹述之慮矣〔六三〕。吕公著又謂青苗之法但罷逐年比較，則百姓自免抑勒之患。免役之法少取寬剩之數，則無下户虚納之患。保甲之法只令農隙教習，則不至有妨農之患。更張之際，當須有術，不在倉卒。此亦所謂在所當改而可以無改者耳〔六四〕，推此意而行之，則無反覆之慮矣。故曰：熙、豐之小人不可以不盡去，而熙、豐之法則不可以盡變。去熙、豐之小人不可以不急，而變熙、豐之法則不容以太急。青苗、均輸所可罷，而雇役之法未可以遽罷也。保馬、户馬所可罷，而保甲之法未可以遽罷也。新經字法可廢〔六五〕，而取經義、先論策之意不可廢也。然司馬光之變法，如拯焚救溺，四患未除，死不瞑目。至於言朋黨之禍則曰天若祚宋，必無此事。此又司馬光至誠至公之心，質之天地而無愧也。後世聞公之言，可以流涕痛哭矣。

己未，薦享景靈宮。辛酉大享明堂。丁卯，蘇軾爲翰林學士，鮮于侁爲左諫議大夫，梁燾爲右諫議大夫，蘇轍爲起居郎，王巖叟爲侍御史，朱光庭爲左司諫，王覿爲右司諫。

［癸酉］詔：「諸路坊郭第五等以上及單丁、女户、寺觀第三等以上，舊納免役錢並與減放五分，餘並全放。仍自元祐二年爲始。」［丁丑］傅堯俞言：「資助役人，臣未敢詳定，如以差法爲非，自可復爲雇法，不須無事徒此紛紛。」己卯，中書侍郎張璪爲光禄大夫、資政殿學士、知鄭州。臺諫章交上凡十數，璪乃請外，竟從優禮罷去。孫升奏：「祖宗之用人，如趙普、王旦、韓琦此三人者，文章學問不見於世，然觀其德業器識、功烈行治，近世輔相未有其比。而王安石爲一代文宗，進居大任，趨近利，無遠識，施設之方一出於私智。由是言之，則輔佐經綸之業，不在乎文章學問也。願陛下選任左右輔弼，必先乎德業器識，無取乎文學聲名。」貼黄言：「蘇軾文章學問中外所服，然德業器識有所不足。今爲翰林學士，可謂極其任矣。若或輔佐經綸，則願陛下以王安石爲戒。」

冬十月丙戌〔六六〕，鴻臚卿孔宗翰奏：「先臣孔子之後，世襲封爵一人，欲乞今後不使襲封之人更兼它職。」臣寮言：「孔子廟貌，國家之所常奉〔六七〕，欲釐定典禮，命官以司其用度，立學以訓其子孫，則朝廷崇儒尊道之意厚矣。合襲封衍聖公專主祠事〔六八〕，添助田百畝供祭祀〔六九〕，賜書置教授一員，改衍聖公爲奉聖公，及删定家祭冕服等制度，頒賜施行。」從之。乙巳，賜范鎮詔曰：「夫有德君子，以精神折衝，譬之麟鳳，能服猛鷙。朕虛懷前席，以致諸老，非敢必以事誘也。苟得黃髮之叟皤然在位，則朝廷尊嚴，姦宄消伏。卿雖篤老，乃心王室，毋憚數舍之勞，以副中外之望。已降敕落致仕除兼侍讀，詔書到日，可發來赴闕。」戊申〔七〇〕，宗正寺丞王鞏奏：「宗正寺條例皇帝玉牒十年一進修，玉牒官並以學士典領。玉牒自范鎮等一進之後，神宗玉牒至今未修，仙源類譜自張方平慶曆年進書之後僅五十年，並無成書。請別立法，宗正寺修纂寺書〔七一〕，其玉牒官每二年一具草繳進，如會問未足不得過進期兩季。類譜等亦二年一具草。候及十年，類聚修纂成書進呈。」從之。〔癸丑〕劉摯言：「太學條例，獨可按據舊條，考其乖戾太甚者刪去之。若乃高闊以慕古，新奇以變常，非以無補〔七二〕，而又有害。欲望聖慈指揮罷修學制所，止以其事責在學官正、錄以上，將見行條制去留修定。所貴因革不失其當。」摯言「高闊以慕古，新奇以變常」蓋指程頤也。頤所立條制，輒爲禮部疏駁，頤亦自辨理，然朝廷訖不行。

十一月乙卯，禮部言：「將來冬至節，命婦賀坤成宮例改牋爲表。」從之。程頤建言：「神宗喪未除，節序變遷，時思方切，恐失居喪之禮，無以風化天下，乞改賀爲慰。」不從。戊午，劉摯爲中大夫、尚書右丞，呂大防守中書侍郎，傅堯俞爲御史中丞，仍兼侍讀。戊寅，起居郎蘇轍、起居舍人曾肇並爲中書舍人。肇仍充實録院修撰。王巖叟言：「肇天資甚陋，人望至卑，早乘其兄布朋附王安石，擅權用事，朝廷美爵如取於家，故肇因緣得竊館職。素無吏能而擢領都司，殊昧史材而委修實録。」巖叟凡八上章，皆不聽。范鎮提舉崇福宫。以鎮力辭新命也。朝廷起鎮蓋欲授以門下侍郎，鎮固不欲起。又移書問其從孫祖禹，祖禹亦勸止之。鎮大喜曰：「是吾心也。凡吾所欲爲者，司馬君實已爲之，何用復出也。」御史中丞傅堯俞初視事，與侍御史王巖叟同入對，上諭堯俞曰：「用卿作中丞，不由執政，以卿公正不避權貴。如朝政闕失，卿等但安心言事，太皇太后主張。」三省奏立經義、詞賦兩科。下議，從之。［庚辰］吕陶言：「保甲之法雖已更張，猶有二弊。」詔府界三路保甲人户五等已下、地土不及二十畝者，雖三丁以上並免教。從陶請也。

十二月庚子，傅堯俞、王巖叟同入對，太皇太后問曰：「天下政事如何？」堯俞稱善。又曰：「保甲保馬須是先罷，其餘閒慢者且休，嫌於更改太猛。」巖叟進曰：「若果是閒慢則可，若於民有害則亦不可不改也。」應曰：「害民則須改。」巖叟進第一請廢葭蘆、吴堡二寨劄子，堯俞奏曰：「大率昨來新取者城寨皆可廢。」太皇太后曰：「此盡是向來小人欺朝廷做底，待令施行。」遂進第二言曾肇劄子，上曰：「且安心言事，待這裏主張。」巖叟進曰：「若言事省力則不在陛下主張，祇緣有如此之難，所以須賴人主主張耳。」壬寅，朱光庭言：「學士院試館職策題云：欲師仁宗之忠厚，而患百官有司不舉其職，或至於媮；欲法神考之勵精，而恐監司守令不識其意，流入於刻。又稱漢文寬大長者，不聞有怠廢不舉之病。宣帝綜核名實，不聞有督察過甚之失。臣以謂仁宗之深仁厚德，如天之爲大，漢文不足以過也。神考之雄才大略如神之不測，宣帝不足以過也。今來學士院考試官不識大體，反以媮刻爲議論，乞特奮睿斷，正考試官之罪。」策題，蘇軾文也。詔特放罪。軾聞而自辯。詔追回放罪指揮。傅堯俞、王巖叟各上疏論軾。吕陶言：「蘇軾所撰策題，蓋設此問以觀其答，非謂仁宗不如漢文，神考不如漢宣也。今士大夫皆曰程頤與朱光庭友而親，蘇軾常戲薄程頤，光庭爲程頤報怨也。」又言：「明堂降赦，臣僚稱賀訖，兩省官欲往奠司馬光，程頤言曰：『子於是日哭則不歌，豈可賀。赦纔了卻往弔喪。』坐客有難之曰：『孔子言哭則不歌，即不言歌則不哭。』蘇軾遂戲程頤云：『此乃枉死市叔孫通所制禮也。』衆皆大笑。結怨之端蓋自此始。」

校證

〔一〕故比陝西、河北獨不賜戰袍　再造本闕頁，文海本、長編卷三六四均同，然令人費解。黄庭堅山谷别集卷八黄廉行狀作「故在陝西河北獨不賜戰袍」，似是。

〔二〕元豐　再造本闕頁，文海本同，長編卷三六四及上引黄廉行狀均作「元豐末」。

〔三〕忌耻　再造本闕頁，文海本同，長編卷三六四作「妬忌」。

〔四〕事蹉跌　再造本、文海本、李幼武宋名臣言行録後集卷八吕公著、趙善璙自警編卷七均同，長編卷三六四作「事有蹉跌」，司馬光傳家集卷六三與吕晦叔簡作「國事蹉跌」。

〔五〕豈止如今日之所歎哉　再造本、文海本作「豈止如今日之所觀哉」。吕中宋大事記講義卷一八作「豈至後日而始見哉」。

〔六〕役錢　李校：司馬公文集卷四九乞罷免役錢依舊差役劄子作「役人」。汪按：再造本、文海本作「役錢」，長編卷三六五、徐松宋會要輯稿食貨一三之四則作「役人」。李校是，今從之。

〔七〕待制　原作「待詔」，再造本、文海本同，據長編卷三六五、彭百川太平治迹統類卷一八宣仁垂殿聖政校改。

〔八〕曾歷一任知州已上　原脱「知州」二字，再造本、文海本同，據文義及長編卷三六五、上引太平治迹統類補。

〔九〕首唱大義　再造本、文海本同，長編卷三六五作「首倡大議」。

〔一〇〕起居舍人　再造本、文海本同，長編卷三六五、太平治迹統類卷三〇官制沿革作「起居郎、舍人」。

〔一一〕隨即屏去　再造本、文海本同，長編卷三六六、趙汝愚宋朝諸臣奏議卷二四蘇轍上哲宗論帝王之治必先正風俗、蘇轍欒城集卷三六論臺諫封事留中不行狀均作「隨輒屏去」。

〔一二〕憸妄　再造本、文海本同，長編卷三六七、欒城集卷三六乞選用執政狀均作「憸佞」。

〔一三〕才不迨心　再造本、文海本及上引欒城集同，長編卷三六七作「才不逮心」，迨、逮音同義近。

〔一四〕衙門　再造本、文海本同，類編皇朝大事記講義卷一八作「衙前」。

〔一五〕邵氏　原作「史氏」，據再造本、文海本、類編皇朝大事記講義卷一八校改。另下引邵氏之言見於邵伯溫邵氏聞見録卷一一。

〔一六〕以差役爲未便　原遺「未」字，再造本、文海本同，據上下文及宋大事記講義卷一八補。

〔一七〕按：今本長編、長編紀事本末均不載此事，宋宰輔編年録卷九載此事文字出入較大。

〔一八〕按：長編卷三六八此前有「祖宗之制」四字，似不當略。

〔一九〕決然不到得不消憂也　再造本、文海本同，長編卷三六八作「決然不到得不須憂也」，陳均皇朝編年綱目備要卷二一作「決然不至有此不須憂也」，宋大事記講義卷一八作「然決不至有此」，無後面數字。

〔二〇〕群聚而笑喧　「聚」原作「衆」，再造本、文海本同，據長編卷三六八、宋朝諸臣奏議卷一二四劉摯上哲宗乞募保甲優等人刺爲禁軍、歷代名臣奏議卷二五七、劉摯忠肅集卷六論保甲奏校改。

〔二一〕隨其人才以定軍分　再造本、文海本同，長編卷三六九無此八字，然宋朝諸臣奏議卷一二四蘇轍上哲宗乞募保甲優等人刺爲禁軍、欒城集卷三六乞招河北保甲充軍以消盜賊狀亦有此八字，當係長編文字遺漏。

〔二二〕校書郎　再造本、文海本同，長編卷三六九作「承奉郎」，無「校書郎」。按：太平治迹統類卷二五程頤出處本末作「承奉郎秘書省校書郎」，宋名臣言行録外集卷三程頤、宋史卷四二七道學程頤傳作「校書郎」，故疑長編文字有遺漏。

〔二三〕不令書讀　原作「不合書讀」，再造本、文海本同，今據文義及長編卷三七〇、宋朝諸臣奏議卷五六劉摯上哲宗論安燾敕命不送給事中書讀、歷代名臣奏議卷一三八校改。

〔二四〕盡天下事　再造本、文海本同，長編卷三七〇、太平治迹統類卷一八宣仁垂殿聖政均作「盡知天下事」。

〔二五〕緝正紀綱　再造本、文海本同，長編卷三七〇作「緝完紀綱」，宋朝諸臣奏議卷一一八吕陶上哲宗論蔡確等觀望不肯協心改法、歷代名臣奏議卷一七七均作「緝全紀綱」。

〔二六〕急利者　原作「争利者」，再造本、文海本同，長編卷三七〇及上引宋朝諸臣奏議、歷代名臣奏議均作「急利者」，考上下句式，作「急利者」是，故校改。

〔二七〕毛詩　再造本、文海本同，長編卷三七一、太平治迹統類卷二七祖宗科舉取人、宋朝諸臣奏議卷八一司馬光上哲宗乞置經明行修科、歷代名臣奏議卷一六七、傳家集卷五四起請科場劄子均作「詩」，無「毛」字。

〔二八〕而責議者矣　李校於「者」字後加「少」字，謂：原脱「少」字，據長編卷三七一補。汪按：徐度卻掃編卷中亦無「少」字。有「少」無「少」文義差異較大，改字證據不足，今不從。

〔二九〕虜　此「虜」字及下文二「虜」字，原均作「遼」，據再造本、文海本回改。

〔三〇〕起居舍人　李校：原作「爲起居舍人」，「爲」字衍，據長編卷三七一删。汪按：再造本、文海本同衍「爲」字，據文義當删，李校是，今從之。

〔三一〕討論經史　「討」原作「計」，再造本、文海本同，據長編卷三七一、太平治迹統類卷一九宣仁保祐哲宗、傳家集卷五二乞令校定資治通鑑所寫稽古録劄子校改。

〔三二〕按：長編卷三七一、卷三七二因同月分二卷，故「三月」重出，本書既在同卷，此「三月」當删。

〔三三〕師傅保之官　原脱「保」字，再造本、文海本同，據長編卷三七二、宋朝諸臣奏議卷五〇程頤上宣仁皇后進經筵三劄子、朱熹呂祖謙近思録卷九、二程文集卷七乞再上殿論經筵事劄子、呂祖謙宋文鑑卷五八程頤又論經筵事補。

〔三四〕專一　再造本、文海本同，長編卷三七四、傳家集卷五二論賑濟劄子、歷代名臣奏議卷二一四五均作「專切」。

〔三五〕五月　李校：原作「丑月」，據長編卷三七七改。汪按：再造本、文海本作「五月」。作「五月」是。

〔三六〕詔禮官今秋明堂用皇祐明堂典禮　再造本、文海本同，按長編卷三七七無此句，而蘇轍上言內有「欲乞明詔禮官今秋明堂用皇祐明堂典禮」一句。又杜大珪名臣碑傳琬琰之集下卷一一蘇轍潁濱遺老傳明述蘇轍上此奏後「奏入不報」，可知或本書撰者失誤，或本書傳寫刊刻遺落「乞明」二字。

〔三七〕右司諫　李校：原作「官司諫」，據長編卷三七八改。汪按：文海本亦作「官司諫」，再造本、太平治迹統類卷二〇哲宗委任臺諫作「右司諫」，可補校改依據，李校改「右司諫」是。宋史卷三三九蘇轍傳記「元祐元年爲右司諫」，可爲佐證。

〔三八〕貨交以取利　再造本、文海本、宋史卷三四七韓川傳同，長編卷三八〇作「計較以取利」，宋朝諸臣奏議卷一一八韓川上哲宗乞罷市易原作「貿易交以取利」，現依長編校改。

〔三九〕晝日　原作「盡日」，據再造本、文海本、長編卷三八〇及上引宋朝諸臣奏議校改。

〔四〇〕尚疑　再造本、文海本、太平治迹統類卷二〇哲宗委任臺諫、徐自明宋宰輔編年録卷八、東坡全集卷一〇七呂惠卿責授建寧軍節度副使本州安置不得簽書公事、宋文鑑卷四〇蘇軾吕惠卿責授建寧軍節度副使本州安置不得簽書公事均同，惟長編卷三八〇作「尚宜」，皇朝編年綱目備要卷二二作「尚期」。

〔四一〕磨足　再造本、文海本同，上引長編、皇朝編年綱目備要、太平治迹統類、宋宰輔編年録、東坡全集等均作「摩足」。

〔四二〕横被　再造本、文海本及上引太平治迹統類、宋宰輔編年録、宋文鑑同，長編卷三八〇作「縱横」，東坡全集作「横彼」。

〔四三〕疑賊　再造本、上引太平治迹統類同，文海本字模糊，上引長編、皇朝編年綱目備要、宋宰輔編年録、東坡全集均作「款賊」。似作「款賊」是。

〔四四〕知恤兹者鮮　再造本、文海本、二程文集卷七上太皇太后書、歷代名臣奏議卷六同，長編卷三八一、宋朝諸臣奏議卷五〇程頤上宣仁皇后論經筵輔養之道、宋文鑑卷五八程頤上太皇太后書均作「知恤者鮮」。

〔四五〕薰晤　再造本、文海本、皇朝編年綱目備要卷二二、歷代名臣奏議卷六、近思録卷一一、二程文集卷七上太皇太后書均同，惟長編卷三八一作「薰染」。

〔四六〕是亦兼也　原作「是一兼也」，據再造本、文海本及上引諸書校改。上引諸書或作「是亦兼也」，或作「是亦兼他(它)職也」。

〔四七〕誠意之感然也　再造本、文海本同，長編卷三八一及上引皇朝編年綱目備要、宋朝諸臣奏議作「誠意之感人也」，上引近思録卷一〇、二程文集作「誠意之感而入也」。

〔四八〕營於職事　再造本、文海本同，長編卷三八一及上引皇朝編年綱目備要、宋朝諸臣奏議、近思録、二程文集、宋文鑑等均作「營營於職事」，與下「紛紛其思慮」爲對。

〔四九〕條制　原作「條例」，再造本、文海本同，據長編卷三八一及上引宋朝諸臣奏議、歷代名臣奏議、二程文集、宋文鑑校改。

〔五〇〕專在輔道　再造本、文海本及上引諸書多同，惟長編卷三八一作「專佐輔導」。

〔五一〕紛華波蕩之中幽獨得肆之地　再造本、文海本同，宋大事記講義卷一九作「戎馬倥偬幽隱獨知之地」。

〔五二〕視若嚴師父之臨乎其前　再造本、文海本同，宋大事記講義卷一九作「視之如師父之臨前」。

〔五三〕聖賢之端本培根　再造本、文海本作「聖賢之自本自根」，宋大事記講義卷一九作「聖賢之根本」。

〔五四〕詔尚書……　再造本、文海本同。按長編卷三八二、章如愚群書考索後集卷二八士學法引長編，「詔」前有「近」字，則「近詔」以下文字均爲尚書省言，文義隨之大變，存疑待考。

〔五五〕公亦不顧　再造本、文海本同。按此句與前句不連，長編卷三八二此句前有「魏公不樂」，補入義始完。

〔五六〕按據長編卷三八四，辛卯日已入八月，下文「八月」應移此前。

〔五七〕不可 再造本、文海本同，長編卷三八四、皇朝編年綱目備要卷二二、太平治迹統類卷二二熙寧元祐議論青苗、文獻通考卷二一市糴考均作「不知」，連下讀。

〔五八〕對以爲 再造本、文海本同，長編卷三八五作「巖叟曰」。

〔五九〕按據長編卷三八六、欒城集卷四〇乞復選人選限狀、宋朝諸臣奏議卷七〇上官均上哲宗乞清入仕之源等，本書撰者係將蘇轍、上官均二人上奏合而爲一，造成諸多毛病，此不多辯。

〔六〇〕虜 此「虜」及下一「虜」字，原均爲「遼」，據再造本、文海本回改。

〔六一〕無改於道之本旨 再造本、文海本同，類編皇朝大事記講義卷一八作「無改於父道之意」。

〔六二〕章蔡 再造本、文海本同，宋大事記講義卷一八作「章惇」。

〔六三〕之慮 再造本、文海本同，宋大事記講義卷一八作「之患」。

〔六四〕此亦所謂在所當改而可以無改者耳 原作「此以所謂在所當改而可以未改者耳」，再造本、文海本同，句不可通，據類編皇朝大事記講義卷一八校改。

〔六五〕字法 再造本、文海本同，宋大事記講義卷一八作「字説」。

〔六六〕丙戌 原作「丙辰」，文海本「辰」字不清，類「成」。據再造本、長編卷三八九校改。

〔六七〕按據長編卷三八九，以下爲禮部、太常寺言。

〔六八〕合 再造本、文海本同，長編卷三八九作「今」。

〔六九〕百畝　再造本、文海本同，長編卷三八九、宋史卷一一九禮志、皇朝編年綱目備要卷二二、文獻通考卷四四學校考均作「百頃」。

〔七〇〕戊申　再造本、文海本同，長編卷三九〇繫此事於「己酉」日，又長編、宋會要輯稿職官二〇之五六至五七均載下文爲尚書省言，王鞏奏包括在尚書省言内。

〔七一〕寺書　再造本、文海本及上引宋會要輯稿同，長編卷三九〇作「成書」。

〔七二〕非以　再造本、文海本同，長編卷三九〇、群書考索後集卷二八士學法、歷代名臣奏議卷一一四均作「非徒」。

宋史全文卷十三中

宋哲宗二

丁卯元祐二年春正月壬戌，王覿言：「朱光庭之論策題，言者既以爲因蘇軾與光庭之師程頤有隙而發矣。呂陶之言朱光庭，論者又謂陶與蘇軾同是蜀人，而遂言光庭也。陛下若置而不問，惟詳察策題之是非，而有罪無罪，專論蘇軾，即黨名不起矣。」故夏國主秉常以遺進物遣使來。詔其子乾順爲夏國王，如明道二年元昊除節度使、西平王例。詔：「傅堯俞、王巖叟、朱光庭以蘇軾撰試舘職策題不當，累有章疏，今看詳得是非譏諷祖宗，只是論百官有司奉行有過，令執政召逐人面諭，更不須彈奏。」三人者又各上疏。戊辰，詔：「自今舉人程試，並許用古今諸儒之説，或出己見，勿引申韓、釋氏之書。考試官於經義、論策通定去留，毋於老列莊子出題。」庚午，蘇軾言：「臣近以試舘職策問爲臺諫所言，臣所撰策問首引周公、太公之治，齊魯後世皆不免衰亂者，以明子孫不能奉行，則雖大聖大賢之法不免於有弊也。後引文帝、宣帝仁厚而事不廢，核實而政不苛者，以明臣子若奉行得其理，無觀望希合之心，則雖文、宣足以無弊也。何嘗有毫髮疑似議及先朝。臣前歲召還，始見故相司馬光，臣論差役、免役各有利害，免役掊斂民財而下有錢荒之患，差役民常在官而貪吏猾胥得緣爲姦，二害輕重蓋略相等。光聞之愕然曰：『若君此言，計將安出？』臣謂先帝本意使民户率出錢專力於農，坊場河渡官自出賣，而以其錢雇募衙前。民不知有倉庫綱運破家之禍。此萬世之利也，決不可變。光聞臣言，大以爲不然。臣又與光言：熙寧中嘗行給田募役法。光尤以爲不可。臣每行監司守令告詞，皆以奉守先帝約束，毋得弛廢爲戒。由此觀之，臣豈謗議先朝者哉。」

辛未，傅堯俞、王巖叟入對，論蘇軾策題不當，太皇太后曰：「此朱光庭私意，卿等黨光庭耳。光庭未言時，何故不言？」堯俞與巖叟同奏曰：「臣等蒙宣諭，謂黨附朱光庭彈奏蘇軾，上辜任使，更不敢詣臺供職。伏俟譴斥。」丙子，詔：「蘇軾所撰策題即無譏諷祖宗之意。又緣自來官司試人亦無將祖宗治體評議者，蓋學士院失於檢會，劄與學士院知〔一〕。令蘇軾、傅堯俞、王巖叟、朱光庭各疾速依舊供職。」蓋從右僕射吕公著之議也。范純仁亦言：「蘇軾只是臨文偶失周慮，本非有罪。」

二月〔丁亥〕，詔左司諫朱光庭乘傳詣河北路，與監司一員遍視灾荒，按累降指揮措置賑濟。〔辛卯〕詔賜富弼神道碑，以「顯忠尚德」爲額，仍命翰林學士蘇軾撰文。〔己亥」詔吏部選人改官，每歲以百人爲額。

三月甲寅，詔輔臣分詣寺觀祈雨。［丁巳］執政奏事延和殿，太皇太后諭曰：「性本好静，昨止緣主上沖幼，權同聽政，蓋非得已。況母后臨朝，非國家盛事。文德殿，天子正朝，豈女主所當御。」宰臣呂公著等言：「陛下執謙好禮，冠映古今。加以思慮精深，非臣等所及。」［戊辰］詔：「内外待制、大中大夫以上，歲舉第二任通判資序人堪知州者一人。」先是，呂陶言：「任官之弊，其輕且濫者惟郡守爲甚。」故有是詔。［庚辰］詔内侍省供奉官以下至黄門，以一百人爲定額。［是月］程頤上疏曰：「臣前言乞於延和殿講讀，太皇太后時至簾下觀講官進説，講官有當奏禀，便得上聞。臣今思之，太皇太后雙日垂簾聽政，隻日若更親臨講讀，亦恐勞煩聖躬。欲乞只就垂簾日聽政罷，召當日講官至簾前，問當主上進德次第〔二〕、講説所至、如何開益。蓋輔導之間，有當奏知之事可以陳説，所繫甚大。」又上疏曰：「臣近言邇英漸熱，只乞就崇政、延和殿，聞給事中顧臨以延和講讀爲不可，臣料臨之意不過謂講官不可坐於殿上，以尊君爲説爾。臣不暇遠引，只以本朝故事言之。太祖皇帝召王昭素講易，真宗令崔頤正講尚書，邢昺講春秋，皆在殿上。當時仍是坐講，立講之儀只始於明肅太后之意。此又祖宗尊儒重道之盛美，豈獨子孫所當爲法，萬世帝王所當法也。今世俗之人能爲尊君之言，而不知尊君之道，人君惟道德益高則益尊，若勢位則崇高極矣。尊嚴至矣，不可復加也。」

夏四月丙戌，交趾遣使入貢。詔文彦博十日一赴朝參，因至都堂議事。仍一月一赴經筵。以彦博累章乞致仕，故有是命。庚寅，梁燾奏春夏大旱。辛卯，詔：「可自今月十一日後避正殿，減常膳。公卿大夫其勉修厥職，共圖消復。」甲午，范純仁言：「旱暵作沴，前代多因災異，求訪直言。陛下臨御之初，即下詔許人實封言事。伏望聖旨下三省、樞密院、六曹、寺監，將前來封章並令檢尋，擇賢明近臣選官看詳。其決然可行者，便令執政進擬施行。又尚書諸曹受天下四方牒訴奏請文字，乞降聖旨，並委御史臺、諫官、給事中、左右司郎官分定點檢抽索事祖行遣，子細看詳定奪。」丁酉，詔：「差傅堯俞、杜紘、孫升赴吏部，王巖叟、孫覽〔三〕、韓川赴户部，張問、上官均赴禮部，韓宗道、張舜民赴兵部，梁燾、范純禮、吕陶赴刑部，王覿、張舜民赴工部，點檢自去年正月至年終承受到文字，抽索事祖行遣次第，子細看詳。其間有執文害事、不近人情者，并元條删改。其勘當住滯者，促令結絶。其指揮不當及非理問難、鹵莽判收者，亦許牒本部再與詳究施行。」用范純仁之言也。己亥，内出太皇太后手詔：「旱暵爲虐，詔諸路監司分督郡縣刑獄。」王巖叟同中丞傅堯俞入對延和。堯俞先奏旱暵由臣等不職，太皇太后曰：「蓋由太皇太后無德，干卿等甚事。」辛丑，雨。壬寅，詔：「在京職事官歲合舉官陞陟者，文臣六曹尚書以上各六人〔四〕，待制以上各四人，左右司郎官以上各三人〔五〕，軍器少監以上各二人，武臣觀察使以上各二人。著爲令。」甲辰，詔張舜民特罷監察御史，依前權判登聞鼓院。先是，舜民言：「夏人政亂，强臣争權，乾順存亡未可知，朝廷未宜遽加爵命，近差封册使劉奉世等願勿遣。緣大臣有欲優假奉世者，爲是過舉。」大臣，指文彦博也。故舜民有是責。傅堯俞乞速賜追還，以協易不遠復之義。王巖叟言：「舜民言果是，則有益於聰明。果非，則何傷於彦博。」殿中侍御史孫升、監察御史上官均韓川皆言舜民不當罷。梁燾言：「望還舜民舊職，以盡其效。」〔六〕王覿亦以爲言。俱不報。乙巳〔七〕，徐州布衣陳師道爲亳州司户參軍，充徐州州學教授。先是，蘇軾、傅堯俞、孫覺等言：「師道文詞高古，度越流輩，安貧守道，若將終身。苟非其人，義不往見。過壯未仕，實爲遺才。」故有是命。傅堯俞、王巖叟言：「左丞李清臣竊位日久，資材闒茸，性行險邪，專於爲己，有患失之心。苟於隨人，無自立之志。人材之能否不知，民事之利病不識。伏望聖慈早賜罷黜。」上官均言：「清臣不協衆論。」梁燾言：「清臣猥暗貪鄙，庸懦傾邪。」戊申，李清臣以資政殿學士知河陽。

五月〔庚申〕，巖叟、堯俞等又言：「臣等累上封章，論張舜民不當罷御史，不蒙開納，言責難以冒居，伏望降黜，自今更不敢詣臺供職。」吕公著慮言者將激怒上意，致朝廷有罪言者之失，乃奏乞稍與優遷，令解言職。丁卯，劉摯爲尚書左丞，王存爲尚書右丞。戊辰，孔文仲爲左諫議大夫，杜純爲侍御史，吕陶爲左司諫，賈易爲右司諫，王巖叟爲起居舍人，朱光庭爲左司員外郎，王覿爲右司員外郎，孫升差知濟州，梁燾爲集賢殿修撰、知潞州。先是，燾於省中面詰給事中張問，因誚問貪禄不去，不知世所謂羞耻。而孫升再劾張問，引燾不知羞耻等語，於是批旨付三省曰：「巖叟、光庭、韓川等久在言路，宜稍遷擢。燾於禁省詬同列，升朋附燾，宜罷。」於是巖叟等皆遞遷，而升與燾有是命。癸酉，胡宗愈爲御史中丞。宗愈首進六事曰：端本，正志，知難，加意，守法，畏天。它日，奏對便殿，上問朋黨之弊。宗愈曰：「君子義之與比，謂小人爲姦邪，則小人必指君子爲朋黨。陛下擇中立不倚者用之，則朋黨自銷。」因進君子無黨論。

六月辛巳朔。甲申，彭汝礪爲起居舍人。執政有問新舊之政者，汝礪曰：「政無彼此之辨，一於是而已。今所更大者，取士及差役法，行之而士民皆病，未見其可也。」戊子〔八〕，丁騭爲右正言。騭自行新法即不肯爲知縣，折資監當幾二十年，人多稱之。趙挺之、方蒙、趙屼並爲監察御史。

秋七月乙卯，權開封府推官張商英爲提點河東路刑獄。商英先上書謂：「三年無改於父之道，今先帝陵土未乾，奈何輕議變更。」又嘗移簡蘇軾欲作言事官，或得之以告呂公著，公著不悦，故出之。商英簡蘇子瞻云：「老僧欲住烏寺呵佛罵祖一巡如何。」孫林過子瞻〔九〕，竊得其簡，示呂申公之子希純。希純白申公，申公不悦，出商英。壬戌，御札付中書省曰：「門下侍郎韓維嘗面奏范百禄任刑部侍郎，所爲不正，輔臣奏劾臣寮，當形章疏，明論曲直，豈但口陳意欲無迹，何異姦讒。可罷門下侍郎，守本官分司南京，仍放辭謝。」呂公著即上疏言：「韓維素有時望，俟其有請，聽使去位，以全君臣之大體。」甲子，詔韓維知鄧州，然猶用前責辭。中書舍人曾肇封還韓維辭頭，不報。乙丑，呂陶爲京西轉運副使，上官均爲比部員外郎。戊辰，呂公著復論責韓維事。辛未，韓維爲資政殿大學士知鄧州。

八月辛巳，右司諫賈易知懷州。自蘇軾以策題事爲臺諫官所言，而言者多與程頤善，軾、頤既交惡，其黨迭相攻。易獨建言請並逐二人。又言呂陶黨助軾兄弟，而文彦博實主之，語侵彦博及范純仁。太皇太后欲峻責易。呂公著言：「易所言頗切直，惟詆大臣爲太甚，第不可復處諫列爾。」太皇太后曰：「不責易此亦難作。」公著曰：「不先逐臣，易責命亦不可行。」争久之乃止罷諫職。既退，呂大防、劉摯、王存私相顧而嘆曰：「呂公仁者之勇，乃至於此。」程頤罷經筵，權同管勾西京國子監。左諫議大夫孔文仲言：「頤人品纖汚，天資憸巧，元無鄉曲之行，常在公卿之門。臣居京師近二年，頤未嘗過門。臣比除臺諫官，頤即來訪，先談賈易之賢，又曰：『吕陶補司諫，則賈明叔必不安職矣。』明叔者，指賈易字也。臣曰：『何以言之？』頤曰：『明叔近有文字攻陶之罪。今陶設爲司諫，明叔辭去决矣。公能坐觀明叔之去乎。』推頤之言，必是與陶有隙，又欲諷臣攻陶助易也。陛下以清明安静爲治於上，而頤乃鼓騰利口間亂群臣使之相争鬭於下。伏望論正頤罪，放還田里，以示典刑。」先是，頤赴講，上瘖疹不坐已累日，退詣宰相問曰：「上不御殿知否？」曰：「不知。」曰：「二聖臨朝，上不御殿，太皇太后不當獨坐。且上疾而宰相不知，可爲寒心。」翼日，吕公著等以頤言奏，遂詣問疾。上不悦。故黜之。丁亥，孔文仲、左正言丁騭進對，太皇太后宣諭曰：「一心爲國，勿爲朋比。」戊申，以復洮州、俘獲鬼章，宰臣率百官表賀於延和殿。

九月辛亥，豐稷爲殿中侍御史。庚申，王覿奏：「蘇軾、程頤向緣小忿，寖結仇怨，於是頤、軾素相親善之人，更相詆訐，以求勝勢。前日頤敗，而言者及軾。若欲保全軾，則且勿大用之，庶幾使軾不遽及於大悔吝。」又奏：「小人近乃造爲飛語，有五鬼十物十八姦之説，大概不過取一二公議所共惡者以實其説，而餘皆端良之士也。伏望詔牓朝堂，明示以不信讒言之意，以安士大夫之心。」庚午，吕公著言：「十五日，以經筵講畢論語，賜執政及講官御筵。是日，内出皇帝御書唐賢律詩分賜臣等，次日，於簾前謝，蒙太皇太后宣諭：『皇帝好學，在宮中别無所爲，惟是留心典籍，天下幸甚。』臣輒於尚書論語及孝經中節取要語共一百段進呈，庶便於省覽。」它日，三省奏事畢，宣諭公著曰：「所進尚書論語等要義百篇，皇帝已依所奏，每日書寫看覽，甚有益於學問，與寫詩篇不同也。」

冬十月〔甲申〕，知懷州賈易責知廣德軍。御史交章論易唯諂事程頤，默受教戒，頤指氣使，若驅家奴。故有是責。癸卯，劉摯言：「知陳州傅堯俞、知齊州王巖叟、知潞州梁燾、通判虢州張舜民、知廣德軍賈易皆忠直之臣，守正不撓。陛下試取近來言者章疏，密察其意，其間心出於至誠，言出於忠信，憂國如飢渴，謀議知大體，有如堯俞者乎？孤立不懼，彈劾權强，赤心事上，略無私意，有如巖叟者乎？守正堅確，不憚大吏，不黨同列，嫉邪指惡，有如舜民、燾及易者乎？臣願召此數忠正之臣，入備任使，以慰公議，以消姦黨。」甲辰，泉州增置市舶〔一〇〕。從户部尚書李常請也。丁未，范祖禹乞於邇英閣復張掛仁宗時王洙、蔡襄所書無逸孝經圖〔一一〕。從之。

十一月庚申，以鬼章入獻於崇政殿，詰犯邊之狀，諭以聽招其子及部屬歸附以自贖。鬼章服從，釋縛。壬戌，李常轉對，陳七事曰：崇廉耻，存鄉舉，别守宰，廢貪贓，審疑獄，擇儒師，修役法。又言：「差役之法，上户富安，下户空匱，富安則以差爲病，空匱則出力爲宜。輒采差、助二法，隨上下所宜，條叙梗概〔一二〕，若便民而可久也。」壬申，詔：「講讀官遇不開講日，輪具漢、唐故事有益政體者二條進入。」〔一三〕先是，蘇頌言：「國朝典章，大抵襲唐，乞詔史官采新唐書中人主所行，日進數事。」故有是詔。頌每進可爲規戒、有補時政者，必述以己意，反復言之。

十二月乙酉，以大寒，賜諸軍薪炭錢。再令開封府閱坊市貧民，以錢百萬，計口量老少給之。丙午，趙挺之奏：「蘇軾輕薄虛誕，有如市井俳優之人。學術本出戰國策蘇秦、張儀縱横揣摩之説。近日學士院策試廖正一館職，乃以王莽、袁紹、董卓、曹操篡漢之術爲問，使軾得志，將無所不爲矣。」

戊辰元祐三年春正月丙辰，詔以春寒，展給賣薪炭限十有五日。庚申，詔發京西南路闕額禁軍穀五十餘萬斛，減市價出糶，至麥熟日止。以雪寒物價翔踴也。［丁卯］王覿奏：「蘇軾習爲輕浮，貪好權利，不通先王性命道德之意，專慕戰國縱横捭闔之術。長於辭華而暗於義理。若使久在朝廷，則必立異妄作。即宜且與一郡，稍爲輕浮躁競之戒。」甲戌，疏决在京及府界繫囚，雜犯死罪以下第降一等〔一四〕，至杖釋之。以久陰不解也。丙子，御史中丞胡宗愈、侍御史王覿進對，宣諭曰：「久陰不解，雪寒，民不易。」宗愈對曰：「陛下賜錢糶米，分賣芻炭，都民甚幸。唯河北、京東災傷，猶須多方賑濟。」

曰：「已一一有指揮。」宗愈、覿曰：「聞二聖焦勞，上元禁中不曾用樂，上元不御樓，亦未嘗燕會。」

二月，詔：「自今朝議、中散、正議、光禄、銀青光禄、金紫光禄大夫並置左右〔一五〕，進士出身及帶職轉至左朝議、中散爲二資，〔一六〕餘人轉至朝議、中散，分左右字，爲四資，以上各理七年磨勘。其正議至金紫，並分左右字，爲八資。應今官已及此者悉加之。」〔一七〕〔丙戌〕蘇軾言：「差役之法，天下以爲未便。近聞疏遠小臣張行者，力言其弊，而諫官韓川深詆之，至欲重行編竄。臣每見呂公著、安燾、呂大防、范純仁皆言差役不便，但爲已行之令，不欲輕變，兼恐臺諫紛争，卒難調和。願陛下問公著等，令指陳差、雇二法各有若干利害。昔日雇役，中等人户歲出錢幾何，今者差役歲費錢幾何，及幾年一次差役，皆可以折長補短，約見其數。以此計筭，利害灼然。而況農民在官，貪吏狡胥百端蠶食，比之雇人，苦樂十倍。」張行者，遂寧人，言：「神宗議納役錢，蓋嘗謂之助役矣。以爲若止於助，則未能盡免，將使後世役亦差、錢亦納。於是更爲免役，其慮深矣。」又言：「臣恐議者以爲朝廷有心於改法，無心於便民。」章疏十上，詔監司取戒勵以聞，行乃止。己丑，左司諫豐稷爲國子司業。揚王顥、荆王頵嘗令成都府路走馬承受造錦地衣。稷獨奏劾，以謂「近屬奢侈，官吏奉承，宜皆糾正其罪」。給事中趙君錫曰：「諫官如是，天下必太平。」不數日，稷徙他官。〔癸巳〕詔：「殿試經義、詩賦人，並試策一道。」〔一八〕從趙挺之請也。〔乙巳〕知貢舉蘇軾同孫覺、孔文仲言：「臣等伏見從來天下之患無過官冗。今日一官之闕，率四五人守之，争奪紛紜，廉耻道盡。伏見恩牓得官之人，布在州縣，例皆垂老，别無進望，惟務黷貨以爲歸計，貪冒不職，十人而九。朝廷所放恩牓幾千人矣，何曾見一人能自奮勵、有聞於時，而殘民敗官者不可勝數。伏乞特奏名舉人，詔殿試考官精加考較，量取一二十人，委有學問、詞理優長者，即許出官，其餘皆補文學、長史之類，不理選限。」〔一九〕〔是月〕劉安世言：「自去歲已後，屢罷言事之官，往往竊議，以謂陛下好賢之志稍異於初年，納諫之心漸怠於昔日。」又言：「昔之善觀人之國者，不視其勢之盛衰，而先察其命之弛張。未論其政之醇疵，而先審其令之繁簡。伏睹朝廷命令，變易頻數，甚者朝行而夕改，亦有前詔未頒而後令蠲除者。蓋由講議未精，思慮未審，人情有所未盡，事理有所未通，或牽於好惡之私，或溺於迎合之説。故一人言之，而遽爲之紛更也。至於法度之廢置，政事之因革，必使大臣公心協謀〔二〇〕，博極利病，廣覽詳擇，務當義理。更其所可更，則不嫌於違俗，守其所可守，則無憚於襲故。中敕門下，無使徒爲審讀〔二一〕，以應故事。」

三月丁巳，御集英殿試進士。己巳，賜進士李常寧等二十有四人及第，二百九十六人出身，一百八十有八人同出身。諸科、明經七十有三人，各賜本科及第、出身、同出身有差。甲戌，增賜新釋褐進士錢百萬、酒五百壺爲期集費。

夏四月辛巳，右僕射呂公著爲司空、同平章軍國事，仍一月三赴經筵，二日一朝，因至都堂議事。呂大防爲左僕射，范純仁爲右僕射兼中書侍郎。制詞學士蘇軾所草也。是夕，軾對於内東門小殿，既承旨，太皇太后忽宣諭軾曰：「内翰何以至此？」軾曰：「遭遇陛下。」曰：「不關老身事，亦不關官家事，此是神宗皇帝之意。當其飲食，而停筯看文字，則内人必曰：『此蘇軾文字也。』神宗忽時稱曰〔二〕：『奇才奇才。』但未及用學士而上仙爾。」軾哭失聲。太皇太后與上左右皆泣。已而命坐賜茶曰：「内翰直須盡心事官家，以報先帝知遇。」軾拜而出，撤金蓮燭送歸院。壬午，孫固守門下侍郎，劉摯守中書侍郎，王存守尚書左丞，安燾爲右光禄大夫、依前知樞密院事，胡宗愈爲中大夫、守尚書右丞，趙瞻爲樞密直學士、簽書樞密院事。甲申，韓川、劉安世進對，太皇太后問：「近日差除如何？」安世等曰：「朝廷用人皆協輿望，惟胡宗愈公議以爲未允耳。」

〔五月〕癸丑〔三〕，范祖禹言：「臣不侍經席，已踰兩月。昔唐憲宗不對學士兩月，李絳奏曰：『爲臣等竊禄偷安之計則便矣，其如陛下何？』陛下如好學，則天下之君子皆欣慕，願立於朝，以直道事陛下，輔助德業而致太平矣。陛下如不好學，則天下之小人皆動其心，欲立於朝，以邪謟事陛下，竊取富貴而專權利矣。」（五月）［癸亥］初，胡宗愈除尚書右丞，王覿疏：「宗愈自爲御史中丞，論事建言多出私意，與蘇軾、孔文仲各以親舊相爲比周。」内批：「王覿論列不當，落諫議大夫與外任差遣。」翼日，吕公著言：「今來若止爲論列胡宗愈便行責降，必未協衆情，未敢行下。」後二日，公著與大防、純仁再論於簾前，太皇太后意猶未解。純仁退而上疏曰：「側聞聖訓，以謂朋黨甚多，宜早施行，恐於卿等不便。以臣愚見，朝廷本無朋黨，只是善惡邪正各以類分。陛下既用善人，則匪人皆憂難進，遂以善人之相稱舉者，皆指以爲朋黨。所有先降貶謫王覿文字，臣未敢簽書。」監察御史趙挺之言：「王覿因言執政而罷，朝論以覿任職，皆爲覿賀。」楊康國奏：「一二年來，陛下略不優假言路。去年逐張舜民，今歲又罷王覿，皆緣論及執政，而歲歲逐諫官、御史。伏望追寢罷覿之命。」

六月［癸卯］，劉安世言：「臣三次論奏胡宗愈操行污下，毁滅廉耻，誠不足以輔佐人主，參預國論，乞特行罷免。」

秋七月庚戌，日至酉初一刻，赤如赭。壬戌，詔：「應大臣奏舉舘職，並依條召試除授。其朝廷特除，不用此令。」先是，劉安世言：「祖宗定天下，首闢儒舘以育人材，處於英俊之地，而厲其名節。觀以古今之書，而開其聰明。近歲以來，寖輕其選。或緣世賞，或以軍功，或酬聚斂之能，或徇權貴之薦，未嘗較試，遂貼職名。」又言：「今陛下過聽臣言，追復舊制，而繼云其朝廷特除者不在此限，則是名爲更張，弊原尚在。欲乞自轉運使以上資序特除者，得不用此制。庶能塞僥倖之門〔二四〕，重館職之選。」

八月庚子〔二五〕，劉安世言：「臣伏見祖宗以來，執政大臣親戚子弟未嘗敢授内外華要之職。自王安石秉政以後，盡廢累聖之制，專用親黨，務快私意。在位之臣猶襲故態，子弟親戚布滿要津，此最當今大患也。願出此章遍示三省，俾不廢祖宗之法。」中書舍人曾肇言：「七月内批：錢珏特差勾當牛羊司。八月内批：劉言特添差勾當翰林司。臣伏見太皇太后陛下、皇帝陛下杜絕請謁，裁抑恩倖，而近日以來，頗有干求内降特與差遣者。竊恐僥倖之人轉相扳援，謹並録上仁宗朝緣内降戒飭詔書事迹凡八條，別爲一通，伏乞置之坐右，少助省覽。」

九月戊申，蘇軾言：「臣今日邇英進讀寶訓及太宗皇帝每見時和歲豐、雨雪應時輒喜不自勝，舉酒以屬群臣。又是日熒惑與日同度，太史奏言當旱，既而雨足歲豐。臣讀至此，因進言：水旱雖天意，然人君修德可以轉災爲福。」丁卯，上御集英殿，試賢良方正能直言極諫科謝悰，己巳〔二六〕，賜悰進士出身，除初等職官。劉安世言：「近見悰申尚書省辭免新命狀，乃云所有敕命未敢抵授。以祇爲抵，以受爲授。昔唐之省中有伏獵侍郎，爲嚴挺之所譏。而罷陛下初復制舉，豈容有抵授賢良乎？」

冬十月，御史翟思等言：「清心莫如省事，省事莫如省官。蓋事省則可以省吏，吏省則可以省禄，禄省則可以省費。以今天下之事，其煩簡多寡，蓋無以異於官制以前，然昔以一官治之者，今析之爲四五，昔以一吏主之者，今增而爲六七。願朝廷參考古制以救今弊。」

十一月[甲寅]，劉安世言：「屢見近臣連名薦士，多爲捷徑，容使躁求，人懷覬覦，何所不至。」詔自今臣寮特有薦舉，毋得列銜聞奏。

十二月甲午，鄆州州學教授周穜罷歸吏部。用劉安世、蘇軾言也。安世言：「伏見周穜上書，乞以故相王安石配享神宗皇帝。穜以疏遠微賤之臣，懷奸邪觀望之志，陵蔑公議，妄論典禮。伏望重行竄殛，以明好惡。」軾言：「臣忝備侍從，謬於知人，至引此人以污學校，謹自劾以待罪。」

閏十二月[癸卯朔]，詔頒元祐敕令格式。范鎮卒。甲辰，京西北路管押范鎮所定鑄成律十二[二七]、編鍾十二、鑄鍾一[二八]、尺一、斛一、響石爲編磬十二、特磬一，簫、笛、塤、篪、巢笙、和笙各二，較景祐中李照所定又下一律有奇[二九]，並書及圖法上進。詔送太常寺，令尚書禮部、太常寺參定以聞。詔范鎮與一子有官人陞一任差遣，製造人等第支賜。

詔下，鎮已卒。［庚戌］户部尚書韓忠彦、侍郎蘇轍韓宗道言：「本部近編成元祐會計録，大抵一歲天下所收錢、穀、金、銀、幣帛等物，未足以支一歲之出。臣等願明敕本部，隨事看詳，量加裁損。二聖以身率之，大臣以身先之，則誰不信伏。」貼黄：「頃降朝旨〔三〇〕，令本部裁減浮費，前後所減三十餘事，率皆浮費之小者，已約及二十餘萬貫。」詔户部取索應干財用，除諸班諸軍料錢衣粮賞給特支依舊外，其餘浮費並行裁省，節次以聞。御史中丞李常言：「先帝以人吏無禄，爲不足以責其廉，遂重其罰而禄之。向已命官覈實汰冗，請督責成書。」詔門下、中書後省疾速立法。甲寅，太皇太后詔曰：「吾今自以渺身率先天下，今後每遇聖節大禮生辰合得親屬恩澤，並四分減一。皇太后、太妃準此。」

己巳元祐四年春正月甲申，左司諫韓川爲集賢校理權發遣潁州〔三一〕。以數言胡宗愈不聽故也。己亥，詔罷回河及修減水河。

二月甲辰，司空同平章軍國事吕公著卒，贈太師、申國公，謚正獻。公著識慮深敏，量閎而學粹，苟便於國，不以私利害動其心。與人至誠，不事表襮，其好士樂善出於天性。士大夫有以人物爲意者，必問其所知與其所聞，相參覈以待上求。神宗嘗謂執政曰：「吕公著之於人才，其言不欺，如權衡之稱物。」上前議政事，盡誠去飾，博取衆人之善以爲善。至其所當守，毅然不可回奪也。壬戌，御邇英殿，召講讀官講尚書，讀寶訓。司馬康講洪範至乂用三德〔三〕，上問曰：「只此三德，爲更有德？」康對曰：「皋陶所陳有九德，如柔而立，剛而塞，强而毅之類是也。」先是，上恭默未言，起居舍人王巖叟喜聞德音，因欲風諫，退而上言：「陛下既能審而問之，必能體而行之。三德者，人君之大本，得之則治，失之則亂，不可須臾去者也。三數雖少，推而廣之，足以盡天下之要。陛下誠能用以修己安人，則堯舜三代之盛可坐致也。」己巳，知鄧州蔡確爲觀文殿大學士，餘如故。

三月甲戌，蘇頌等奏：撰進漢唐故事，分門增修。詔以「邇英要覽」爲名。〔戊寅〕劉安世言：「自去年四月以後，凡十八次疏論列胡宗愈罪狀，未睹施行。」又以狀申三省，乞將所奏請付外施行。己卯，尚書右丞胡宗愈爲資政殿學士、知陳州。詳定製造水運渾儀所奏：「宋以火德王天下，所造渾儀，其名水運，甚非吉兆。」詔以「元祐渾天儀象」爲名。〔乙酉〕劉安世言：「去冬迄春，雨雪愆期，夏苗將槁，秋種未布。伏望特罷宴樂，以示閔雨之意。」〔丁亥〕詔罷春宴。蘇軾爲龍圖閣學士、知杭州〔三〕。從軾請也。既踰月，軾言：「臣近以臂疾堅乞一郡，但謂朝廷哀憐衰疾，許從私便。及出朝參，乃聞近日臺官論奏臣罪狀甚多，而陛下不肯降出。伏望聖慈盡將臺諫官章疏降付有司，令盡理根治，所貴天下曉然知臣有罪無罪，不是陛下屈法庇臣，則雖死無所恨矣。夫君子之所重者，名節也，故有捨生取義、殺身成仁、可殺不可辱之語，而爵位利禄，蓋古者有志之士所謂鴻毛敝屣也，人臣知此輕重，然後可與事君父。」辛卯午時，有流星出自東北方，向西北方急流，至濁没〔三四〕。

夏四月癸卯，給事中趙君錫奏：「蘇軾乞外任，遂除杭州。軾之文追攀六經，蹈藉班馬，知無不言，故壬人畏憚，爲之銷縮。公論倚重，隱如長城。使之在朝，用其善言，則天下蒙福。聽其讜論，則聖心開益，行其詔令，則四方風動。伏望收還軾所除新命，復留禁林，仍侍經幄。」戊申，詔：「應進士不兼試詩賦人，許依舊法取應，於本經外增治一經，增試一場，論語孟子分兩場試。」壬子，先是，知漢陽軍吴處厚言：「蔡確昨謫安州，不自循省，包蓄怨心，作夏中登車蓋亭絶句十篇，内二篇譏訕尤甚。其詩云：『矯矯名臣郝甑山，忠言直節上元間。釣臺蕪没知何處，歎息思公俯碧灣。』右譏訕朝廷，情理切害。按唐郝處俊封甑山公，上元初，高宗多疾，欲遜位武后，處俊諫曰：『昔魏文帝著令，不許皇后臨朝，今陛下奈何欲身傳位天后乎？』由是事沮。臣竊以太皇太后垂簾聽政，蔡確不思於它，而思處俊，此其意何也？又云：『喧豗六月浩無津，行見沙洲束兩濱。如帶溪流何足道，沉沉滄海會揚塵。』言海會有揚塵時，人壽幾何，尤非佳語。滄海揚塵，事出葛洪神仙傳，此乃時運之大變，不知確吟詩託意如何。」詔令蔡確開具因依實封聞奏，乃令委知州錢景陽繳進蔡確元題詩本。戊午，禮部言：「經義詩賦進士聽習一經，第一場試本經義二道，論語或孟子義一道〔三五〕，第二場賦及律詩一首〔三六〕，第三場論一首，第四場子史時務策二道。經義進士並習兩經，以詩禮記周禮左氏春秋爲大經，周易書公羊穀梁儀禮爲中經〔三七〕。願習二大經者聽，即不得偏占兩中經。其治左氏春秋者，不得以公羊穀梁爲中經，第一場試本經義三道，論語義一道，第二場本經義三道，孟子義一道，餘如前，並以四場通定高下去留，不以人數多寡，各取五分，即零分及元額解一人者，聽取辭理優長之人。」從之。丙寅，詔兖州至聖文宣王廟置教授一員〔三八〕。

五月辛未，著作郎范祖禹爲右諫議大夫兼侍講。祖禹上言：「古先明王欲治天下，先正其本。在於人君一心而已。天下治亂出於君心，君心一正，則萬事無不正。若皇帝聖心曉然明於邪正是非，它日衆説不能惑，小人不能進，則萬事定矣。」癸酉，御史中丞李常爲兵部尚書，盛陶爲太常少卿，中書舍人曾肇爲給事中。常與陶皆坐不言蔡確也。右司諫吴安詩論肇教彭汝礪救確，而不自言，其奸乃過於汝礪。肇尋亦坐左遷。辛巳，詔蔡確責授左中散大夫、守光禄卿分司南京。丙戌，蔡確既責，梁燾、吴安詩、劉安世以爲責輕，傅堯俞、侍御史朱光庭相繼論列，范祖禹言：「確之罪惡，天下不容。伏乞處以典刑，重行竄謫。」獨范純仁、王存以爲不可，純仁上疏云：「陛下臨御以來，政化清明，如青天白日，無輕氛薄翳，道德純備如精金美玉，無纖瑕小疵。今以一蔡確之故，煩朝廷行稀闊之刑，天下久安，人所罕見，必生疑駭。」丁亥，詔蔡確責授英州別駕，新州安置。呂大防及劉摯等初以確母老，不欲令過嶺。太皇太后曰：「山可移，此州不可移。」大防等遂不敢言。純仁退謂大防曰：「此路荆棘七八十年矣，奈何開之，吾儕政恐亦不免耳。」李常罷新除兵部尚書，出知鄧州。坐不言蔡確，爲諫官所攻也。彭汝礪依前朝奉郎、知徐州〔三九〕。坐營救蔡確並不草確與盛陶等責詞，故黜之。曾肇爲寶文閣待制、知潁州。亦坐諫官有言也〔四〇〕。［丁酉］是日，詔丁憂人邢恕候服闋日，落直龍圖閣，降授承議郎、添差監永州在城鹽倉兼酒稅。

先是，恕自襄州移河陽，專抵鄧州見蔡確，相與謀日者所造定策事。及司馬康赴闕，恕特招康道河陽〔四一〕，因勸康作書稱確，爲它日全身保家之計。恕本意必得康書者，以謂司馬光之子云爾，則以恕出其父光門下，信之，作書如恕言。康與恕同年登科，又確定策事可取信於世。既而梁燾自潞州以左諫議召，恕亦要燾出河陽。既至，恕連日夜論確定策功不休，且以康與確書爲證。燾不悅。會吳處厚奏確詩，燾因是遂與劉安世等共請誅確。確既貶竄，恕亦坐責。康初欲從恕招，邵雍之子伯温謂康曰：「公休除喪，未見君不宜先見朋友。」康曰：「已諾之矣。」伯温曰：「恕傾巧，或以事要公休，公休若從之，則必爲異日之悔矣。」公休，康字也。及燾等論確、恕罪，亦指康書。詔令康分析，康乃悔之。梁燾言：「范純仁無愛君報國之誠，有挾邪朋奸之迹。近者蔡確怨望作詩，乃出死力以主張，文奸言以辨解。」劉安世言：「范純仁略無經國之志〔四二〕，惟有朋姦之心，顯助奸慝，極力救解。」吴安詩言：「王存亦嘗助純仁救蔡確，今純仁理當黜罷，王存亦不可獨免。」六月甲辰，宣制以范純仁依前官爲觀文殿學士、知潁昌府，王存爲端明殿學士、知蔡州。太皇太后曰：「諫官言純仁黨確，則恐不然，但所見偏繆耳。」又曰：「王存殊無執守，前日爲范純仁所目，便留身同救蔡確。」

邵伯温論曰：公卿大夫當知國體，以蔡確奸邪，投之死地何足惜。然嘗爲宰相，當以宰相待之。范忠宣公有文正公餘風，知國體者也。故欲薄確之罪。言既不用，退而行確詞命，然後求去。君子長者，仁人用心也。確死南荒，豈獨有傷國體哉。劉摯、梁燾、王巖叟、劉安世忠直有餘，然疾惡已甚，不知國體，以貽後日搢紳之禍，不能無過也〔四三〕。吴處厚，以前宰相詩爲譏謗，非所以厚風俗，罪之可也。蔡確，故大臣，不問以愧其心可也。朝廷當治確及其黨妄貪定策之功〔四四〕，使誣罔之迹曉然以詔天下後世，罪其造謀者可也，詩不當罪也。嗚呼，紹聖初，亦賢者可以有爲之時也，而用章惇之凶暴、蔡卞之奸邪，一時輕躁險薄之徒皆進。使宣仁被謗，哲宗致疑，離間骨肉，禍患幾五十年不解，卒致夷虜之亂〔四五〕。悲夫。

丙午，翰林學士許將爲尚書右丞，户部尚書韓忠彦爲尚書左丞，簽書樞密院事趙瞻爲同知樞密院事。蘇轍爲吏部侍郎，後三日改翰林學士。

秋七月乙亥，知樞密院事安燾以母喪去位。著作佐郎兼侍講司馬康言：「王者以民爲天，民以食爲天，乘今秋熟，令州縣廣糴民食，所餘悉歸於官。今冬來春，令飢民就食，俟鄉土豐穰乃還本土。」劉安世等言：「利民之法，無善於常平。伏望取今日已前應干常平敕令，專委户部刪爲一書。見在常平錢乘今秋豐稔之時，令五路糴粟。」范祖禹言：「若止以常平錢取糴，亦恐未廣。祖宗置内藏庫，本以備軍旅非常之用。仁宗嘗出錢一百萬以助常平糴本。」詔户部指揮諸路提刑司下豐熟州縣，依條量添錢廣行收糴。

八月壬寅，吏部言：「縣令罷任，委知州、通判考察課績，以德義、清謹、公平、勤恪爲四善，治事之最、勸課之最、撫養之最，分三等，及七事爲上，五爲中，餘爲下，次月申監司類聚，每半年一次同行審覆，若有能否尤著者，别爲優劣等。知州除太中大夫、觀察使以上及二京留守、安撫使、鈐轄不考察外，其餘並委監司依此考察。」從之。〔癸卯〕詔郡縣考課優等人，令三省考察任使。從梁燾請也。己未，詔輔臣分詣諸宫寺祈晴。

九月辛巳，大饗明堂，大赦天下。〔乙未〕劉安世言：「祖宗之朝，所以擇監司之意甚謹〔四六〕，嚴考績之制甚詳〔四七〕。嘗考唐六典，監察御史之職掌分察百僚，巡按郡縣，是御史非特糾尚書六司之過失，而亦按治諸路也。欲望以天下諸路分隸六察，間遣巡行，按其功罪。」

冬十月戊申，蘇轍奏神宗皇帝御製集九十卷。詔於寶文閣收藏。癸丑，上御邇英閣，召講讀官講三朝寶訓終，侍讀蘇頌等奏曰：「陛下勤求治道，仰法祖宗。臣等不能發明，上資聖鑒。」〔四八〕上遣内臣宣答曰：「祖宗治道，兹有本原，逮此終篇，悉資開發。」頌等稽首稱謝。

十一月壬申〔四九〕，給事中范祖禹言：「臣所領工房〔五〇〕，伏見朝廷應副修河司須索，功費漸大，枉費財力，有害無利。」因具河不可回之理二條，不可回及不必回之事二十條〔五一〕。先是，梁燾、劉安世進對延和殿，太皇太后令具可用臣僚姓名進入。於是，燾、安世共奏：「吏部尚書傅堯俞素有德行，衆人推服，凝重有守，得大臣體。翰林學士承旨蘇頌學問該博，練達典故。神宗朝任知制誥，以不草奸人李定爲御史詞，落職歸班，遂有重名。伏望聖慈早賜詢考。」〔五二〕癸未，孫固爲光禄大夫、知樞密院事，劉摯爲守門下侍郎，傅堯俞爲守中書侍郎。知杭州蘇軾言：「浙西艱食，無甚今歲。兩浙水鄉種麥絶少，深恐來年必有飢饉、盜賊之憂。轉運司上供額斛及補填舊欠共一百六十餘萬碩，乞且起一半或三分之二。」詔許留上供米三之一。由是米不翔貴。復得賜度牒百道，易米以救飢者。明年方春，即減半價糶常平米，又作饘粥、藥劑，活者甚衆。杭本江海之地，水泉鹹苦。唐刺史李泌始引西湖，作六井。及白居易復浚西湖，放水入運河，自河入田，所溉至千頃。然湖水多葑，至是，湖中葑田積二十五萬餘丈，而水無幾，而六井亦幾廢。軾始至，濬茆山、鹽橋二河，以茆山一河專受江潮，以鹽橋一河專受湖水，以餘力復治六井，民稍獲其利。軾曰：「若取葑田積之湖中爲長堤，以通南北，則葑田去而行者便矣。」乃取救荒之餘，復請於朝，得度牒以募役者。堤成，植芙蓉楊柳於其上，望之如畫圖，杭人名之蘇公堤。

十二月，劉安世言：「臣前月末聞權罷講筵，意謂將有燕享。今復半月，講臣久不得望清光。迺者民間喧傳禁中見求乳母，乃謂陛下稍疏先王之經典，浸近後庭之女寵。此聲流播，實損聖德。」先是，范祖禹上疏：「陛下未建中宮，而先近幸左右，好色伐性，傷於太早，有損聖德，不益聖體。」又上疏太皇太后：「外議籍籍，皆謂皇帝已近女色，後宮將有就館者。有識聞之，無不寒心。今聖心已有所知，雖不能防於未形，猶可以止其將然。俟中宮既建，然後漸廣繼嗣之路，則陛下亦可以不勞聖慮矣。」它日，呂大防奏事，太皇太后詰曰：「劉安世有文字，言禁中求乳母事。此非官家所要，乃先帝一二小公主尚須飲乳也。官家常在老身榻前閤内寢處，宜無此，可説與安世，令休入文字。」其後章惇爲宰相，上語惇曰：「元祐初太皇太后遣宫嬪在朕左右者凡二十人，皆年長，一日覺十人者非素使令，頃之十人至，十人還，復易十人去，其去而還者皆色慘沮，若嘗涕泣者。朕甚駭，不敢問，後乃知因劉安世等上疏，太皇太后詰之。」惇與蔡卞謀誣元祐大臣，嘗有廢立議，指安世、祖禹言爲根，二人遂得罪幾死。

校證

〔一〕劉與學士院知　李校於「知」前加「共」字，謂：原脱「共」字，據長編卷三九四補。汪按：再造本、文海本亦無「共」字，彭百川太平治迹統類卷二三元祐黨事始末作「令知」，根據不足，似不必補。

〔二〕進德次第　再造本、文海本同，長編卷三九七據二程集河南程氏文集卷六又上太皇太后疏改「進德」爲「進業」，可參。

〔三〕孫覽　再造本、文海本及徐松宋會要輯稿瑞異二之二一同，長編卷三九八作「孫覺」。

〔四〕各六人　原作「各二人」，據再造本、文海本、長編卷三九九、宋會要輯稿選舉二八之二一校改。

〔五〕各三人　原作「各二人」，再造本、文海本同，據長編卷三九九、宋會要輯稿選舉二八之二一校改。

〔六〕望還舜民舊職以盡其效　據長編卷三九九，此乃左司諫朱光庭所言，非梁燾言。

〔七〕乙巳　再造本、文海本、黄𤇿山谷年譜卷一九引實録同。宋史卷一七哲宗紀作「乙丑」。長編卷三九九作「己巳」又校曰：「元祐二年四月無『己巳』日，宋會要選舉三四之四，元祐二年四月十九日，以陳師道爲亳州司户參軍。十九日庚子，依本卷叙事順序，疑是。汪按：前一繫日爲甲辰，乙巳恰爲其次日，本書不誤，長編、宋史似誤。

〔八〕戊子　再造本、文海本同，長編卷四〇二作「戊申」。本書似誤。

〔九〕孫林　文海本同，再造本字殘，似「孫朴」，長編卷四〇三注文、錦繡萬花谷前集卷一一作「孫朴」，徐自明宋宰輔編年録卷一一作「孫抃」，孫朴爲此時期名人，多見記載，作「孫朴」近是，待詳考。

〔一〇〕市舶　原作「市船」，據再造本、文海本、長編卷四〇六校改。

〔一一〕仁宗時　「時」字原脱，再造本、文海本同，據長編卷四〇六、趙汝愚宋朝諸臣奏議卷六范祖禹上哲宗乞置無逸孝經圖、王應麟玉海卷五六皇祐邇英閣無逸圖補。

〔一二〕條叙梗概　再造本、文海本同，長編卷四〇七作「條具梗概」。

〔一三〕輪具　再造本、文海本、陳均皇朝編年綱目備要卷二二同，長編卷四〇七作「論具」，玉海卷五四元祐邇英要覽作「具」。

〔一四〕第降　再造本、文海本同，長編卷四〇八作「遞降」。

〔一五〕朝議中散正議光禄銀青光禄金紫光禄大夫　「朝議」原作「朝散」，又原脱「銀青光禄」，再造本、文海本同，今據長編卷四〇八、太平治迹統類卷三〇官制沿革、徐度卻掃編卷上、章如愚群書考索後集卷一九官制改「朝散」爲「朝議」，補「銀青光禄」。

〔一六〕爲二資　原脱「爲」字，再造本、文海本同，據長編卷四〇八、群書考索後集卷一九官制補。

〔一七〕應令　再造本、文海本同，長編卷四〇八作「應令」。

〔一八〕詩賦　再造本、文海本同，長編卷四〇八作「辭賦」。

〔一九〕不理選限　「理」原作「立」，據再造本、文海本、長編卷四〇八、宋史卷一五五選舉志、東坡全集卷五四論特奏名校改。

〔二〇〕協謀　原作「協訪」，據再造本、文海本、長編卷四〇八、宋朝諸臣奏議卷二二劉安世上哲宗乞出令必使大臣協謀門下封駁、劉安世盡言集卷一論命令數易校改。

〔二一〕徒爲審讀　原作「徒爲煩瀆」，據再造本、文海本及上引諸書校改。

〔二二〕忽時稱　再造本、文海本、皇朝編年綱目備要卷二二、太平治迹統類卷一八宣仁垂殿聖政、王鞏隨手雜録均同，惟長編卷四〇九作「每時稱」。

〔一三〕按長編卷四一〇繫癸丑於五月內，據此下文「五月」當移此前。

〔一四〕庶能　原作「度能」，再造本、文海本同，據長編卷四一二、宋史卷一五六選舉志、文獻通考卷三八選舉考校改。

〔一五〕庚子　李校：長編卷四一三事在本月辛丑。

〔一六〕己巳　原作單字「已」，再造本、文海本同，據長編卷四一四、太平治迹統類卷二六祖宗聖學校改。

〔一七〕京西北路管押　再造本、文海本同，此句似不文，長編卷四一九、玉海卷一〇五音樂均作「京西北路都監楊安道管押」，「都監楊安道」似不當省。

〔一八〕鑄鍾一　再造本、文海本同，長編卷四一九、玉海卷七律曆卷一〇五音樂均作「鎛鍾一」。

〔一九〕李照　原作「季照」，再造本、文海本同，據本書前文所述、長編卷四一九及上引玉海校改。

〔二〇〕頃降　原作「乞降」，再造本、文海本同，據上下文義及長編卷四一九、蘇轍欒城集卷四二乞裁損浮費劄子校改。

〔二一〕潁州　原作「隸州」，再造本、文海本同，據長編卷四二一、宋史卷三四七韓川傳校改。

〔二二〕乂用三德　「乂」原作「义」，據再造本、文海本、尚書洪範、長編卷四二二校改。

〔二三〕李校：「蘇軾」以下，長編卷四二四在本月丁亥。汪按：據長編，詔罷春宴已是丁亥日。

〔二四〕至濁没　再造本、文海本同，長編卷四二四作「入濁没」。

〔三五〕論語或孟子義一道　再造本、文海本、宋會要輯稿選舉三之五〇至五一、太平治迹統類卷二七祖宗科舉取人同，長編卷四二五作「論語孟子義各一道」，皇朝編年綱目備要卷二二作「論語及孟子義各一道」，宋史卷一五五選舉志作「語孟義各一道」。

〔三六〕賦及律詩一首　再造本、文海本及上引宋會要輯稿、皇朝編年綱目備要、太平治迹統類均同，長編卷四二五及上引宋史作「賦及律詩各一首」。

〔三七〕書……爲中經　「書」字原脱，再造本、文海本及上引太平治迹統類同，據長編卷四二五及上引宋會要輯稿、皇朝編年綱目備要、宋史補。

〔三八〕兖州　再造本、文海本同，長編卷四二五作「密州」。

〔三九〕朝奉郎　李校：原作「朝奏郎」，據文意改。汪按：再造本、文海本、長編卷四二七、太平治迹統類卷二三元祐黨事始末均作「朝奉郎」，應據改。

〔四〇〕有言　再造本、文海本同，長編卷四二七作「不言」。

〔四一〕特招　原作「特詔」，據再造本、文海本、長編卷四二八校改。

〔四二〕經國　再造本、文海本、盡言集卷一一彈奏范純仁王存事同，長編卷四二八作「愛國」，四庫本長編作「紹國」。

〔四三〕按：皇朝編年綱目備要卷二三、宋宰輔編年録卷九、呂中宋大事記講義卷一九引此文下有：「蓋君子小人相爲消長。能使君子在上，小人在下，君子在内，小人在外，各安其分足矣，豈可殺而絶之哉。」一句。

〔四四〕按同上引諸書此下均有「令同時執政各具立皇太子事」十二字。

〔四五〕夷虜　原作「邊境」，據再造本、文海本回改。

〔四六〕甚謹　再造本、文海本、長編卷四三三同，盡言集卷二論諸路監司乞著考課之法、歷代名臣奏議卷一七二作「甚慎」。

〔四七〕嚴考績之制甚詳　再造本、文海本同。「嚴」，長編卷四三三、宋朝諸臣奏議卷七二劉安世上哲宗乞著監司考課之法及上引盡言集、歷代名臣奏議均作「而」。「之制」，上引諸書略同，惟長編卷四三三作「之意」。

〔四八〕聖鑒　再造本、文海本同，長編卷四三四、太平治迹統類卷二六祖宗聖學作「聖覽」。

〔四九〕十一月　李校：原作「十二月」，據長編卷四三五改。汪按：再造本、文海本亦作「十一月」，不誤。

〔五〇〕所領　原作「今領」，再造本、文海本同，據長編卷四三五、杜大珪名臣碑傳琬琰之集下卷一九范直講祖禹傳、范祖禹范太史集卷一七乞罷河役狀、歷代名臣奏議卷二五一校改。

〔五一〕不可回及不必回之事　再造本、文海本同，長編卷四三五作「及不須回之事」，上引范太史集作「河不可回及不須回之事」。

〔五二〕早賜　再造本、文海本同，長編卷四三五、盡言集卷一一薦傅堯俞蘇頌可任大事均作「更賜」。

宋史全文卷十三下

宋哲宗三

庚午元祐五年春正月乙酉，范祖禹言：「臣聞報國之忠，莫如薦賢。今有劄子四道：其一曰經筵闕官，宜得老成之人。韓維風節素高，奸邪畏之，若召維以經筵之職，物論必大以爲愜。其二曰蘇頌近乞致仕。頌博文强識，詳練國朝典，故陛下左右宜得殫見洽聞之士，以備顧問。其三曰蘇軾文章爲時所宗，名重海内，忠義許國，遇事敢言。如軾者豈宜使之久去朝廷。其四曰趙君錫孝行書於英宗皇帝實録，輔導人君，宜莫如孝。給事中鄭穆舘閣耆儒，操守純正。中書舍人鄭雍謹静端潔，言行不妄。此三人者皆宜置左右，備講讀之職。」

二月丁酉〔一〕，詔：「去冬愆雪，今未得雨，宜權罷修黄河。」從梁燾、朱光庭之言也。初，范純仁既罷相、知潁昌，聞朝廷復議修河，上疏曰：「自王安石輕信小人之言，勸先皇更改法令，而後乘間妄作者紛然〔二〕。其勸更法令者則曰：君臣千載一遇，時不可失。

及勸興靈武之師者復曰：將爲北虜所併〔三〕，時不可失。又見欲回復大河者又曰：河勢方更〔四〕，恐變改不定。范百禄、趙君錫相度歸，陳回河之害甚明，三兩月來，卻聞復興回河之役。更望聖慈再下有司，若利多害少，尚覬徐圖，苟利少害多，尤宜安静。」疏奏，主河議者不悦，遂寢而不行。後十餘日，太皇太后宣諭曰：「前日范純仁奏何在？」宰臣奏曰：「事體難從，已鑿改矣。」〔五〕太皇太后曰：「純仁之言有理，宜從其請。」遂又罷河役。壬寅，邇英閣講畢無逸篇，詔詳録所講義以進，今後具講義次日别進。癸卯，詔：「時雨稍愆，應五嶽四瀆州軍，令長吏祈禱。」庚戌，潞國公文彦博爲守太師、開府儀同三司、護國軍山南西道節度使致仕。

三月丙寅朔，同知樞密院事趙瞻卒。壬申，左丞韓忠彦同知樞密院事，蘇頌爲右光禄大夫、守尚書左丞。己卯，鄧温伯爲翰林學士承旨〔六〕。王巖叟封還詞頭，詔以次舍人鄭雍撰詞。既而給事中鄭穆再封還告命，不聽。巖叟竟徙官。范百禄兼侍讀。百禄言：「分别邪正，自古所難，唯察言觀行，考其事實。如導人主以聽納則爲公正，導人主以拒諫則爲奸邪。導人主以德義則爲公正，導人主以功利則爲奸邪。導人主以恭儉則爲公正，導人主以驕侈則爲奸邪。導人主以息兵則爲公正，導人主以用兵則爲奸邪。導人主以安民則爲公正，導人主以勞民則爲奸邪。導人主以進君子則爲公正，導人主以近小人則爲奸邪。推此事類以觀人情，則邪正分而聰明無惑矣。」辛卯，楊畏爲監察御史。劉安世、朱光庭言：「御史闕員，屢詔近臣俾舉所知。楊畏不係所舉之士，未審朝廷何名除授。」甲午〔七〕，梁燾言：「竊聞尚書省人吏任永壽等四人，連黨爲私，濫冒恩典。竊以左右司之職掌，付十有二司之事。近者人吏違條冒賞，事由都司而後下，曾無舉正，罪孰甚焉。今若置而不問，何以儆飭慢官。竊恐諸司綱紀寖以不舉。」又言〔八〕：「臣近論奏尚書省都司，壞陛下之法，廢陛下之令，使法制不專於人主，詔令不信於朝廷，罪惡顯明，中外憤鬱。若不明行典憲，何以肅正紀綱。都司者，所以按覈六曹二十四司之稽違，都司廢法，則六曹廢法，六曹廢法，則百司廢法，百司廢法，則四方郡縣不守法，上下如此，何以爲國乎。」

夏四月甲辰，宰臣呂大防等爲時雨不足，乞罷免職任。詔答不允。〔丙辰〕蘇轍言：「去冬無雪，今歲春夏時雨絶少。二麥不收，秋種不入〔九〕，旱勢闊遠，歲事可慮。」〔丁巳〕詔：「自今月二十三日後減常饍，不御前殿，及將來五月一日罷文德殿視朝。朕上奉東朝，深愧常珍之日闕，下臨庶政〔一〇〕，猶冀嘉言之上聞。」

五月壬申，雨。詔差役法内有未備事，令王巖叟、韓川與劉安世同看詳，具利害以聞。先是，安世言：「治平之前，天下户口一千二百七十餘萬，而舊法役人五十三萬六千餘人。元豐之後，户口一千八百三十五萬九千有奇，較之治平已增五百六十餘萬，而新定役人止差四十二萬九千餘人〔二〕，比之舊法卻減十萬七千之額，以爲輪差不足，亦已過矣。願陛下特奮乾剛，力主差役，深詔執政，固守初議，毋使輕徇浮言，妄有變易。」庚寅，梁燾權户部尚書，劉安世爲中書舍人。燾、安世並以乞罷鄧温伯承旨除命不從，辭所遷官不拜。［是月］范祖禹留對言：「慶曆元年七月，出御製觀文鑒古圖記以示輔臣。皇祐元年，召近臣三館、臺諫官及宗室觀三朝訓鑒圖。仁宗皇帝講學之外，爲圖鑒古，不忘箴儆。又圖寫三朝事迹，欲子孫知祖宗之功烈。臣願陛下以永日觀書之暇，間覽此圖，亦好學不倦之一端也。」

六月丁酉，司馬康爲左司諫。［辛丑］上官均爲殿中侍御史。［乙卯］蘇轍言：「臣竊觀元祐以來，朝廷改更弊事，屏逐群枉。經今五年，中外帖然。惟奸邪失職，窺伺便利，規求復進，動摇貴近。臣愚切深憂之。若陛下不察其實，大臣惑其邪説，雜進於朝，則冰炭同處，必至交争，薰蕕共器，久當遺臭，朝廷之患自此始矣。」時宰相吕大防與中書侍郎劉摯建言，欲引用元豐黨人以平舊怨，謂之調停，太皇太后頗惑之。故轍言此，退復上疏曰：「若使邪正並進，皆得與聞國事，此治亂之機，而朝廷所以安危者也。泰之爲象，三陽在内。君子既得其位，可以有爲，小人奠居於外，安而無怨。方泰之時，若君子能保其位，外安小人，使無失其所，天下之安未有艾也。惟恐君子得位，因勢陵暴，小人使之在外而不安，則勢將必至反覆。故泰之九三，則曰：無平不陂，無往不復。聖人所以誨人者至矣。獨未聞以小人在外，憂而不悅〔一二〕，而引之於内以自遺患者也。」疏奏，太皇太后命宰執於簾前讀之，仍宣諭曰：「蘇轍疑吾君臣遂兼用邪正，其言極中理。」宰執從而和之，自此兼用邪正之説始衰。［是月］始中書門下後省準詔同詳定六曹條例，元豐所定吏額，主者苟悦群吏，比舊額幾數倍，朝廷患之，命量事裁減。已再上再卻，吏有白中孚者，告蘇轍曰：「吏額不難定也〔一三〕。今左選事不加舊，而用吏數倍者，昔無重法重禄，吏通賄賂，則不欲人多以分所入。今行重法、給重禄，賄賂比舊爲少，則不忌人多而幸於少事。今誠抽取逐司兩月事〔一四〕，定其分數，若比舊不加多，則吏額多少之限無所逃矣。」轍以中孚之言爲然，乃具以白執政，請據實立額，俟吏之年滿轉出或事故死亡者，不補填及額而止。如此不過十年，自當消盡。執政以爲然，遂申尚書省。後數月，諸司所供文字皆足，因裁損成書以申三省。左僕射吕大防得其書，大喜，欲此事必由己出，别將詳定。任永壽本非三省吏也，爲人精悍而猾，嘗預知元豐吏額事，獨能言其曲折，大防悦之，即於尚書省創立吏額房，使永壽與吏數輩典之〔一五〕，凡奏上行下，皆大防自專，不復經由兩省。一日内降畫可二狀付中書，其一吏額也。省吏白中書侍郎劉摯，請封送尚書省。永壽見録黄愕然曰：「兩省初不與，乃有此耶。」即禀大防，乞兩省各選吏赴局同領其事。大防具以語摯，摯曰：「中書行録黄，法也，豈有意與吏爲道地。今乃使就都省分功，何也。」吏額事尋畢，永壽等推恩有差。永壽急於功利，勸大防即以立額日裁損吏員，仍以私所好惡變易諸吏局次，吏被排斥者紛然詣御史臺訴不平。臺官因言永壽等冒賞徇私，不可不懲。諫官繼以爲言。永壽等既逐，而吏訴額禄事終未能決。蘇轍時爲中丞，具言後省所詳定皆人情所便，行之甚易，而吏額房所改皆人情所不便，極難守。且大信不可失，宜速命有司改從其易，以安群吏之志。大防知衆不伏，徐使都司再加詳定，大略如轍前議行之。

八月癸巳朔，劉摯之爲中書侍郎，初以吏額房事與吕大防議稍不合，士大夫趨利者交鬬其間，謂大防與摯因是有隙，於是造爲朋黨之論。及摯遷右僕射，與大防同列，言事者詆摯，摯尋罷，朋黨之論不可破，其本蓋自吏額始。癸卯，劉摯言：「昨鄧温伯除翰林承旨，人言交興，以至罷三四臺諫。今來温伯久已就職，梁燾等已别與差遣，理合寧帖，然而中外人情依舊未安，蓋緣昨來言者説破，温伯實王安石黨人，故進退之際，朋類甚衆。才見温伯就職，便謂朝廷有意動摇政事。見燾等罷言職，便謂疏薄諫諍。温伯雖别無罪狀，而其進退之間，所繫亦不爲小。陛下何惜一暫輟温伯〔一六〕，選一名郡委任温伯。温伯既動，則衆人自安。衆人既定，則温伯便可復召。則兩皆無嫌，各得安處。」右正言劉唐老言：「伏睹大學一篇，論入德之序，願詔經筵之臣訓釋此書上進，庶於清閒之燕以備觀覽。」〔一七〕從之。庚戌，梁燾、朱光庭累乞外任，劉安世乞宫觀。詔以燾知鄭州，光庭知同州，安世崇福宫。初除安世中書舍人，安世言：「臣論列温伯，至於累章，卒不能回，是爲失職。更被褒遷，得罪清議。」安世固不受。於是安世與梁燾、朱光庭同出。燾、光庭所以乞外，皆爲鄧温伯故也。〔庚申〕給事中兼侍講范祖禹上帝學八篇。

九月壬午，御邇英閣，召講讀官讀書〔一八〕，講寶訓，宰臣、執政、講讀、記注官各賜御書詩一首〔一九〕，上親書姓名於其後。

冬十月癸巳，詔罷都提舉修河司。是日，詔導河水入汴。己酉，徐君平、虞策並爲監察御史。蘇轍、鄧温伯薦也

辛未元祐六年春正月己巳，命翰林學士兼侍講范百禄權知貢舉，顧臨、孔武仲同權知貢舉。

二月辛卯，劉摯守尚書右僕射兼中書侍郎，權知開封府王巖叟充樞密直學士、簽書樞密院事。癸巳，御史中丞蘇轍爲中大夫、守尚書右丞，吏部尚書蘇軾爲翰林學士承

旨。尋有詔復召朱光庭爲給事中，劉安世爲中書舍人，及除蘇軾吏部尚書〔二〇〕。丁未，左司諫楊康國奏：「臣累彈蘇轍不可爲執政，陛下以轍兄弟並有文學，豈不知王安石、章惇、吕惠卿、蔡確亦有文學乎。轍兄弟比王安石則不及，當與章惇、蔡確、吕惠卿相上下，其所爲美麗浮侈艷歌小詞則並過之，雖轍亦不逮其兄矣。」辛亥，王巖叟奏事罷，留身曲謝。巖叟曰：「陛下聽政以來，納諫從善。凡所改更，務合人心，願每於用人之際，更加審察。」太皇太后曰：「卿更説與官家。」因少進而西曰〔二一〕：「陛下今日進聖學者，正爲要理會邪正兩字。正人在朝則朝廷安〔二二〕，人君無過舉，天下有平治之理。邪人一進〔二三〕，朝廷便有不安之象。」太皇太后甚然之。又進曰：「或聞曾有以君子小人參用之説以告陛下，果然如此，乃誤陛下之言，不可聽。君子小人無參用之理。」

三月庚申朔，御邇英閣，吕大防奏仁宗所書三十六事，請令圖寫置坐隅。從之。癸亥，進神宗皇帝實録，上東嚮再拜然後開編。吕大防於簾前披讀，未久，簾中慟哭，止讀令進。壬午，御集英殿，賜進士馬涓以下及第〔二四〕，總六百有二人。癸未，賜武舉進士賈君文等二十三人。[乙酉]賈易爲侍御史。[丁亥]安鼎爲監察御史，姚勔爲右正言。中書舍人韓川言：「新除黃庭堅所爲輕翾浮艷，素無士行。」詔庭堅行著作佐郎。

夏四月辛卯，詔罷今歲幸金明池、瓊林苑〔二五〕。先是，吕大防請爲賞花釣魚之會，有詔用三月二十六日，而連陰不解。太皇太后諭旨，天意不順，宜罷宴，衆皆竦服。壬辰，呂大防、劉摯奏：「危竿論一事〔二六〕，在三十六事之前，注釋失仁宗旨意。蓋聖意以爲人君居至高至危之地，須用正直之人，譬如危竿，須用正直之木。古人謂邪蒿人君不可食，食之固無害，以其名不正。況邪佞小人乎？」乙未，詔復置通禮科。辛亥，禮部言：「每歲宴賞，共合用羊乳房約四百五十餘斤，請依羊羔例罷供，以它物代。」從之。癸丑，楊畏爲殿中侍御史。從中丞趙君錫舉也。王巖叟移簡詰劉摯，摯不從。或曰：畏初善摯，後呂大防亦善之，時大防與摯各有異意，皆欲得畏爲助，君錫薦畏，實摯風旨也。然畏卒助大防擊摯云。〔丙辰〕太皇太后諭三省曰：「五月日食，可降詔罷朝會。」

五月己未朔，太史言食二分，不及元奏分數。

秋七月〔己未〕，侍御史賈易言：「臣竊以天下大勢，可畏者有五〔二七〕，而旱乾水溢、日星謫見不與焉。一曰上下相蒙而毁譽不以其真，二曰政事苟且而官人不任其責，三曰經費不充而生財不得其道，四曰人才廢缺而教養不以其方，五曰刑賞失中而人心不知所向。」己巳，蘇軾言：「浙西諸郡二年災傷，而今歲大水，蘇、湖、常三郡水通爲一，杭州死者五十餘萬，蘇州三十萬。」〔二八〕賈易等疏論浙西災傷不實，乞行考驗。詔用其說。范祖禹封還録黃，奏曰：「德宗貞元中，江淮大水，陸贄請遣使賑恤，帝曰：『聞所損殊少。』

贊曰：『所費者財用，所收者人心。』憲宗元和中，南方旱飢，遣使賑恤。帝戒之曰：『朕宮中用帛一匹，皆籍其數，惟賙救百姓，則不計費。卿輩當體此意。』七年，又謂宰相曰：『卿輩屢言淮浙去歲水旱，近有御史自彼還，言不至爲害。』李絳對曰：『此蓋御史欲爲姦諛，以悦上意爾。』帝曰：『卿言是也。』命速蠲其租賦。夫奏災傷分數過實，賑濟用物稍廣，此乃過之小者，正當闊略不問，以救人命。若因此懲責一人，則自今官司必以爲戒，將坐視百姓之死而不救矣。給散無法，枉費官廩，賑救不及貧弱，出糶反利兼并，此乃監司使者之事，朝廷亦難遥爲處畫也。今所言伏乞更不施行。」從之。乙酉，蘇軾言：「賈易欲求臣罪，只如浙西水灾，臣累次論奏，蒙採納施行，而易扇摇安鼎、楊畏，以爲回邪之人眩惑朝廷，乞加考驗，治其尤者。若非范祖禹、鄭雍、姚勔因公論奏，則行下其言，浙中官吏承望風旨，不敢實奏灾傷，則億萬性命流亡，盜賊意外之患何所不至。」

〔八月己丑〕賈易言〔二九〕：「蘇轍厚貌深情，險於山川，詖言殄行，甚於蛇豕者。因與兄軾誹謗先帝放斥於外。其兄軾既立異以背先帝，尚蒙恩宥，全其首領，先帝厭代，軾則作詩自慶曰：『山寺歸來聞好語〔三〇〕，野花啼鳥亦忻然。』後於策題又形譏毁。言者固嘗論之。及作吕大防制，尤加悖慢，其辭曰：『民亦勞止，庶臻康靖之期。』識者聞之，爲軾股慄。先朝行免役，則以差役爲良法。及陛下復行差法，則以免役爲便民。其在杭州，務以暴横立威，故决配税户顔章兄弟。累年灾傷不過一二分，軾則張大其言，以甚於熙寧七八年之患。又嘗建言以興修水利者，皆爲虚妄無實，而自爲奏請浚治西湖，虐使捍江廂卒築爲長堤於湖中，以事遊觀。於公私並無利害。」易以戊子朔奏疏，又有别疏。［辛卯］宰臣執政進呈，具言易疏前後異同之語，並簽貼元疏進入，退復具奏曰：「臣竊知易乃王安禮所善，安禮以十科薦之，今群失職之人皆在江淮，易實江淮之士，來自東南。今日之疏不惟摇動朝廷政事，亦陰以申群怨之憤。」乃詔與易外任。後三日，以本官知壽州。壬辰，蘇軾知潁州。先是，御史中丞趙君錫言：「先帝上仙，軾作詩喜幸，乞正典刑。」賈易相繼言之，於是蘇軾言：「近因弟轍與臣言賈易等論浙西灾傷，乞考驗虚實，因問弟轍云：『汝既備位執政，因何行此文字？』轍云：『此事衆人心知其非，然臺官文字自來不敢不行。』又王遹亦來見臣，云有少事謁中丞。臣知遹與君錫親，因令傳語君錫，大略云：臺諫、給事中互論灾傷，公爲中丞，坐視一方生靈陷於溝壑，無一言乎？不謂觸忤君錫，遂至於此。」（八月）乙未，趙君錫爲吏部侍郎。賈易初論蘇軾題詩怨謗，君錫亦相繼論軾，太皇太后不悦，諭三省曰：「君錫全無執守。」韓忠彦問：「趙君錫、賈易罷，豈非爲言蘇軾否？」曰：「是也。先帝三月上仙，軾五月題詩，云軾别有意似此，使人何可當也！」［辛丑］鄭雍爲御史中丞。［癸卯］右正言姚勔爲左正言，監察御史虞策爲右正言。甲寅，宰臣吕大防言：「近講筵官奏乞修邇英記注，如仁宗朝故事，已有旨施行。今史院有邇英、延義二閣記注十餘卷，具載仁宗與講讀官議論，欲寫一本進入，以備聖覽。」上可之。詔别寫一本送資善堂。王巖叟言：「秋氣已涼，陛下閒燕之中，足以留意經史。舜雞鳴而起，大禹惜寸陰，願以舜、禹爲法。」上曰：「朕在禁中常觀書不廢也。」上問：「巖叟從誰學？」對曰：「從河東甯智先生學。後隨仕四方無常師。」上問：「因甚識韓琦？」對曰：「因隨侍閒居北門始識之，遂薦辟學官，又辟幕府，又隨之居相三年至其葬乃去。琦嘗教臣以事君之道，前不希寵，後不畏死，左右無所避，中間惟有誠意而已。臣佩以終身。」上稱歎久之。又嘗因對論取士，對曰：「天下非無材，取之不遠、採之不博耳。所遷所擢止於已用者數人而已，故朝廷有乏材之患，搢紳有沉滯之歎。且如天下郡守縣令最可以見治狀，每歲使本道監司舉一二性行端良、治狀優異者，朝廷召而用之，則人思自奮矣。」上曰：「甚好。」上問：「治道何先？」對曰：「在上下之情交通而無壅蔽之患。上下之情所以通，由舉仁者而用之。仁者之心，上不忍欺其君，下不忍欺其民。故君有恩意，推而達於下，民有疾苦，告而達其上，不以一身自便爲心。」上曰：「安知仁人而舉之？」對曰：「巧言令色鮮矣仁，剛毅木訥近仁。」上頷之。

九月癸巳，御集英殿，試制科舉人。

冬十月丙寅，邇英讀寶訓，至節費，王巖叟曰：「大凡節用，須每事以節省爲意，則積日累月，國用自然有餘。」上曰：「然。」庚午，幸國子監，詣至聖文宣王殿行釋奠禮，一獻再拜。幸太學，國子祭酒豐稷講尚書無逸終篇，遂幸昭烈武成王廟，肅揖禮畢還内。先是，范百禄轉對，請視學，故有是舉。或謂吕大防曰：「祖宗視學，非有爵命之賞，則有金帛之賜。」大防曰：「古者天子視學蓋常事也。吾固欲天子時一幸，金爵之賚，後日何可繼也。」聞者乃服。癸酉，鄭雍、楊畏對甚久，論右僕射劉摯及右丞蘇轍也。雍具摯黨人姓名：王巖叟、劉安世、韓川、朱光庭、趙君錫、梁燾、孫升、王覿、曾肇、賈易、楊康國、安鼎、張舜民、田子諒、葉伸、趙挺之、盛陶、龔原、劉槪、楊國寶、杜純、杜紘、詹適、孫諤、朱京、馬傳慶、錢世雄、孫路、王子韶、吴立禮，凡三十人。姚勔八奏〔三〕，並言摯朋黨不公，虞策四奏言摯親戚趙仁恕、王鞏犯法施行不當。甲戌，劉摯、蘇轍以王鞏坐罪。摯與鞏爲姻家，轍薦鞏，皆自劾，乞正典刑。詔答不允。〔庚辰〕王巖叟奏：「劉摯以人言避位，今朝廷清明，天下安静，一時戮力盡忠之臣，摯居其最。豈可因一二偏詞輕示遐棄，安知其間無朋邪挾私而陰與群奸爲地者。」不報。太皇太后獨遣中使賜蘇轍詔，諭令早入省供職。辛巳，上諭吕大防曰：「論劉摯者已十八章。乃邢恕過京師，摯與通簡，又延接章惇之子，牢籠爲它日計。」初，邢恕赴貶所，舟行過京師，摯與恕故相善，因以簡別摯。摯答簡，其末云：「爲國自愛，以俟休復。」監東排岸官茹東濟數有求於摯，弗得，怨之，亟取摯簡，録其本送鄭雍、楊畏，二人者方彈劾摯，乃解釋簡語，以休復爲復子明辟之復，謂摯勸恕俟太皇太后它日復辟也。又言摯嘗館章惇之子於府第。故太皇太后怒。癸未，王巖叟言：「臣之區區，不爲一劉摯、蘇轍，爲陛下惜腹心之人耳。」宣諭曰：「樞密之言是也，固亦不深罪摯，爲摯垂簾之初有功。」巖叟曰：「言事官未必皆忠直，臣聞楊畏乃呂惠卿面上人，但欲去除陛下腹心之人，便是與姦邪開道路耳。」

十一月乙酉朔，劉摯爲觀文殿學士、知鄆州。麻制以從摯所乞爲辭。壬辰，給事中朱光庭知亳州。初，劉摯罷相，麻制光庭封還，言：「摯有功大臣，不當無名而去。言者若指臣爲朋黨，願被斥逐不辭。」於是光庭與摯相繼俱罷。詔新曆以元祐觀天曆爲名。辛丑，守中書侍郎傅堯俞卒。太皇太后謂執政曰：「堯俞清直人。」又曰：「金玉人也。可惜不至宰相。」司馬光嘗謂邵雍曰：「清、直、勇三德，人所難兼，吾於欽之畏焉。」雍曰：「欽之清而不耀，直而不激，勇而能溫，尤爲難矣。」時以雍之言爲然。己酉，董敦逸、黃慶基並爲監察御史。

十二月戊辰，是夕，開封府火。［壬申］呂大防言：「聞有客星在昴、畢間。」王巖叟曰：「天道遠，不可知變見果爲何事，但朝廷每事修省，天道自當順應。」太皇太后曰：「天道安敢忽，更在執政大臣同修政事。」

壬申元祐七年春二月乙丑，詔編修樞密院條例官就編修經武要略。

三月甲申朔，侍讀顧臨讀仁宗寶訓，至鈔法事，吕大防奏曰：「自鈔法之行，一則人户無科買之擾，二則商旅無折閲之弊，三則邊儲無不足之患，四則物貨無般輂之勞，五則運鹽減脚乘之費，實於官私爲利。」上甚善之。王巖叟奏曰：「陛下宫中何以消日？」上曰：「並無所好，惟是觀書。」巖叟曰：「大抵聖學要在專勤，屏去它事，則可謂之專。久而不倦，則可謂之勤。如此天下幸甚。」丁亥，三省進呈程頤服闋，欲除館職，判登聞鼓院。太皇太后不許，乃以爲直祕閣、判西京國子監。初，頤在經筵，歸其問者甚衆〔三〕，而蘇軾在翰林，亦多附之者，遂有洛黨、蜀黨之論。二黨道不同，互相非毁，頤竟罷去。及進呈除目，蘇轍遽曰：「頤入朝，恐不肯静。」太皇太后納其言，故頤不復得召。

講義曰：嘗謂自古朋黨多矣，未有若元祐之黨爲難辨也。蓋以小人而攻君子，此其黨易辨也。以君子而攻小人，此其黨亦易辨也。惟以君子而攻君子，則辨之也難。且我朝寇、丁之黨，爲寇者皆君子，爲丁者皆小人。吕、范之黨，爲范者皆君子，爲吕者皆小人。其在一時雖未易辨也，詳觀而熟察之，亦不難辨也。而元祐之所謂黨者何人哉？程曰洛黨，蘇曰蜀黨，而劉曰朔黨，彼皆君子也，而互相排軋，此小人得以有辭於君子也。程明道謂新法之行，吾黨有過，愚謂紹聖之禍，吾黨亦有過。然熙寧君子之過小，元祐君子之過大。熙寧之争新法猶出於公，元祐之自爲黨皆出於私也。

范祖禹言：「臣掌國史，伏睹仁宗皇帝在位四十二年，豐功盛德，固不可得而名言，所可見者其事有五：畏天，愛民，奉宗廟，好學，聽諫。仁宗行此五者於天下，所以爲仁也。臣願陛下深留聖思，法象祖宗。」又言：「臣觀仁宗每因事示人好惡。皇祐中，楊安國講『直哉史魚，邦有道如矢，邦無道如矢。君子哉，蘧伯玉。邦有道則仕，邦無道則可卷而懷之。』仁宗曰：『蘧伯玉信君子矣，然不若史魚之直。』由是天下知仁宗好直不好佞。此聖人之大德也。如此之類，臣願陛下以仁宗爲法。」上然之。先是，六年十一月辛亥，客星出參宿度中，犯厠。太史言主有暴兵、米貴，晉分兵灾。壬子，犯九游星〔三三〕。十二月癸酉，行入奎宿度中，太史言主邊兵動。今年正月，隨天運行，入濁不見。至是月辛亥，在奎宿度中，消伏〔三四〕。

夏四月，臣寮上言〔三五〕：「科場限字條制，已得旨：策過二分更不降等。而賦論經義未蒙指揮。往時開封舉人路授倡爲長賦幾千言，得張方平擯斥，而其文遂正。嘉祐初，劉幾輩善爲怪僻句，得歐陽脩革去，而其風復雅。但繫主司之風化耳。今朝廷立法不問其文之澆淳，而校其字之多寡，責其不及，猶有勸懲，禁其多文，殊無義理。」詔：「賦論過二分並不降等。其經義文理優長者準此。」范祖禹言：「王存端立厚重〔三六〕，素有人望。蘇軾文章爲天下第一，但忌嫉者多。趙彦若博學多文〔三七〕，詳練故事。鄭雍自居言職，風望愈高。今講讀官有闕，此四人者實允衆論。程頤本末別具論列。孔武仲學問該洽，講説明白。吕希哲是司空公著之子，公著嘗言此子不欺闇室，其人經術履行識者皆謂可備勸講。吕大臨是大防之弟，修身好學，行如古人。吴師仁自爲布衣，以行誼稱於士大夫。」又奏：「程頤經術行誼天下共知，司馬光、吕公著與頤相知二十餘年，然後舉之。此二人者非爲欺罔以誤聖聽也。頤草茅之人，一旦入朝，未習朝廷事體，迂疏則固有之。又謂頤欲以故舊傾大臣，以意氣役臺諫，其言皆誣罔非實。若復召頤勸講，必有補聖明。臣雖終老在外，無所憾矣。」時祖禹屢請知梓州，執政擬從其請。太皇太后曰：「皇帝未欲令去，且爲皇帝留之。」執政諭旨，祖禹乃不敢復請。

五月〔甲申〕，董敦逸言：「程頤怨躁輕狂，惑衆慢上。」丙戌，詔程頤許辭免直秘閣，差管勾崇福宫。頤表言請歸田里，詔不許。既有崇福之命，頤但稱疾不拜，假滿百日，亟尋醫，訖不就職。丙午，王巖叟爲端明殿學士、知鄭州。以楊畏言：「巖叟天資至險，彊愎循情，父子豫政，貨賂公行。」黄慶基言：「巖叟廢法徇私，彊狠自用。父荀龍、子横交通貨賄，竊弄威福。」〔三八〕而巖叟遂稱疾，章再上，故有是命。

六月癸丑朔，詔：「淮南東西、兩浙路諸般逋負，不問新舊、有無官本，並特與權住催理一年。」從蘇軾之言也。辛酉，吕大防爲右光禄大夫，蘇頌守尚書右僕射兼中書侍郎，蘇轍守門下侍郎，韓忠彦知樞密院事，范百禄守中書侍郎，翰林學士梁燾守尚書左丞，御史中丞鄭雍爲尚書右丞，權户部尚書劉奉世簽書樞密院事。戊辰，李之純爲御史中丞。〔甲戌〕楊畏爲侍御史。

〔八月乙丑〕詔太廟復用牙盤食。壬申，御邇英閣，侍讀顧臨讀寶訓，至王沿論引漳水灌溉，王軫以爲不可，讀畢，上問顧臨曰：「沿、軫所論孰長，是何説可行？」臨曰：「沿説可行。」它日，右僕射吕大防進曰：「臣側聞顧臨讀寶訓引漳河灌溉事，臣謂大抵河渠利害最爲難明。如本朝黄河持議者有三説：一曰回河，二曰塞河，三曰分水。本朝有二股河分流水勢，粗免河患。後因閉塞，一股併入，一股合流，遂至決溢。分水之利從可知矣。今爲四堤二河分減水勢，實爲大利。」

九月〔戊子〕，先是，詔議郊祀典禮。顧臨、范祖禹等八人議請合祭天地，范純禮、彭汝礪、范子奇、曾肇、王覿、豐稷、〔韓宗道、〕劉安世、孔武仲、陳軒、歐陽棐、韓治等二十二人議南郊合祭天地不見於經〔三九〕。太皇太后曰：「宜依仁宗先帝故事。皇帝即位以來，未曾親祀天地，今且合祭，宜有名者。」大防等曰：「今蒙聖諭，正如衆議，欲依此令學士院降詔。」

冬十月庚戌，朔，環州地再震。戊午，來之邵爲監察御史。

十一月癸巳，冬至，合祭天地於圜丘，以太祖配。禮畢，終日和燠，翼日風寒相屬，時雪如期。

十二月辛亥，范祖禹言：「仁宗在位最久，德澤深厚，結於天下，是以百姓思慕，終古不忘。陛下誠能上順天意，下順民心，法仁宗，則垂拱無爲，海内晏安，成、康之隆不難致也。臣承乏史官，嘗采集仁宗聖政得數百事，欲乞撰録成書上進，少資睿覽，監觀成憲，皆舉而行，以副群生之所願。」祖禹尋采集仁宗聖政三百七十事編録成書，名曰「仁皇訓典」，凡六卷，上之。

癸酉元祐八年春正月甲申，英州別駕、新州安置蔡確卒。丁亥，上御邇英閣講禮記，讀寶訓。顧臨讀至「漢武帝籍提封爲上林苑，仁宗曰：『山澤之利，當與衆共之〔四〇〕，何用此也。』」〔四一〕丁度對曰：『臣事陛下二十年，每奉德音未始不本於憂勤，此蓋祖宗家法爾。』」讀畢，宰臣呂大防等進曰：「祖宗家法甚多，所立最善，自古人主事母后，朝見有時。祖宗以來，事母后皆朝夕見，此事親之法也。前代大長公主用臣妾之禮，仁宗以姪事姑，此事長之法也。」上曰：「今宫中見行家人禮。」大防等曰：「前代宫闈多不肅，本朝宫禁嚴密，此治内之法也。前代外戚多預政事，本朝母后之族皆不預事〔四二〕，此待外戚之法也。前代宫室多尚華侈，本朝宫殿止用赤白，此尚儉之法也。前代人君雖在宫禁，出輿入輦，祖宗皆步自内庭出御後殿，此勤身之法也。前代人主在禁中冠服苟簡，祖宗以來，燕居必以禮，此尚禮之法也。前代多深於用刑，唯本朝臣下有罪止於罷黜〔四三〕，此寬仁之法也。此皆祖宗家法所以致太平者，陛下不須遠法前代，但盡行家法，足以爲天下。」上甚然之。

二月，崇政殿説書吕希哲爲右司諫。希哲固辭之。蘇軾戲謂希哲曰：「法筵龍象，當觀第一義。」希哲笑而不應，退謂范祖禹曰：「若辭不獲命，必以楊畏爲首。」時畏方在言路，以險詐自任，故希哲云爾。

三月壬午，詔：「蘇頌累乞解機政，可依所請，以大學士留京師。」己丑，黄慶基言：「前日陛下罷黜劉摯、王巖叟、朱光庭、孫升、韓川輩，而洛黨稍衰。然洛黨雖衰，川黨復盛矣。」庚寅，范祖禹言：「臣前上仁皇訓典，願陛下法則仁宗。臣常以畏天者莫如仁宗，故願陛下先誠於事天。中春以來，暴風雨雪，寒氣過甚，惟陛下戒之重之，側身修德以銷大異。」辛卯，范百禄充資政殿學士、知河中府。詔：「來年御試，將詩賦舉人復試三題，經義舉人且令試策，此後全試三題。」

夏四月丁巳，詔今後南郊合祭天地，依元祐七年例施行。

五月癸未，蘇軾同呂希哲、吳安詩、豐稷、趙彥若、范祖禹、顧臨上言：「臣等備員講讀，伏見唐宰相陸贄論深切於事情，言不離於道德，智如子房而文則過，辨如賈誼而術不疏。上以格君心之非，下以通天下之志，使德宗盡用其言，則貞觀可得而復。陛下能自得師，莫若近取諸贄。臣等欲取其奏議，稍加校正，繕寫進呈，必能發聖性之高明，成治功於歲月。」辛卯，董敦逸、黃慶基皆罷。坐言尚書蘇轍、蘇軾不當也〔四四〕。壬辰，三省同進呈，於是大防、轍等奏曰：「先帝聖意，本欲富國彊兵，以鞭撻四夷。而一時群臣將順太過，故事或失當。及太皇太后與皇帝臨御，因民所欲，隨事救改，蓋事理當然耳。真宗即位，弛逋欠以厚民財。仁宗即位，罷修宮觀以息民力。凡此皆因時施宜，以補助先朝闕政，亦未聞當時士大夫有以爲毀謗先朝者也。近自元祐以來，言事官有所彈擊，多以毀謗先帝爲詞。非唯中傷士人，兼欲搖動朝廷，意極不善，若不禁止，久遠不便。」於是得旨敦逸、慶基並與知軍差遣。

六月戊午，左丞梁燾充資政殿學士、同醴泉觀使。燾初以議邊事不合，即屬疾求罷。上皆遣內侍封還，仍問所以必去之理，並訪人材。燾曰：「人材可大任者，聖主當自知之，但須識别邪正，公天下之善惡，則天下受福。陛下必欲知可大用之人，無過且圖任舊人有人望者。」〔四五〕尋出知潁昌，臨行，宣諭曰：「已用卿言，復相范純仁矣。」已未，楊畏言：「純仁方罷帥降官，遽命以爲相，賞罰未明，何以詔示天下。」來之邵又言：「純仁師事程頤，闇狠不才。」皆不聽。或曰畏與蘇轍皆蜀人，前擊劉摯，後擊蘇頌，皆陰爲轍道地。太皇太后覺畏私意，故復自外召范純仁。畏尋又言轍不可大用云。

呂中曰：群而不黨，君子之道也。而主子瞻者攻正叔，主正叔者攻子瞻，非君子之黨乎！和而不同者，君子之道也。而差役法行，同己者喜之，異己者斥之，非君子之同乎！矜而不争者，君子之道也，而回河之議，蘇軾與大防争。貶確之事，范純仁又與劉安世争，非君子之争乎！易事而難説，君子之道也。司馬光悦於蔡京，蘇公悦於楊畏，非君子之悦乎！凡是數者，皆以君子無以自别於小人，故始爲小人所悦，終爲小人所陷，其極至於爲小人所污不能自辨矣。人皆謂元祐之失，在於分别之太過，惟朱文公謂元祐之失，正在於决擇之未精。此未親政之時，小人之勢已足以勝君子，况於已親政乎。

秋七月丙子朔，范純仁爲尚書右僕射兼中書侍郎。太皇太后宣諭曰：「公父仲淹在章獻明肅垂簾時，唯勸章獻明肅盡母道。及仁宗親政，唯勸仁宗盡子道。可謂忠臣。公必能繼紹前人。」純仁頓首謝。

八月丙午朔，辛酉，太皇太后有疾。丁卯，吕大防、范純仁、蘇轍、鄭雍、韓忠彦、劉奉世入崇慶殿後閤，問太皇太后聖體。太皇太后諭大防等曰：「今疾勢有加，與相公等必不相見。且善輔佐官家，爲朝廷社稷。」初，大防等欲退，太皇太后獨留純仁，意欲有所屬也。上令大防以下皆往。大防曰：「近聞聖體向安，乞稍寬聖慮服藥。」太皇太后曰：「不然。政欲對官家説破，老身没後，必多有調戲官家者，宜勿聽之。公等亦宜早求退，令官家别用一番人。」乃呼左右，問曾賜出社飯否，因謂大防曰：「公等各去喫一匙社飯，明年社飯時，思量老身也。」

九月戊寅，太皇太后崩。范祖禹言：「太皇太后登遐，陛下今將總覽庶政，延見群臣。此乃宋室隆替之本，社稷安危之基，天下治亂之端，生民休戚之始，君子小人消長進退之際，天命人心去就離合之時也，可不謹哉。今陛下所宜先者，莫如報太皇太后之德也。陛下如欲報太皇太后之德，莫若循其法度而謹守之。太皇太后嚴正至静不可干犯，故能斥逐姦邪，以清朝廷，裁抑僥倖，以肅宫禁。故雖德澤深厚結於百姓，而小人怨者亦不爲少矣。今必有小人進言曰：『太皇太后不當改先帝之政，逐先帝之臣。』此乃離間之言，不可不察也。初太皇太后同聽政，中外臣民上書者以萬計，皆言政令有不便者。太皇太后因天下人心欲改，故與陛下同改之，非以己之私意而改也。既改其法，則作法之人及主其法者有罪當逐〔四六〕，陛下與太皇太后亦以衆言而逐之。其所逐者皆上負先帝、下負萬民、天下之所讎疾、衆庶所欲同去者也。惟陛下辨察是非，斥遠佞人，深拒邪說，有敢以姦言惑聖聽者，宜明正其罪，付之典刑。陛下初攬政事，乃小人乘間伺隙之時也，故不可不預防之。此等既上誤先帝，今又復誤陛下，天下之事，豈堪小人再破壞耶。」初，蘇軾與祖禹約皆上章論列，軾章已成，見祖禹章，觀畢曰：「軾願附名止於臣字下加等字。」後數日，祖禹又言：「先太皇太后以大公至正爲心〔四七〕，罷王安石、吕惠卿等所造新法，而行祖宗舊政，故社稷危而復安，人心離而復合，乃至契丹主亦與其宰相議曰：『南朝尊行仁宗皇帝政事，可勑燕京留守使邊吏約束無生事。』陛下觀戎狄之情如此，則中國人心可知也。今陛下親萬機，小人必欲有所動摇，而懷利者亦皆觀望，臣願陛下上念祖宗之艱難，先太皇太后之勤勞，痛心疾首，以聽用小人爲刻骨之戒，守元祐之政當堅如金石，重如山岳，使中外一心，歸於至正，則天下幸甚。」

冬十月，吕陶言：「自太皇太后垂簾以來，屏黜凶邪，裁抑僥倖，小人之心不無怨憾，萬一或有姦邪不正之言，上惑聖聽，謂太皇太后斥逐舊臣，更改政事，今日陛下既親萬機，則某人宜復用，某事宜復行，此乃治亂之端、安危之機、君子小人消長之兆，在陛下察與不察、辨與不辨也。」吕希純言：「君子小人用心不同，邪正之論不可不察。有昔時自以過惡招致公論坐法沉廢者，朝思夜度，唯望乘國家變故、朝廷未寧之時，進爲險語以動上心。其説大約不過有三：一者必謂神宗所立法度陛下所宜修復，二者必謂陛下宜獨攬權綱不宜委信臣下，三者必謂向來遷責者當復收用。三者之言，行將至矣。」

十一月，樞密院出劉瑗以下十人姓名，並换入内供奉官。三省但將有過犯馮景黄某二人、見持服劉瑗李斅二人不行外，抽取六人。蘇轍奏曰：「陛下方親政，中外賢士大夫未曾進用一人，而推恩先及於近習，外議深以爲非。」後數日，樞密院復出内批，以劉惟簡隨龍，除内侍省押班，梁從政内侍省都知，靖方帶御器械〔四八〕。中書舍人吕希純封還詞頭。上曰：「只爲禁中闕人，兼有近例。」轍曰：「此事非謂無例，蓋謂親政之初，先擢内臣，故衆心驚疑。」上釋然曰：「除命且留，俟祔廟取旨可也。」既退，大防等知上從善如流，莫不相慶。范祖禹言：「近聞陛下召内臣十人，而李憲之子亦在其中。又召數人，而王中正之子亦在數中。外民庶皆言執政大臣不能固執，置陛下於有過之地。」不報，遂請對，劄子言：「熙寧之初，王安石、吕惠卿等造立新法，先言天不足畏，衆不足從，祖宗不足法。幸賴先帝聖明覺悟，再罷安石，兩逐惠卿，終元豐之世不復召用，而所引小人布滿中外，日夜伺候。今日事變，妄意陛下以修改法度爲是，如使小人得至朝廷，必進姦言，上以惑誤陛下，次以傾害善人，下以脅持群臣，豈惟正人不敢立朝，臣恐宋室自此陵遲不復振矣。」又言：「先帝天資英睿，聖學高明，可謂不世出之主也。而內外爲小人所誤，外興師旅，內興百役，凡不便民之事皆群小所爲，而先帝受天下之謗，臣嘗痛之，故不願陛下復近小人，蓋以此也。陛下誠能聽臣之言，悉追罷召用內臣指揮，則中外之人稱誦聖德，萬口一辭。」祖禹既讀劄子，又面奏章惇等不可用。又奏：「召用中官，不謂陛下有此政事。」上曰：「卿所論朕已曉。」祖禹曰：「臣乞攜此章付執政，且詰責之。」上曰：「且留此，朕欲再看。」先是，呂大防欲用楊畏爲諫議大夫，純仁曰：「上新聽政，諫官當求正人，畏傾邪不可用。」大防素稱畏敢言，且先密約畏助己，竟擢遷畏爲禮部侍郎。畏尋上疏言：「神宗更法立制以垂萬世，乞賜講求，以成繼述之道。」上即召畏登對，詢畏以先朝故臣孰可召用者。畏即疏章惇、安燾、呂惠卿、鄧溫伯、李清臣等行義，多加題品，且密奏書萬言，具言神宗所以建立法度之意，乞召章惇爲宰相。上皆嘉納焉。

甲戌紹聖元年正月戊子，鄧溫伯權知貢舉，范祖禹、王覿、虞策同權知貢舉。

二月丁未，守户部尚書李清臣守中書侍郎，守兵部尚書鄧溫伯守尚書左丞。清臣首倡紹述，溫伯和之，二人久在外不得志，遂以元豐事激怒上意，清臣尤力。伴送北使張元方還言：「相、滑等州饑民衆多，倉廩空虛。」蘇轍見范純仁、鄭雍議曰：「此事豈可不令上知。」二人皆不欲。轍曰：「昔真宗初即位，李沆作相，每以四方水旱盜賊聞奏。王旦謂沆曰：『不宜以細事撓上聽。』沆曰：『人主年少，當令常聞四方艱難，不爾，侈心一生，無如之何，吾老不及見，此參政異日憂也。』」純仁曰：「善。」及對，純仁具奏，上曰：「爲之柰何？」轍曰：「滑州已支山陵餘糧萬石與之。又京城賑濟應用備糧，然省倉軍糧才有二年五箇月備。」上曰：「何其寡備至此。」轍曰：「此非一日之故，熙寧初，臣在條例司，竊見是時有九年以下糧。」上曰：「須九年乃可。」轍曰：「九年未易遽置，但陛下常以爲意〔四九〕，重節浮費，令三年間有三五年備亦漸可也。」

三月壬申朔，日蝕，雲霧不辨。癸酉，上批：「新知陳州蔡卞爲中書舍人。」乙亥，呂大防爲觀文殿大學士、知潁昌府。後二日，改知永興軍。大防當國日久，群怨交歸焉。及宣仁始祔廟，神宗所簡拔之人章惇、安燾、呂惠卿等以次進用，大防亦自求去位，上亟從之。乙酉，上御集英殿，試進士策曰：「朕之臨御幾十載矣，復詞賦之選而士不加勸，罷常平之官而農不加富，可雇可募之說雜而役法病，或東或北之論異而河患滋，賜土以柔遠也，而羌夷之侵未弭，弛利以便民也，而商賈之路不通。此其故何也？夫可則因，否則革，惟當之爲貴，聖人亦何必焉。」李清臣之詞也。丁酉，上御集英殿，賜進士畢漸以下總六百人。時初考官取答策者多主元祐，楊畏覆考，專取主熙寧、元豐者，故漸爲之首。蘇轍依前官知汝州。先是，轍言：「御試策題歷詆近歲行事，有欲復熙寧、元豐故事之意。臣願陛下勿輕事改易，若輕改九年已行之事，擢任曩歲不用之人，人懷私忿，而以先帝爲詞，則大事去矣。」不報。轍又言：「聖意誠謂先帝舊政有不合改更，自當宣諭臣等，令商量措置。今日宰臣以下未嘗略聞此言，而忽因策問進士宣露密旨，譬如家人父兄欲有所爲，子弟有不預知，而與行路謀之可乎？」上固不悦，李清臣、鄧温伯又先媒蘖之，詔以轍爲端明殿學士、知汝州。

夏四月甲辰，蔡卞同修國史，翟思爲左司諫〔五〇〕，上官均爲左正言，張商英爲右正言。商英前自開封府推官，出爲河北西路提刑，改江西運副，又徙淮南，踰五年不復召，於是始擢諫官，故商英攻元祐大臣不遺餘力。商英嘗奏疏論「神考發明道德之意，以作成人才，同一風俗，大志未集，神靈在天。宣仁保佑陛下，託心腹於輔弼，寓視聽於臺諫，而勢利之下，是非蜂起，浮言競作，鄙諺交興〔五一〕。川、洛異黨，秦、汶分朋〔五二〕，撥而後動，謂之天平子，大而無見，謂之盲大蟲，交通相紐，謂之八關，陰私架造〔五三〕，謂之五鬼，誰何門户，謂之約閘，抱持具足〔五四〕，謂之小鬼，捨所親而去，謂之過房，失所合而還，謂之歸宗，伺察報探，謂之滅門蹬、走馬蹬〔五五〕，勢盡相圖，謂之徒中反告〔五六〕。臣愚欲乞陛下以臣此章降手詔戒厲，揭之朝堂，風示四方。」乙巳，三省言：「役法尚未就緒。」上曰：

「止用元豐法，而減去寬剩錢，百姓何有不便邪？」范純仁曰：「四方各不同，須因民立法乃可久也。」上曰：「令户部議之。」庚戌，曾布爲翰林學士。布自高陽徙江寧，詔許入覲，言：「先帝政事，當復施行，且乞改元以順天意。」壬子，虞策言：「呂惠卿等指陳蘇軾所作誥詞，語涉譏訕。」來之邵言：「軾凡作文字譏斥先朝，當原其所犯，明正典刑。」制依前左朝奉郎、知英州。癸丑，御札改元祐九年爲紹聖元年。范祖禹爲龍圖閣直學士、知陝州。先是，祖禹屢請補外，上曰：「不須入文字，執政官有缺。」蓋上欲以祖禹代蘇轍也。既而沮之者甚衆，祖禹故求出〔五七〕，乃有是命。詔王安石配享神宗。壬戌，章惇守尚書左僕射兼門下侍郎。制詞略曰：「方政令出於簾幃，操柄歸於廊廟，善政良法，多所紛更，正色危言，不憚强禦。」范純仁充觀文殿大學士、知潁昌府。曾布修神宗正史。朱勃言：「應選人歷任通及三考以上，方許奏舉改官。」從之。丁卯，中書省言：「推行差役，民間苦於差擾。」詔府界諸路役色依元豐八年見行條約施行。鄧温伯言：「舊名潤甫，昨避高陳王諱，今請復舊名。」從之。

閏四月辛未朔，監察御史郭知章爲殿中侍御史。壬申，陸師閔等二十三人爲諸路提舉常平等事。井亮采請罷十科舉士法。從之。翟思言：「先帝正史將以傳示萬世，訪聞秉筆之臣多刊落事迹，變亂美實，以外應姦人誣詆之說。今既改命史官，須別起文，請降旨取日歷時政記與今實録參對。」從之。甲申，安燾爲門下侍郎。乙酉，呂惠卿知蘇州。虞策請復置天下義倉，每苗税一石出米五升，自來年爲始，專充賑濟。詔蘇軾合叙復日未得與叙復。秦觀監處州茶鹽酒税。乙未，章惇入見，遂就職。丙申，詔惇提舉修神宗皇帝實録國史。黄履爲御史中丞。

五月甲辰，詔進士罷試詩賦，專治經術。三省勘會：「今來既純用經術取士，其應用文詞如詔誥、章表、箴銘、賦頌、赦敕、檄書、露布、戒諭之類，在先朝亦嘗留意，未及詔科。」詔：「别立宏詞一科，每科場後，許進士登科人經禮部投狀乞試。」甲寅，郭知章言：「先皇帝闢地進壤，扼西戎之咽喉。元祐初，用事之臣委西塞而棄之，外示以弱，寔生戎心。乞檢閲議臣名氏，顯行黜責。」惇等因開列初議棄地者，自司馬光、文彦博而下凡十一人。己未，楊畏爲吏部侍郎。初，呂大防既超遷畏，畏知章惇必復用，有張擴者，惇妻之姪也，畏見擴致意云：「畏度事勢輕重，因呂大防、蘇轍以逐劉摯、梁燾輩，又欲並逐大防及轍，而二人覺之，遽罷畏言職。畏迹在元祐，心在熙寧、元豐，首爲公闢路者。」及惇赴召，百官郊迎，畏獨請間，語多斥大防。有直省官聞之，歎曰：「楊侍郎前日諂事呂相公，亦如今日見章相公也。」惇信其言，故又遷畏吏部。

六月，呂大防降授右正議大夫、知隨州，劉摯特落觀文殿學士、降授左朝議大夫、知黃州，蘇轍特降授左朝議大夫、知袁州，蘇軾責授寧遠軍節度副使、惠州安置。甲申，禮部言：「太學博士詹文奏乞除去字說之禁。」從之。梁燾落資政殿學士、降授左中散大夫、知鄂州，劉安世落寶文閣待制、知南安軍，吳安詩落直集賢院、監光州鹽酒稅，韓川落龍圖閣待制、知坊州〔五八〕，孫升特落集賢院學士、知房州。

陳瓘尊帝餘言云：臣願陛下詔張商英而問之曰：「宣仁聖烈皇后果有不忠之意乎？十有九章上於宣仁者，誰言之也？致往之義，當如之何？過而不改，是謂過矣。」大抵周秩五章，張商英六章，黃履三章，翟思、劉拯、上官均、來之邵、井亮采各一章，八人共十九章也。

丙戌，詔蔡確特追復觀文殿學士，贈特進。辛卯，周秩言事失當，罷監察御史，差權知廣德軍。是日，三省以周秩所上二章進呈，讀至秩言「向者有御批，欲增隆皇太妃儀物。又如治平中議濮廟事，令呂大防如何住得，所以求去。」上曰：「大防何嘗有言。今周秩越次及之，是迎合也。」又進讀至「邪說甚行，使天子不得尊其母」，上曰：「此言激怒也。如秩趣操甚狂，若置之言職，朝廷無有安靜之理。其罷絀之。」

秋七月，張商英言呂希純於元祐中嘗繳駁詞頭不當，及附會呂大防、蘇轍事。乃奪希純寶文閣待制、知亳州如故。丁巳，三省言：「范純仁、韓維朋附司馬光，長縱群凶，毀訕先帝，變亂法度。內范純仁仍首建棄地之議。」詔純仁特降一官。初，章惇請責純仁，上曰：「純仁持議公平，非黨也，但不肯爲朕留耳。」惇曰：「不肯留即黨也。」上勉從惇請。三省言：「前後臣僚上言，論列元祐以來司馬光等罪惡未正典刑，及吕大防等罪大罰輕。」詔司馬光、吕公著各追所贈官並謚告，及追所賜神道碑額。仍下陝西、鄭州各於逐官墳所拆去官修碑樓，及倒碑，磨毀奉敕所撰碑文，訖奏。王巖叟所贈官亦行追奪。知隨州吕大防行祕書監分司南京、郢州居住，知黄州劉摯試光禄卿分司南京、蘄州居住，知袁州蘇轍試少府監分司南京、筠州居住，梁燾鄂州居住，劉安世南安軍居住。戊午，詔司馬光等各以等第行遣責降訖，其餘一切不問。議者亦勿復言。所有見行取會實録修撰官以下，及廢棄渠陽寨人，自別依敕處分。來之邵、劉拯等乞復免行錢法。

九月甲辰，黄慶基、董敦逸並爲監察御史。庚戌，三省同進呈考試制科，張咸、吴儔、陳暘三人中第五等推恩。上曰：「先朝嘗罷此科，何時復置？」郭知章等對曰〔五九〕：「元祐二年復置。」上曰：「進士策文理有過於此者。」因詔罷制科。吕惠卿知大名府。三省、樞密院同呈除目，韓忠彦、曾布因言：「章惇秉政以來，所引皆闒茸小人。陛下以天下公論召汝礪，而沮格不行。吕升卿於罪謫中致仕，而惇不禀旨召令再仕。王欽臣謝表語侵御史，而惇欲削職降官。周秩譏切朝廷，而惇多方欲曲庇其罪。陛下不欲與惠卿復職而終須復，不欲除林希經筵而終須除。以是上下畏之，獨臣與忠彦曾稍開陳，他人有敢言其非者否？」上曰：「此固當開陳也。」

冬十月庚寅，常安民爲監察御史。安民先召對言：「元祐中進言者，以熙寧、元豐之政爲非，而當時爲是。今日進言者，以元祐之政爲非，而熙寧、元豐爲是。皆爲偏論。願陛下公聽並觀，是者行之，非者改之，無問新舊，惟歸於當。」上深然之，謂執政曰：「安民議論公正，無所阿附。」〔丁亥〕〔六〇〕國子司業龔原奏：「王安石在先朝時嘗進所撰字説二十二卷，具書發明至理〔六一〕，欲乞差人就安石家繕寫定本，降付國子監雕印，以便學者傳習。」詔可。降呂希純知忻州。張商英之自右正言遷左司諫也，具奏曰：「願陛下無忘大臣擅權時，願章惇無忘在汝州時，願安燾無忘在許昌時，願李清臣、曾布無忘在河陽時。」曾布因指陳：「商英言願陛下無忘，皆臣所不曉。」上曰：「商英言事，多如此過當耳。」

十一月，蔡確特追復觀文殿大學士。己丑，常安民言：「北都爲河朔重鎮，既除呂惠卿爲留守，而惠卿辭疾。臣願陛下振發主斷，趣令起發。」因面奏：「惠卿賦性深險，王安石拔引爲執政，及得志，遂攻安石，使移此心以事君，其薄可知。惠卿若見陛下，必言先帝而泣，以感動陛下，希望留朝廷。」及惠卿過闕請對，既見上，果言先朝事而泣。上正色不答，訖卒不得施而去。時論快之。甲午，三省同進呈臺諫官前後章疏，言實録院所修先帝實録，類多附會姦言，詆斥熙寧以來政事，乞賜重行竄黜。上曰：「史官敢如此誕慢不恭，須各與安置。」詔范祖禹責授武安軍節度副使、永州安置，趙彦若責授安遠軍節度副使、澧州安置，黄庭堅責授涪州别駕、黔州安置。

乙亥紹聖二年春正月丙午，楊畏爲寶文閣待制、知成德軍。畏既叛吕大防附章惇，及李清臣、安燾與惇異議，復陰附安、李，而惇亦徐覺其險詐，乃命畏出守。黄履言：「朝廷以趙彦若等修纂先帝實録厚加誣毁，皆已竄逐，惟監修官吕大防獨得幸免。」詔吕大防特追奪兩官，趙彦若、范祖禹、陸佃、曾肇、林希並追奪一官，黄庭堅特追一官。詔國子監、太學、武律學並依元豐七年終以前見行條制。

二月丁卯朔，日有食之，雲陰不辨。

三月丁酉，林希權禮部尚書。常安民言：「希，章惇之黨，爲惇謀客。」由是惇與其黨日毁短安民於上前，謂安民力主元祐，意欲爲范祖禹等營解。邢恕爲寶文閣待制、知青州。

夏四月，恕入對，涕泣曰：「臣不謂今日復得見陛下。」以至淚濺御袍，上不樂，遂令赴青州。先是，恕請覲，韓忠彦曰：「所言必有以惑聖聽。」上曰：「恕自謂有定策功。」曾布曰：「恕嘗謂元祐執政言：『恕雙手分付與個太平天下，卻逐恕在外。』聞者皆笑之。」

上亦笑。布又曰：「此人學識以至盡心公家，誠不可得，但多犯分，如欲調一確與司馬光，令新舊人協心同力，此豈可得。」上亦笑之。

八月甲申，詔應吕大防等永不得引用期數及赦恩叙復。

九月，范純仁在陳州齋戒上奏曰：「竊見吕大防等竄謫江湖，已更年祀，未蒙恩旨，久困拘囚。仰惟陛下每頒赦令，斬絞重囚、髡黥徒隸咸蒙赦宥，股肱近臣、簪履舊物肯忘軫惻，常俾流離。在漢有黨錮之冤，於唐有牛、李之黨，後皆淪胥善類，貽患朝廷。數十年間，未能消弭。」癸卯，上批：「范純仁立異邀名，沮抑朝廷已行之命，可落觀文殿大學士、知隨州。」上始亦有意從純仁所奏，章惇力主前議，且謂純仁同罪未録，遂併責之。辛亥，大享於明堂。壬戌，詔：「監察御史常安民立心凶險，處性頗邪，荐致人言，姦狀甚著。畀之要路〔六二〕，誠非所宜。可罷監察御史，送吏部與降監當差遣。」初，安民言：「蔡京姦足以惑衆，辨足以飾非，巧足以移奪人主之視聽，力足以顛倒天下之是非。內結中官，外連臺諫。今在朝之臣，京黨過半。陛下若不早覺悟逐去之，他日援引群姦，布滿中外，變移是非，陰奪人主之權，羽翼已成就，欲去之嗟無及矣。」〔六三〕又爲上言：「今大臣爲紹述之説者，其實皆借此名以報復私怨。一時朋附之流從而和之，遂至已甚。張商英在元祐時，上吕公著詩求進，其言諛佞無耻，士大夫皆傳笑之。及近爲諫官，則上疏論司馬光、吕公著，乞斲棺鞭尸〔六四〕。陛下察此輩之言，果出於公論乎？朝廷凡事不用元祐例，至王珪家蔭孫五人，皆珪身後所生，乃引元祐例許奏薦。近日講復官制，職事官不帶職，寄禄官不帶左右，至於權尚書侍郎獨以林希、李琮之故，不復改易。如此等事，謂之公心可乎！故凡勸陛下紹述先帝者，皆欲託先帝以行姦謀，謂他事難以惑陛下，若聞先帝則易爲感動，故欲快恩讎、陷良善者，須假此以移陛下之意，不可不察。宣仁聖烈皇后甚得人心，前日陛下駕幸秦楚國夫人第澆奠，及輟朝並命敕葬，諸費從官給，人人無不歡呼。今權臣恣横，朋黨滿朝，言官未嘗一言及之，惟知論元祐舊事，力攻已去臣僚。臣荷陛下奬拔，不敢負恩，摧枯拉朽之事，臣實耻爲之。舉朝嫉臣，誣陷非一。臣賦性愚直，恐終不能勝朋黨之論，願乞外任以避之。」上開慰而已。上初命與安民知軍，惇乃進擬送吏部降監當。明年，董敦逸論瑶華事，上怒，欲貶之，謂執政曰：「依常安民例與知軍。」惇救之。乃知上亦初不曾知安民降監當也。

冬十月，右丞鄭雍爲資政殿學士、知陳州。章惇之貶斥元祐舊臣，皆以白帖子行遣，上疑惇，惇甚恐，雍私語惇曰：「用白帖子有王安石故事。」惇大喜，取其案牘白上，惇遂安。議者謂雍欲以此結惇也。然雍竟罷黜。甲戌，守吏部尚書許將爲尚書左丞，翰林學士蔡卞守尚書右丞。丙子，户部尚書蔡京爲翰林學士。

十一月乙未，門下侍郎安燾爲觀文殿學士、知河南府。燾舊與章惇相好，及同省執政，惇憚且惡之，所以排陷燾者無不至。戊戌，監察御史陳次升爲殿中侍御史。蘇州自夏迄秋地震。

十二月乙丑，詔御史臺六察案復置監察御史三員分領。

丙子紹聖三年春正月庚子，韓忠彦除觀文殿學士知真定府。知成德軍楊畏知河中府。孫諤言："畏在元豐之間，其議論皆與朝廷合。及元祐之末，大防、轍等用事，則盡變其趨而從之。紹聖之初，陛下躬親總攬，則又欲變其趨而偷合苟容。天下謂之三變。"詔落寶文閣待制。其後以盛陶言，移知虢州。戊午，詔宜罷合祭，自今間因大禮之歲，以夏至之日躬祭地祇於北郊。

二月，詔罷富弼配享神宗廟庭。

三月辛卯朔，内尚書省火。壬辰，詔罷春宴，不御垂拱殿三日。劍南東川地震。丁未，蔡翛守監察御史。

夏五月丙申，孫諤言："免役者，一代之大法。伏願陛下博採群言，無以元豐、元祐爲間，要以便元元，至於無不均不平之患而止。則先帝之烈，昭然如日月之光明，豈不盛歟。"蔡京言："孫諤言役法，以爲元豐多元祐省，元豐重元祐輕，則是諤以爲元豐之法不若元祐明矣。是欲伸元祐之姦，惑天下之聽，臣愚不知諤果何心也。」詔孫諤罷左正言，差知廣德軍。給事中蹇序辰言：「先帝在位十有九年，其應世之迹未易周覽，請選儒臣著爲神宗寶訓一書授之讀官，以備勸講之闕。」詔俟正史成書，令史官編修。

秋七月，詔知渭州吕大忠知秦州。大忠自涇原入對，上語大忠曰：「曾得大防信否？有書再三説與，且將息忍耐。大防樸，爲人所賣，候二三年可復相見。」大忠拜謝，以告章惇。惇既聞上語，即萌異意，元祐黨人由是再行貶黜。乙卯，國子司業龔原言：「將來科場只令依舊專治一經。」從之。

八月，范祖禹特責授昭州別駕、賀州安置，劉安世特責授新州別駕、英州安置。坐四年十二月同上疏論禁中覓乳母事也。

九月，曾布因言：「蔡卞最陰巧而章惇輕率，以相媚説，故多爲其所誤。凡惇所主張人物多出於下，至議論之際，惇毅然如自己出，而卞噤不啓口。外議皆云蔡卞心、章惇口，如此實於聖政有害。政府虚位甚多，願早擇人以助正論。」壬子，上批：「皇后孟氏縱欲失德，密造奇邪，躬稟皇太后、皇太妃聖旨，恭奉玉音，可廢居道宫。」其後上頗有悔悟意，嘗曰：「章惇壞我名節。」故元符末，皇太后復后位號者，推上遺志而行之也。

冬十月，正字鄧洵武爲神宗皇帝正史編修官。壬申，西南方有雷聲，次大雨雹。

十二月，女真本名朱里真，番語舌音訛爲「女真」。自大中祥符三年以後，絶不與中國通。有嵓版者生〔六五〕，女真之酋也〔六六〕，其孫曰楊割〔六七〕，稱强諸部。楊割有子曰阿骨打〔六八〕，有大志。契丹壽昌二年，即紹聖三年也。大國舅帳蕭解里四郎君嘯聚爲盜〔六九〕，有衆數千，奔女真，結楊割爲亂，因命楊割圖之。楊割斬解里，遣阿骨打獻首級，餘悉留不遣。契丹不得已，反進楊割父子等官。自是其徒陰懷異志，契丹知其爲東方患者，必此人也。

丁丑紹聖四年春正月己酉，翰林學士林希權知貢舉，給事中徐鐸、起居郎沈銖同知貢舉。庚戌，中書侍郎李清臣知河南府。

二月，三省言：「司馬光、呂公著唱爲姦謀，同惡相濟，亦宜少示懲沮。呂公著可特追貶建武軍節度副使，司馬光可特追貶清海軍節度副使，王巖叟可特追貶雷州别駕，並追奪遺表、致仕子孫親屬所得蔭補陳乞恩例。」丙寅，給事中葉祖洽言：「近詔中書省書過文字並不迴避，臣次睹中書省置中書舍人，以行爲職，其不可行則繳之。門下省置給事中，以讀爲事，其不可讀則駁之。蓋以廟堂之上，議論施設或有差誤，人主有所不知，則給、舍得以其職上聞。今使中書舍人兼權給事中，又令凡有書過文字並不迴避，不惟名實淆亂，而給事中職事遂廢。」詔除特旨書讀不迴避外，餘令互書。庚辰，詔罷春秋科。三省言：「司馬光等造爲姦謀，詆毁先帝，變更法度，各加追貶。謹按吕大防、劉摯、蘇轍、梁燾等爲臣不忠，罪與光等無異。雖嘗懲責，而罰不稱愆。吕大防可責授舒州團練副使、循州安置，劉摯鼎州團練副使、新州安置，蘇轍化州別駕、雷州安置，梁燾雷州別駕、化州安置，范純仁武安軍節度副使、永州安置，劉奉世分司南京、郴州居住，韓維特授左朝議大夫致仕，王覿分司南京、通州居住，韓川分司南京、隨州居住，孫升峽州居住，吕陶衡州居住，范純禮蔡州居住，趙君錫管勾亳州明道宫、本處居住，馬默單州居住，顧臨饒州居住，范純粹均州居住，孔武仲池州居住，王汾依前官致仕，王欽臣信州居住〔七〇〕，張耒添差監黄州酒税，吕希哲和州居住，希純金州居住，希績依舊光州居住，姚勔濮州團練副使、連州安置〔七一〕，晁補之添差監處州鹽酒税，賈易添差監海州酒税務，程頤追毁出身、放歸田里、郴州編管，秦觀移送横州編管，朱光庭追貶柳州別駕，孫覺追職並兩官及遺表恩澤，趙卨追職並兩官及遺表恩例，李之純追職及遺表恩例，杜純追職，李周追貶團練副使。甲申，制文彦博特降授太子少保致仕，依前潞國公。

閏二月，上批：「張天説所進書〔七二〕，立意狂妄，詆訕之言往往上及先帝，下及朝廷。送開封府取勘。」後開封府言：「天説私有景祐福應太一集要及上書詆訕先朝〔七三〕，情不可恕，特處死。」丁亥，制韓川特責授岷州團練副使、道州安置。孫升果州團練副使、汀州安置。中書舍人蹇序辰言：「知定州韓忠彦元祐之初，遽忘大恩，附會奸惡，望早賜黜責。」詔上清儲祥宫御篆碑文，蘇軾所撰，已令毀棄。宜差蔡京撰文並書。壬辰，黄隱分司南京、睦州居住，王覿改送袁州居住，孔文仲追貶梅州别駕，鮮于侁追諫議大夫、集賢殿修撰，吴處厚追貶歙州别駕，鄭雍特落職知鄭州，安燾降授資政。壬寅，曾布知樞密院事，翰林林希爲同知樞密院事。惇疑布，更引希同知，使察之。希尋爲布所誘，亦背惇。布與惇益不合，卒傾惇，奪其位。左丞許將守中書侍郎，右丞蔡卞守左丞，黄履守尚書右丞。詔：「蘇軾責授瓊州别駕，移送昌化軍安置。范祖禹移送賓州安置。劉安世移送高州安置。」

三月癸亥，御集英殿，賜正奏名進士何昌言並諸科進士等及第、出身、釋褐共六百九十人。曾布言：「第二人方天若程文中言元祐大臣當一切誅殺而不誅殺，子弟當禁錮而不禁錮，資産當籍没而不籍没。古今政事，無此義理，此奸人附會之言，不足取。天若乃蔡京門客，惇每言人臣不可欺罔，如天若欺罔，孰大於此。」上頷之。甲戌，幸金明池，風甚，池浪如山，新作龍舟艤於冰心殿東，不復可登。水嬉等船皆罷。

夏四月乙未，校書郎陳瓘通判滄州。初，太學博士林自用蔡卞之意，倡言於太學曰：「神考知王荆公不盡，尚不及滕文公之知孟子也。」士大夫皆駭其言。於是瓘謁章惇，求外任，因具以告惇。惇大怒，召自而罵之。章、蔡由是不咸。瓘自爲小官時，即特立敢言。紹聖初，章惇以宰相召，道過山陽，瓘適相遇，隨衆謁之。惇素聞瓘名，獨請登舟，共載而行，訪以當世之務。瓘曰：「請以所乘舟爲喻，偏重其可行乎，或左或右，其偏一也。明此則可行矣。」惇默然未答。瓘復曰：「上方虛心以待公，公必有以副上意者。敢問將欲施行之序，以何事爲先，何事爲後，誰爲君子，誰爲小人？」惇曰：「司馬光奸邪所當先辨。」瓘曰：「相公誤矣。此猶欲平舟勢而移左以置右也。果然，將失天下之望矣。」惇厲色視瓘曰：「光輔母后，獨宰政柄，不務纂紹先烈，肆意大改成緒，誤國如此，非奸邪而何？」瓘曰：「不察其心而疑其迹，則不爲無罪。若遂以爲奸邪，而欲大改其已行，則誤國益甚矣。」乃爲之極論熙豐、元祐之事，辭辯淵源，議論勁正。惇雖迕意，亦頗驚異，遂有兼取元祐之語，留瓘共飯而別。惇到闕，召瓘爲太學博士。瓘聞其與蔡卞方合，知必害於正論，遂以婚嫁爲辭，久而赴官。於是三年不遷。卞方議毀資治通鑑板，瓘聞之，因策士題，特引序文以明神考有訓。於是林自駭異，而謂瓘曰：「神考少年之文爾。」瓘曰：「聖人之學得於天性，豈有少長之異乎？」林自辭屈愧歉，遽以告卞，乃密令學中置板高閣，不敢議毀矣。

大事記曰：國朝石介、祖禹各有唐鑑，不若通鑑集一千七百年之事爲備也。賜名「資治通鑑」，以其善可爲法、惡可爲戒，資其益於治道，百代之龜鑑云耳。然人主之所不喜、小人之所不便也。崇寧奸臣請毁唐鑑蘇黄文集，又欲毁及此書，所幸有御製在也。

瓘又嘗爲别試，主文林自復謂蔡卞曰：「聞陳瓘欲盡取史學以黜通經之士，意欲沮壞國是，而動摇吾荆公之學。」卞既積怒，謀將因此害瓘，唯候瓘所取士求疵立説而行之。瓘固預料其如此，乃於前五名悉取談經及純用王氏之學者。卞無以發，然五名之下，往往皆博洽稽古之士也。瓘嘗曰：「當時若無矯譎，則勢必相激，史學往往遂廢矣。故隨時所以救時，不必取快目前也。」己亥，舒州團練副使、循州安置吕大防卒於虔州。

四月辛丑，吕公著特追貶昌化軍司户參軍，司馬光特追貶朱崖軍司户參軍。詔王珪遺表恩例並行追奪，所賜宅拘收入官。故承議郎高士英特追毁出身以來文字。上宣諭：「王珪當先帝不豫時持兩端。」又言：「高士英者，詣黄履問誰當立者。」曾布、林希曰：「天命何可移易，兼宣仁亦必無此心。」上曰：「宣仁乃婦人之堯舜也。外則王珪等，内則梁惟簡輩，妄爲此紛紛爾。」上之嗣位，邢恕與蔡確等自謂有定策功。既而確死貶所，恕亦斥不用，心恨之。高士京者，嘗與恕同官，恕一日置酒從容問曰：「公知元祐間獨不與先公推恩否？」士京曰：「不知。」又問：「有兄弟無？」士京曰：「有兄士充，已死。」恕曰：「此乃傳王珪語言之人也。當是時王珪爲相，欲立徐王，遣公兄士充傳道語言於禁中知否？」士京曰：「不知。」怨因誘士京以官爵，曰：「公不可言不知，當爲公作此事。」因令所親信王棫爲士京作奏上之。珪由是得罪。其後士京恨所得官爵不稱，屢欲自陳虛妄，高氏諸族皆惡之，絶不與通。

五月丁巳，降授太子少保、潞國公致仕文彦博卒。朝議大夫致仕韓維以朋附司馬光最爲盡力，責授崇信軍節度副使致仕，筠州居住。

六月癸未朔，日有食之，陰翳不見。丙戌，三省、樞密院同班致詞賀。上顧三省曰：「卿等更當修政事，以進賢退不肖爲意。」曾布曰：「君子小人有天下公議在，誠不難分別。」惇曰：「若盡要爲君子，誰爲小人者？」布曰：「臣不敢以小人自處，若無君子之心，何可居此地。」

秋七月，詔許呂大防歸葬。始大防卒於虔州，上聞之，曰：「大防何以至虔州？」及其家請歸葬，即許之。議者由是知痛貶元祐黨人皆非本意也。甲子，内中遺火。己巳，詔罷作北郊，俟先罷合祭於圜丘乃行。庚午，太史奏：「火入輿鬼，主賊在君側，宜備之。」上遣中人召太史詰之，對曰：「讒慝之人皆賊也。唯親近正人，修德乃所以備之。」

八月己酉，彗星見氐間，斜指天市垣，光芒約三尺，至九月戊辰没。上顧問：「見彗否？」皆以實對。上曰：「當避朝肆赦，以答天戒。」曾布言：「政事有未安，刑罰有未當。

大臣還肯因天變爲陛下改更否？正人端士天下之所欲進，而大臣素所不悅，還肯因天變爲陛下收用否？讒邪不正之人置在要路，而大臣素所黨與，還肯因天變爲陛下斥逐否？臣恐未有以稱陛下修省之意也。」上聞之矍然見於色。布又言：「陛下方下詔求直言，比聞論者已有恐。恐士大夫因天變欲動摇政事，如此則誰敢言者。」是月，上以星變屢戒大臣以修政事。又下詔求言。曾布因奏事白上：「有識之士，或有所陳，望陛下省覽。然其間有奸言，聞林希言，方天若上書更欲誅戮元祐之人，既而聞林自果有此論。而御史鄧棐遂以此應詔，以掃除異意之人足以應除舊布新之象。棐乃卞黨京所薦也。」林希因進曰：「陛下寅畏如此，未知大臣能奉行聖意否？」上遽曰：「不畏天變，豈非章惇。」

冬十月辛巳朔，御邇英閣。侍讀蔡京言：「竊見王安石有日録一集，其間皆先帝與安石反復論天下事，及熙寧改更法度之意。本末備具。欲乞略行修纂進讀。」上曰：「宮中自有本，朕已詳閲數次矣。」邊報言羌人以彗星肆赦罷兵，以放散人馬。上曰：「羌人猶畏天變，況中國乎！」壬寅，邢恕爲御史中丞。章惇實啓上也。恕嘗謂惇有定策功，而惇每疑元祐人復用，謀誅絶之，知恕肯任此事，故不以序遷改。時惇與卞已不咸，恕即上疏論朋黨。

十一月丁丑，詔放歸田里人程頤送涪州編管。坐與司馬光同惡相濟也。先是，上與輔臣語及元祐政事曰：「程頤妄自尊大，至欲於延和講説，令太母同聽。在經筵多不遜，可與編管。」頤素與邢恕善，林希意恕必救頤，則因以傾恕。恕語人曰：「便斬頤萬段，恕亦不救。」聞者笑之。

朱熹年譜云〔七四〕：謝良佐曰：是行乃頤族子公孫與邢恕爲之。頤曰：族子至愚，不足責。故人情厚不敢疑。孟子既知天，安用尤臧氏。

十二月，鼎州團練副使、新州安置劉摯卒。先是，蔡京、安惇共治文及甫並尚洙等所告事，將大有所誅戮。會星變〔七五〕，上怒稍怠。然京、惇極力煅煉不少置。已而燾先卒於化州，摯亦卒於新州，衆皆疑兩人不得其死。明年五月，獄乃罷。戊戌，殿中侍御史陳次升爲左司諫。初，章惇、蔡卞欲其排元祐臣寮，次升首論敕牓反覆，又言常立、周穜、鄭居中，自此惇、卞不説。常令太府少卿林顔致忱悃於次升，次升對曰：「次升知守官而已，不知其它。」甲辰，三省言：「熙寧年興置市易務，本以通有無、利商賈、平物價、抑兼并，元祐一切罷去。」詔復置市易務。

戊寅元符元年春正月癸酉，鄒餘爲監察御史。邢恕所薦也。

二月，蔡京等根治同文館獄，卒不得其要領。乃更遣吕升卿、董必使嶺外，謀盡殺元祐黨人。時劉摯、梁燾已前死，朝廷猶未知也。

三月辛亥，曾布言：「近聞呂升卿、董必察訪二廣，中外疑駭。祖宗以來，未嘗誅殺大臣。升卿兄弟與軾、轍乃切骨仇讎，軾、轍聞其來，萬一望風引決，朝廷本無殺之之意，使之至此，豈不有傷仁政。兼升卿凶焰天下所畏，又濟之以董必，此人情所以尤驚駭也。」上改容曰：「甚好。」乃詔呂升卿差充廣南西路察訪指揮更不施行。後三日，董必自東路改使西路。初，章惇、蔡卞恐元祐舊臣一旦復起，日夜與邢恕謀所以排陷之計。既再追貶呂公著、司馬光，又責呂大防、劉摯、梁燾、范祖禹、劉安世等過嶺，意猶未慊，仍用黃履疏高士英狀，追貶王珪，皆誣以圖危上躬。其言浸及宣仁，上頗亦惑之。最後，起同文館獄，將悉誅元祐舊臣，專媒蘖垂簾時事。建言欲追廢宣仁。惇、卞自作詔書，請上詣靈殿宣讀施行。皇太后方寢，聞之遽起，不及納履，號哭謂上曰：「吾日侍崇慶，天日在上，此語曷從出。且上必如此，亦何有於我。」皇太妃同皇太后諫上，語極悲切。上感悟，取惇、卞奏就燭焚之，禁中相慶。惇、卞明日再具奏，堅乞施行。上怒曰：「卿等不欲朕入英宗廟乎？」抵其奏於地。宣仁追廢之議由是息，而惇、卞終不肯釋元祐舊臣。京、惇進呈摯等事目，上曰：「摯等已責遐方，朕遵祖宗遺志，未嘗戮大臣，其釋勿治。」蔡京等奏：「定驗咸陽民段義所獻玉璽篆文與秦相李斯篆文合，有魚龍鳳鳥之形，是古之蟲篆。」詔令禮部、太常寺按故事詳定以聞。詔蘇轍移循州安置。

夏四月，化州安置梁燾卒。壬辰，林希罷同知樞密院事、知亳州，邢恕罷御史中丞、知汝州。詔五月朔受傳國寶，以「天授傳國受命之寶」爲文。

五月戊申朔，上御大慶殿，受傳國寶，行朝會禮。初，章惇謂：「秦璽何足貴，不過藏天章瑞物庫而已。」既而京等專達，未嘗關由三省，惇等不復敢一言，聞者哂之。丙寅，詔以六月朔改元爲元符。曾布以爲：「昔天書降，嘗於承天門裏作元符觀。後以火廢，則元符之號亦不甚佳。」

秋七月，詔范祖禹移化州安置，劉安世移梅州安置〔七六〕，王巖叟、范祖禹、劉安世、朱光庭諸子並勒停，永不收叙。韓維卒。壬申，夜雲霧蔽天〔七七〕，地震良久乃止。

九月，詔王珪諸子並勒停，永不收叙。庚戌，横州編管秦觀特除名，永不收叙，移送雷州編管。以附會司馬光等同惡相濟也。壬子，宣德郎鄒浩爲右正言。三省呈浩元祐間所上疏云：「人才所當急，則云自古不乏才；國用所當憂，則云君子不言利；邊備所當修，則云在德不在兵。」皆深中當時議論者之病。遂擢授諫職。詔鄭俠追毁出身，除名勒停，依舊送英州編管。

冬十月甲午，化州安置范祖禹卒。中書省言：「元祐元年，邢恕上書言：『熙寧初，王安石、吕惠卿用事，先帝詢及二人，臣具道安石之短、惠卿之奸。』又言：『太皇太后躬親聽斷，並用忠良，全去弊蠹。』又言：『韓維端諒名德，乃與司馬光、吕公著一等。』」詔邢恕特降授承議郎、知南安軍。

十一月甲子，冬至，祀昊天上帝於圜丘，以太祖配。

十二月，鄒浩嘗奏論：「章惇擢登相位於今五年，徇情廢理，專務自營，力引所私，分據要路，潛謀密計，妙若鬼神。一有作爲，首尾互應，惇雖不動聲氣，而事已倏然濟矣。是以陛下之所欲用者，正人也，由此沮格而不得進。陛下之所欲來者，忠言也，由此壅閼而不得聞。陛下之所欲推廣者，仁恩德澤也，由此難於遠達，而不得均被於元元。是陛下之志願未獲盡伸，而惇之好惡莫不畢遂。惇雖傲然自若，以爲人莫能窺，而不知其效已有不可掩者。故論其燮理，則水旱薦臻之變異常。論其表率，則誕慢相習之風彌扇〔七八〕。論其旁招，則非趨附其門者弗用。論其言動，則雖陵侮毁駡而必爲。論其横身力薦之人，則以罪竄逐相繼。論其尊君畏上之心，則遇灾而處略不引咎。」又嘗奏：「臣觀執政大臣不務同心同德，以稱陛下登用之意。且其不和之心既已發於聲形，動於天地，爲水、爲旱、爲民物之灾矣。失今弗圖，後必滋甚，抑恐四夷聞之，必有以輕議中國者。此正朝廷所以爲今日之急務也。」

己卯元符二年春正月，先是，曾布累乞罷，上不許。既復就職，因言：「章惇作相，舉措乖錯，不爲人所服。自士大夫至閭巷小人，無不昌言慢罵，刑政失當，致天下論議。如元祐之人，罪戾深重者，悉已貶竄。其間一言之差，一向搜求，有何窮盡。又如看詳訴理事，臣亦嘗言，刑部釐爲兩司，一則斷刑，一則雪罪。熙寧得罪之人，亦有曾於元豐中得雪理者，何獨於元祐中一切不許訴雪。事在已往，無可言者，然其緒餘，尚可闊略，兼趣令結絶。」後數日，遂諭三省令闊略在下者，而三省批旨，但云「公人、軍人、百姓更不看詳」而已。賜故相王安石宅一區。是月，恩州地震。

二月己亥，石豫爲監察御史。從中丞安惇薦也。

夏四月丁亥，以時雨稍愆，疏决在京及河南、應天、大名府繫囚。己丑，詔新除工部員外郎董必送吏部與小處知州。先是，必按衡州孔平仲糴常平違法，就潭州起獄，致死者三人。尋又差察訪廣西，所爲多刻薄。

五月庚申，孔平仲責授惠州别駕、英州安置。戊辰，詔：「朕因閲元祐臣寮所上章疏，得陳次升任監察御史日一二奏，極其奸邪，附會權臣，詆毁先政。可罷職，與遠小監當差遣。」遂添差監全州鹽酒税。次升之爲御史也，嘗劾章惇，奏入不報。次升自監察御史遷左司諫，首尾凡四年，既罷，而惇獨居相位，訖元符末乃貶。

六月，塞序辰落職，降一官知黄州。以奉使遼國進拜不如儀等事故也。序辰凶慝貫盈，人莫敢動摇之者，一旦逐去，衆論快之。

秋七月，初，邊波斯結既以講朱等四地來〔七九〕，邈川諸酋相繼以求内附〔八〇〕，令孫路駐河州，王贍將河州軍兵爲先鋒，總管王愍將岷州及熙州軍馬策應，以撫納邈川諸部。是月己未，詔下。甲子，師發河州，次安鄉城，贍以先鋒自密章渡過河。丙寅，遂克邈川，即日以捷書聞。孫路怒贍徑上捷書，不復由帥府，讒間自此作矣。

八月，王贍已收復邈川城。按邈川城係古湟中之地，東北控夏國右厢甘凉一帶，西接宗哥、青唐〔八一〕。

九月庚子朔，夏國遣使謝罪，見於崇政殿。丁未，詔立賢妃劉氏爲皇后。先是，内出皇太后手詔曰：「非此人其誰可當。」其後皇太后臨朝，以瑶華無辜被廢，追治元符立后之因，詔：「蔣之奇進所奉手詔，驗其字畫，乃劉友端所書。」之奇簾前奏曰：「當時降制，用手詔，語皆得旨，不謂皇太后不知也。」時章惇專制，納結内侍郝隨以固權寵，劉友端助之，三人凶狡相濟，故長樂手札惇撰定進入，友端矯制書之，宫禁事秘，人莫得而辨也。賜夏國主乾順詔。上謂曾布曰：「西人未嘗如此遜順。」布曰：「元祐中固不論，元豐中表章固不遜，未嘗如今屈服也。」鄒浩上疏曰：「陛下爲天下擇母，而所立乃賢妃劉氏，一時公議莫不疑惑，誠以國家自有仁祖故事，不可不遵用之耳。蓋皇后郭氏與美人尚氏争寵致罪，仁祖既廢后，不旋踵並斥美人，所以示公也。及至立后，則不選於妃嬪，必選於貴族，而立慈聖光獻，所以遠嫌也。所以爲天下萬世法也。陛下以罪廢孟氏，與廢郭氏實無以異。然孟氏之罪未嘗付外雜治，若與賢妃争寵以致罪，則並斥美人以示公，固有仁祖故事存焉。若不與賢妃争寵以致罪，則不立妃嬪以遠嫌，亦有仁祖故事存焉。伏望聖慈追停册禮，别選賢族。」疏奏，詔：「浩言多狂妄，事實不根，特除名勒停，送新州羈管。」浩嘗奏論章惇六罪，謂：「惇在元祐初實與司馬光同入文字，抵斥先帝保甲之法，以爲非是。若以保甲誠不便，不可行，即惇在先朝固已爲執政矣。何不爲先帝言而罷之，安忍先帝陵土未乾，而遽詆以爲非邪。」

閏九月，汀州安置孫升卒。詔以青唐爲鄯州，邈川爲湟州。

冬十月己亥朔，詔：「新知河州种朴星夜赴任，計會苗履等，過河討蕩作過蕃部。」甲寅，章惇留身奏甚久。曾布再對，上諭布曰：「章惇以夏人犯邈川，欲因此討伐，遂滅夏國。」上笑曰：「此何可聽。」布曰：「陛下聖明遠慮，此天下之福。今青唐用兵，士卒困敝日甚，若更經營誅滅夏國，如此即憂在中國，不在四夷。」上深然之。己未，种朴戰没。胡宗回遣河州都監王吉將五百騎討阿章〔八三〕，全軍没。又遣魏釗討之，釗亦敗死。自种朴之死，熙河將士氣奪，無敢復言戰者，於是青唐道路復不通[八三]。

十二月，叛羌因結連丁零宗羌[八四]，間遣人伏於章峽隘險中[八五]，肆行剽劫，朝廷竟以道路梗塞，遂棄青唐。

元符三年春正月戊辰朔，不受朝，己卯，上崩於福寧殿。

校證

〔一〕丁酉　按長編卷四三八繫此事於「辛丑」日。本書似誤。

〔二〕乘間　長編卷四三八作「承間」，似誤。

〔三〕北虜　原作「契丹」，據再造本、文海本回改。

〔四〕河勢方更　再造本、文海本同，長編卷四三八、趙汝愚宋朝諸臣奏議卷一二七范純仁上哲宗論回河、歷代名臣奏議卷二五〇、范純仁范忠宣奏議卷下又論回河利害均作「河勢方東」。

〔五〕鑿改　再造本、文海本、長編卷四三八均作「鑿收」。

〔六〕鄧温伯　原作「鄧伯温」，按：文獻中代指同一人的「鄧温伯」「鄧伯温」互出，但「鄧温伯」遠多於「鄧伯温」，且宋史卷三四三鄧潤甫傳：「鄧潤甫字温伯……」。當避高魯王諱以字爲名。」王稱東都事略卷九六鄧潤甫傳略同徐自明宋宰輔編年録卷一。與之同時期的蘇頌、韋驤、吕陶、蘇軾、蘇轍、范純仁、范祖禹等人文集中，大多數也作「鄧温伯」。故作「鄧温伯」是，據校改。下文本年五月庚寅條「鄧温伯」同此。

〔七〕甲午　按長編卷四四〇繫梁燾上言於「是月」項下，非甲午日。

〔八〕又言　按長編卷四四〇載「又言」係「侍御史孫升、殿中侍御史賈易」「又言」，非梁燾又言。

〔九〕不入　再造本、文海本同，長編卷四四一、蘇轍欒城集卷四二爲旱乞罷五月朔朝會劄子、歷代名臣奏議卷三〇三均作「未入」。

〔一〇〕庶政　再造本、文海本同，長編卷四四一、欒城集卷三三皇帝以旱賜門下詔均作「庶尹」。

〔一一〕止差　再造本、文海本同，長編卷四四二、宋朝諸臣奏議卷一一九劉安世上哲宗乞力主差役、劉安世盡言集卷一一論役法之弊均作「止於」。

〔一二〕憂而不悦　再造本、文海本同，長編卷四四三、宋史卷三三九蘇轍傳、東都事略卷九三下蘇轍傳、宋朝諸臣奏議卷一六蘇轍上哲宗乞謹用左右近臣無雜邪正、欒城集卷四三再論分別邪正劄子均作「憂其不悦」。

〔一三〕吏額　原作「更額」，再造本、文海本同，據長編卷四四四、宋史卷三三九蘇轍傳、杜大珪名臣碑傳琬琰之集下卷一一潁濱遺老傳、蘇轍龍川略志卷五議定吏額、欒城後集卷一二潁濱遺老傳校改。

〔一四〕誠抽取　再造本、文海本及上引龍川略志同，長編卷四四四作「試抽取」。上引宋史、名臣碑傳琬琰之集、欒城後集作「若取」。

〔一五〕吏　再造本、文海本同，長編卷四四四據龍川略志校改爲「堂吏」，上引宋史作「省吏」，上引名臣碑傳琬琰之集、欒城後集作「三省吏」。

〔一六〕一暫輟　李校删「一」，謂：長編卷四四六作「暫出」。「一」字衍，兹據長編删。汪按：似嫌證據不足，今不從。

〔一七〕清聞之燕　再造本、文海本同，長編卷四四六作「清燕之間」。

〔一八〕召　再造本、文海本同，王應麟玉海卷三四元祐書唐人詩同，長編卷四四八作「詔」。

〔一九〕宰臣執政　原「宰臣」前有「召」字，再造本、文海本同，今據文義及長編卷四四八删「召」字。

〔二〇〕及除蘇軾吏部尚書　再造本、文海本同，此句易使人誤解爲蘇軾被免去翰林學士承旨，重新被任命爲吏部尚書，實不合史情。疑是本書撰者節録失當所致。

〔二一〕因少進而西曰　再造本、文海本同，長編卷四五五作「因少進而言曰」，彭百川太平治迹統類卷一八宣仁垂殿聖政作「因少進曰」，李幼武宋名臣言行録後集卷一二王巖叟作「又少進曰」。趙善璙自警編卷七作「少進而西曰」。

〔二二〕正人在朝則朝廷安　再造本、文海本及上引太平治迹統類、宋名臣言行録、自警編同，惟長編卷四五五作「正人在朝廷朝廷安」。

〔二三〕邪人一進　再造本、文海本及上引宋名臣言行録、自警編同，長編卷四五五及上引太平治迹統類作「一邪人進」。

〔二四〕及第　再造本、文海本同，長編卷四五六作「及第、出身、同出身、假承務郎、文學」，陳均皇朝編年綱目備要卷二三作「及第出身有差」。

〔二五〕金明池　原脱「池」字，據長編卷四五七、宋史卷一七哲宗紀補。又長編誤「瓊林苑」爲「瓊花苑」，當據本書及宋史校改。

〔二六〕危竿論　文獻中「危竿論」「危竿諭」互出，如皇朝編年綱目備要卷二二、吕中宋大事記講義卷八、江少虞事實類苑卷四祖宗聖訓等均作「危竿論」，長編卷四五七、范祖禹帝學卷四、林駉古今源流至論前集卷五等則作「危竿諭」，章如愚群書考索卷一七正史國史、玉海卷三二慶曆危竿論則二者並存。

〔二七〕可畏者有五　「可」原前衍「有」字，再造本、文海本同，「有」字不當重出，據長編卷四六一、宋朝諸臣奏議卷一五〇賈易上哲宗論天下大勢可畏者五删。

〔二八〕按據長編卷四六一、東坡全集卷六〇乞將上供封樁斛㪷應副浙西諸郡接續糶米劄子，「杭州」前原有「流殍之勢甚於熙寧，臣聞熙寧中」等語，即下文「死者五十餘萬」等並非直接講當時情況，而是講熙寧年間情況。

〔二九〕按據長編卷四六三，賈易此奏上於八月己丑，下文「八月」當移此。

〔三〇〕山寺　原作「竹寺」，再造本、文海本同，據長編卷四六三、皇朝編年綱目備要卷二三、太平治迹統類卷二五蘇軾立朝大概、東坡全集卷一五歸宜興留題竹西寺校改。

〔三一〕八奏　再造本、文海本同，長編卷四六七作「入奏」，誤。

〔三二〕歸其問　再造本、文海本同，長編卷四七一、太平治迹統類卷二五程頤出處本末、宋名臣言行録外集卷三程頤均作「歸其門」。

〔三三〕犯九游星　再造本、文海本、宋史卷五六天文志同，長編卷四七一、文獻通考卷二九四象緯考作「犯九斿星」。

〔三四〕消伏　原作「稍伏」，據再造本、文海本、長編卷四七一校改。

〔三五〕按長編卷四七二載「臣寮上言」以下文字於左正言姚勔上言内，「臣寮上言」之前又有「七年四月二日敕」七字，令人費解。姑存疑待考。

〔三六〕端立　再造本、文海本、太平治迹統類卷一九宣仁保祐哲宗同，長編卷四七二、范祖禹范太史集卷二六薦講讀官劄子作「端方」。

〔三七〕博學多文　再造本、文海本同，長編卷四七二、范太史集卷二六薦講讀官劄子作「博學多聞」。

〔三八〕竊弄威福　李校：原本「竊」字墨丁，據長編卷四七三補。汪按：李補是，再造本、文海本作

「切弄威福」，太平治迹統類卷二三元祐黨事始末、宋宰輔編年録卷一〇均作「竊弄威福」。

〔三九〕彭汝礪　「彭」原作「范」，再造本、文海本同，據長編卷四七七、宋史卷一〇〇禮志、文獻通考卷七一郊社考校改。又與長編比，贊同合祭八人删去後六人姓名，反對者二十二人所删人名中有二人原非排序在後者，現回補待考。

〔四〇〕當　原作「嘗」，據再造本、文海本、長編卷四八〇、宋史卷三四〇吕大防傳校改。

〔四一〕何　原作「河」，據同上引諸書校改。

〔四二〕母后　再造本、文海本及上引宋史同，長編卷四八〇作「皇后」。

〔四三〕罷黜　再造本、文海本及上引宋史同，長編卷四八〇作「罷斥」。

〔四四〕尚書蘇轍蘇軾　再造本、文海本同，長編卷四八四作「尚書右丞蘇轍、禮部尚書蘇軾」。

〔四五〕無過且圖任　「無過且」，長編卷四八四作「無過於」，宋宰輔編年録卷一〇作「無且」。「圖任」，原作「圖仍」，據再造本、文海本、長編卷四八四、宋史卷三四二梁燾傳、歷代名臣奏議卷一三八校改。

〔四六〕作法之人　原作「非法之人」，再造本、文海本同，據長編紀事本末卷九一宣仁垂簾、范太史集卷二五聽政劄子、宋名臣言行録後集卷一三范祖禹、吕祖謙宋文鑑卷五九范祖禹論聽政、歷代名臣奏議卷一〇校改。

〔四七〕爲心　原作「爲公」，再造本、文海本同，據宋史卷三三七范祖禹傳、皇朝編年綱目備要卷二

三、太平治迹統類卷一九宣仁保祐哲宗、宋名臣言行録後集卷一三范祖禹、歷代名臣奏議卷六九、范太史集卷二五聽政劄子校改。

〔四八〕靖方　再造本、文海本同，據龍川略志卷九，當作「吴靖方」。

〔四九〕常　原作「嘗」，據文義及龍川略志卷九校改。

〔五〇〕翟思　李校：原作「翟恩」，據長編拾補卷九改。汪按：再造本、文海本亦作「翟恩」，長編紀事本末卷一〇一逐元祐黨上作「翟思」，從下文看，李校是，今從之。

〔五一〕鄙諺　再造本、文海本同，皇朝編年綱目備要卷二四作「鄙謗」。

〔五二〕秦汶分明　李校：長編拾補卷九作「秦汾分門」。汪按：再造本、文海本、皇朝編年綱目備要卷二四、太平治迹統類卷二四元祐黨事本末亦作「秦汶分朋」。吴泳鶴林集卷一五進御故實言及譏元祐大臣「秦汶分朋」事，故似作「秦汶分朋」是。長編紀事本末卷一〇一逐元祐黨上作「秦汾分明」。

〔五三〕陰私架造　再造本、文海本、太平治迹統類卷二四元祐黨事本末下同，長編紀事本末卷一〇一逐元祐黨上、皇朝編年綱目備要卷二四作「陰私構架」。

〔五四〕具足　再造本、文海本、長編紀事本末卷一〇一逐元祐黨上同，皇朝編年綱目備要卷二四作「其足」。

〔五五〕走馬蹬　再造本、文海本同，皇朝編年綱目備要卷二四作「走馬蹬」。

〔五六〕徒中　再造本、文海本同，皇朝編年綱目備要卷二四作「徙中」。

〔五七〕故求出　再造本、文海本同，長編紀事本末卷一〇一逐元祐黨上、太平治迹統類卷二四元祐黨事本末作「固求出」，似是。

〔五八〕坊州　李校：原作「防州」，據長編拾補卷一〇改。汪按：再造本、文海本亦作「防州」，長編紀事本末卷一〇一逐元祐黨上、宋史卷三四七韓川傳作「坊州」。李校是，然當以後二種書爲據。

〔五九〕郭知章　「郭」字原脱，再造本、文海本均同，據太平治迹統類卷二六祖宗制科取人、宋史卷三五五郭知章傳補。

〔六〇〕丁亥　二字原脱，再造本、文海本均同，據長編紀事本末卷一三〇尊王安石補。

〔六一〕具書　再造本、文海本均同，長編紀事本末卷一三〇尊王安石、宋宰輔編年録卷八作「其書」，作「其書」似是。

〔六二〕畀之要路　再造本、文海本均同，長編紀事本末卷一〇六常安民罷察院作「置之要路」。

〔六三〕嗟無及　再造本、文海本均同，宋史卷三四六常安民傳作「悔無及」。

〔六四〕張商英……上疏論司馬光吕公著乞斲棺鞭尸　再造本、文海本均同，長編紀事本末卷一〇六常安民罷察院作：「張商英元祐時，上吕公著詩求進，其言諛佞無耻……近……乞毁司馬光及吕公著神道碑。周秩在元祐間爲太常博士，親定司馬光謚號爲文正，及近……則……

乞斸棺鞭尸。」皇朝編年綱目備要卷二四、宋史卷三四六常安民傳、宋朝諸臣奏議卷一一九常安民上哲宗論大臣唱紹述之説、宋會要輯稿職官六七之一一至一二略同。即述「乞斸棺鞭尸」者非張商英，乃周秩。或原文有遺漏，或撰者有疏誤。

〔六五〕嵓版　原作「堪布」，據再造本、文海本回改。

〔六六〕酋也　原作「長帥」，據再造本、文海本回改。

〔六七〕楊割　原作「英格」，據再造本、文海本回改。下文五「楊割」同此。

〔六八〕阿骨打　原作「阿固達」，據再造本、文海本回改。下一「阿骨打」同此。

〔六九〕帳蕭解里　原作「帳蕭哈里」，據再造本、文海本回改。

〔七〇〕王欽臣　李校：原作「王致臣」，據長編拾補卷一〇四改。汪按：再造本、文海本作「王致臣」，長編紀事本末卷一〇二逐元祐黨下、皇朝編年綱目備要卷二四、太平治迹統類卷二四元祐黨事本末均作「王欽臣」，李校是，但應據後三書。

〔七一〕姚勔濮州團練副使連州安置　再造本、文海本同，按皇朝編年綱目備要卷二四：「……姚勔衢州，並居住，吴安詩連州安置」。太平治迹統類卷二四元祐黨事本末下：「姚勔制略曰：『……可依前官分司，衢州居住。』吴安詩制略曰：『……可責授濮州團練副使、連州安置。』」可知本書將姚勔、吴安詩二人事誤混爲一，「濮州團練副使連州安置」者乃是吴安詩，姚勔應是「依前官分司，衢州居住」。應在「姚勔」後補入「依前官分司，衢州居住；吴安詩」十二字。

〔七二〕張天説　再造本、文海本、宋史卷一八哲宗紀、長編紀事本末卷一〇二逐元祐黨下、皇朝編年綱目備要卷二四同。長編卷四九〇、宋宰輔編年録卷一一、歷代名臣奏議卷一八一作「張天悦」。

〔七三〕景祐福應太一集要　原脱「祐」字，再造本、文海本同，據長編紀事本末卷一〇二逐元祐黨下、皇朝編年綱目備要卷二四補。

〔七四〕朱熹年譜　原作「宋賢年譜」，據再造本、文海本校改。長編卷四九三注文作建寧朱熹年譜。此朱熹年譜即朱熹伊川先生年譜，分見伊洛淵源録卷四、晦庵集卷九八。程頤語又見二程遺書卷一九楊遵道録。

〔七五〕會　原作「彗」，據再造本、文海本、長編卷四九三、宋史卷二〇〇刑法志校改。

〔七六〕劉安世　原作「劉光世」，再造本、文海本同，據長編卷五〇〇、宋史卷一八哲宗紀、太平治迹統類卷二四元祐黨事本末下校改。

〔七七〕雲霧　再造本、文海本作「雲霿」，長編卷五〇〇、宋史卷六七五行志作「雲霧」。

〔七八〕誕慢　再造本、文海本均同，長編卷五〇四作「誕謾」。

〔七九〕邈波斯結既以講朱等四地來　再造本、文海本同。「邈波斯結」，長編卷五一三作「邊厮波結」。「四地」，長編卷五一三作「四城」。「來」，長編卷五一三作「來降」。

〔八〇〕相繼以求　再造本、文海本、長編卷五一三均作「相繼亦求」。

〔八一〕青唐　原作「青塘」，據再造本、文海本、長編卷五一四校改。

〔八二〕阿章　再造本、文海本同，長編卷五一七作「阿克章」。

〔八三〕復不通　再造本、文海本同，長編卷五一七作「不復通」。

〔八四〕叛羌因結連丁零宗羌　再造本、文海本同。「叛羌」，長編卷五一九作「鼐宗叛羌」。「連丁零宗羌」，長編作「鼎凌宗羌」。

〔八五〕章峽　再造本、文海本同，長編卷五一九作「省章峽」。

宋史全文卷十四

宋徽宗

庚辰元符三年正月己卯，夜漏未盡，宰臣執政會門下省，黎明，詣内東門，宣召入會通門，至福寧殿。皇太后曰：「大行皇帝無子，天下事須早定。」惇厲聲曰：「在禮律，當立同母弟簡王。」皇太后曰：「神宗皇帝諸子，申王雖長，緣有目疾，次即端王，當立。」惇又曰：「論長幼則申王爲長，論禮律則簡王當立。」皇太后曰：「俱是神宗之子，豈容如此分別。於次端王當立。」徽宗乃即皇帝位。詔皇太后權同處分軍國事。詔大行皇帝皇后號元符皇后。

二月，吏部侍郎徐鐸知貢舉，給事中趙挺之、寶文閣待制何執中、起居郎吴伯舉同知貢舉。知開封府吴居厚因奏對言：「陛下即政之初，京師有妄議朝政者，當行止絶。乞增置邏者。」上曰：「及朕躬否？」居厚曰：「雖不敢指斥，然傳播朝廷陞黜，將大有更張，其語不根。」上曰：「如及朕躬，容朕修省。」居厚慚謝而退。曾布因言：「青唐之事，全是章惇力主此議。紹聖以來，措置邊事，無不如意，臨了作此一事，至今狼狽，了當不得。」壬寅，大行皇帝殯於福寧殿之西階。甲辰，太后曰：「皇帝年長聖明，本不須同聽政，但以再三不得已從所請，比俟殿殯，便欲退處。今至祔廟，亦黽勉也。先丞相最被遇真皇，先一年薨，不及策立仁宗，相公等必知先丞相事業。舊嘗見父言慈聖盛德，然還政亦差遲。至今記得此語，以此不遑自安。如此庶幾不違父教，不辱先相門風。又俗諺云：彼殺不如自殺，不成更待他時，教他人有言語後還政，何如先自處置爲善。」衆皆稱頌。己酉，知南安軍邢恕爲龍圖閣待制、知定州。詔以新除吏部尚書韓忠彦爲門下侍郎，新除資政殿學士黄履爲尚書右丞。忠彦陳四事，以裨新政。其一廣仁恩，其二闢言路，其三去疑似，其四謹用兵。詔管勾御藥院郝隨、劉友端與外任宫觀。以近年禁中修造，華飾過當故也。癸亥，復范純仁、劉奉世、吕希純、王覿、吴安詩、韓川、唐義問並分司南京。純仁光禄卿居鄧州，奉世少府監居光州，希純少府少監居唐州，覿光禄少卿居和州，安詩少府少監居澧州，川少府少監居隨州，義問屯田員外郎居安州。又詔吕希哲管勾明道觀，吕希績管勾崇福宫，吕陶提舉玉局觀，蘇軾移廉州，蘇轍移永州，劉安世移衡州，秦觀移英州，程頤移峽州，鄒浩監袁州酒税，黄庭堅添差監鄂州在城酒税。

三月，權發遣洛州龔夬爲殿中侍御史〔一〕，權發遣衛州陳瓘爲左正言，添差袁州酒税鄒浩爲右正言。用曾布、韓忠彦、黄履所薦也。上極稱浩，且謂布曰：「浩擊章惇文字待降出。」布因言：「言路得人，中外孰不鼓舞。唯章惇、蔡卞不樂爾。」庚寅，敕下禮部，放正奏名進士李釜以下五百六十一人，第一、第二等賜及第，第三、第四等賜出身，第五等賜同出身。辛卯，詔：「太史前告天將動威，日有食之，期在正月，變異甚鉅，殆不虚生。應中外臣僚以至民庶，各許實封言事。在京於合屬處投進，在外於所在州軍附遞以聞。」丙申，章惇上大行皇帝陵名曰永泰陵。詔恭依。

夏四月朔，日有食之。百官守局。日官言：「辰初食西北四分，至巳五刻而復。」新知太原府蔡京依前翰林學士承旨。是日，曾布再對，力陳：「京、卞懷姦害政，羽翼黨援布滿中外，善類義不與之並。若京留，臣等必不可安位。」上慰諭曰：「無他。皇太后但且欲令了史事。以神宗史經元祐毁壞，今更難於易人爾。」曾布獨對，上曰：「封事已百餘軸，盡言章惇於定策之際，罪惡固不待言。蔡卞陰狡害政，紹聖以來，傷害人物多出於卞，其罪更大於惇。」布曰：「陛下分别忠邪如此，則臣雖退歸山林，死亦瞑目。」至簾前，亦具以此陳之。後三日，上又曰：「言惇、卞者已二三百軸。」庚戌，以皇長子生，輔臣稱賀。月犯東咸。丙辰，熒惑犯填。丁巳，詔：「天祐予家，挺生上嗣，國有大慶，賚及多方。解網恤辜，何俟終日。」范純仁下項官與宫觀差遣〔二〕，外州軍任便居住。中丞安惇罷知潭州。先是，陳瓘言：「陛下欲開言路，首還鄒浩，取其有既往之善，可謂得已試之才。安惇尚緣往事論浩罪惡，欲寢已成之命，自明前舉之當。其説以爲先朝之事且當遵承，國是所繫，不可輕改。豈有事事不改而可以謂之善繼，天下皆非而可以執爲國是乎。鄒浩既來，惇可去矣。」惇聞瓘章已出，亦自請去，故有此命。瓘又言：「國是之説，孫叔敖戰國一時之事。然其言曰：夏桀、商紂不定國是，而以合其取捨者爲是，不合其取捨者爲非。則是孫叔敖之意，亦不敢以取捨之私，而害天下之公是非也。」因録國是故事上之。

講義曰：國論之無所主非也，國論之有所主亦非也。國無定論固不可以爲國，然使其主於一説，則人情視此以爲向背，人才視此以爲去就，人言視此以爲是非，上之政令，下之議論，皆遷就而趨之，甚矣，國是一言之誤國也。夫國以爲是，即人心之所同是也。又安有衆之所非而自以爲是，使人皆不得於國是之外者〔三〕。此特孫叔敖之妄論，唐虞三代、孔孟之明訓，初無是也。秦漢至五代，其言未嘗用也〔四〕。本朝自建隆至治平，其説未嘗有也。自熙寧王安石始有是論，而紹聖之蔡卞、崇寧之蔡京皆祖述其説而用之。熙寧以通變爲國是，則君子爲流俗矣。紹聖以紹述爲國是，則嶺海之間皆逐臣矣。蔡京之國是又爲「豐亨豫大」之説而已，則立黨石刻黨碑，凡所託以害君子者，皆以國是藉口，曰此神考之意、安石之説也。縉紳之禍，多歷年所，豈非一言可以喪邦乎。

陳瓘言〔五〕：「陛下改用大臣，明示好惡。卞則安坐而不動，惇則備禮以求去。立其私説，變亂名實，爲國政之害，大者有三：一則以繼述神考爲名，違其説者謂之不孝，而實有負誣之心。二則以厚於先帝爲名，違其説者謂之至薄，而實有輕欺之意。三則假經義之糟粕，竊安石之緒餘，依語而行，蔽惑上下。謀發於蔡卞之心，事成於章惇之手，脅持上下，果斷必行。此二人者，外示睽間而心不相忘〔六〕，有急則相應，自然必致之理也。」

五月，貶濰州團練使、前知湟州王贍爲諸衛將軍、房州安置。姚雄奏稱：「青唐邈川，始因王贍貪功生事，招誘羌酋，收復窮遠之地，費財勞師，連歲不解。」上疑貶贍太輕，太后曰：「自此必寧静矣。」癸酉，詔：「近經登極大赦，及累降赦宥，中外臣僚無不甄敘。唯瑶華廢后未復位號，理所未安。令三省、樞密院同詳議聞奏。」乙亥，瑶華以犢車四還禁中，至内東門，皇太后遣人賜以冠服，令易去道衣乃入。中外聞者莫不懽呼。丙子，制：「廢后孟氏可復爲元祐皇后。」上諭曾布、蔣之奇曰：「臺諫攻蔡卞已十餘章，如何得卞知，令自圖去就。」皆莫敢對。上曰：「只説與章惇，則卞自知矣。」惇欲召吴伯舉往諭之。己卯，共奏遣伯舉。上遣伯舉諭旨。卞遂草表乞宫觀。布又言：「卞之去固已定，然外議皆以京進爲憂。」上默然。忠彦翌日留身，具道京不可進。上曰：「本無用之之意，但於簾前更開陳。」太后曰：「相公第安心，必無此。」忠彦退以語同列，皆相慶。己丑，詔追復文彦博等官。辛丑，月犯昴。是日，龔夬論蔡京，詔送三省，訖不行。韓忠彦曰：「上恐人言未已，兼來者必紛紛也。」甲午，陳瓘上殿，再論章惇，又論蔡京罪狀。上以爲京與卞不同，瓘極陳，乃稍然之。

六月癸卯，月犯熒惑。丁未，制曰：「龍圖閣待制邢恕，操心傾危，雅意傅會，造爲光語，上累宣仁，使光、公著被凶悖之名，蒙竄殛之罪，欺天誤國，職爾之由。今朕既申彼之冤，還其爵秩，則爾罪惡，何詞以逃。可依前官、守少府少監分司西京、均州居住。」曾布言：「元祐之人憤嫉熙寧、元豐之人，一切屏斥，已失之偏。紹聖用事者又深忿元祐之人，故竄斥廢黜無不過當，其偏則又甚矣。今日陛下欲以大中至正之道調一兩黨，則但當區別邪正是非，處之各得其所，則天下孰敢以爲非者。臣累聞聖諭，及皇太后亦曾宣諭，亦謂是者則用，不是者則不用，更不必分别此時彼時。若人臣皆能體此意，則無不當矣。」

秋七月己巳，熒惑歷氐星，犯房星，太白犯角距星。范純仁爲觀文殿大學士、中太一宫使。蓋將以爲相也。時純仁在南京已病矣。辛未，熒惑在房、心之間。壬申，以皇太后罷同聽政，族屬姻戚遷秩命官者凡三十三人。豐稷、陳師錫言：「仁宗問輔臣：『或謂先朝詔令不可輕改，信然乎？』王曾曰：『此憸人惑上之言也。咸平中删太宗詔令，十存一二，去煩密之文以便於民，何爲不可。』仁宗然之。由是觀之，朝廷之法，消息盈虚，與時偕行，何常之有。哲宗親政，召章惇爲宰相，惇用群小，合姦謀害元祐忠賢司馬光、吕公著等，變亂神考法度，謂之不忠，不能紹述，謂之不孝，以此激怒先朝。此王曾所謂憸人惑上之言也。惇編類臣寮章疏，擇其切直不諱之言謂之訕上，謂之指斥。臣觀書，見禹戒舜曰：『無若丹朱傲，惟慢遊是好』。周公戒成王曰：『無若商王紂。』亦可謂之訕上乎，亦可謂之指斥乎？惇又以章疏語言不足爲大惡，乃持文及甫、邢恕之私言，輒誣光等謀廢立爲不軌，無狀可按，無迹可尋，一切以意爲之。惇當國七年，竊持威柄，禍福天下，勇於害賢，敢於殺人，臨大變，訂大事，包藏陰謀，發爲異議。陛下尚優容之乎？祖宗怒惇久矣，今付陛下震之。上帝怒惇久矣，今命陛下誅之。陛下何憚而不果邪。」己卯，熒惑自房、心之間上行，月犯天陰。

八月乙未朔，秘書少監鄧洵武爲國史院編修官。從蔡京之薦也。給事中葉濤、龔原相繼駁奏。陳瓘言：「近言山陵使章惇奉使無狀，以致哲宗大升轝陷濘不前〔七〕。乞依唐李珏故事先次行遣，未蒙施行。」丙申，太白犯亢。

九月甲子朔，左僕射章惇上表乞罷政。詔答不允。上謂輔臣曰：「朕不欲用定策事貶惇。但以扈從靈駕不職坐之。餘事候有人理會，別議行遣。」韓忠彦曰：「例當放辭謝。」上曰：「不必爾，令庭下辭謝而去可也。」庚辰，詔：「陳瓘累言皇太后尚預國事，其言虛誕不根，送吏部。」辛巳，添差監揚州糧料院。癸未，月入井。甲申，知江寧府蔡卞落職，提舉洞霄宫。龔夬言：「蔡京與卞表裏相濟，天下共知，其惡播於民謡，云：『二蔡二惇，必定沙門。籍没其家，禁錮子孫。』又云：『大惇小惇，入地無門。大蔡小蔡，還他命債。』伏望博加採訪，以辨忠邪。」丁亥，瓘知無爲軍。時瓘已出國門，即露章辭免曰：「臣所望者，當以流竄蔡京爲急，不當以移臣差遣爲先也。」詔不許辭免。太白犯斗杓第二星。

冬十月丙申，蔡京知永興軍。上曰：「陳瓘極不可得。前日遣人送黄金百兩，瓘受賜泣下。」新知越州章惇潭州安置。徐勣爲制曰：「處心忮忍，賦性陰邪。凡陳開導之言，無非殺伐之事。陰挾仇怨，妄肆中傷。或稱謀危上躬，或託謗訕宗廟。擯除禁近，視若孤豚。排斥縉紳，弃如斷梗。投之荒裔，肯使生還。殺戮無辜，道路以目。」壬寅，知樞密院事曾布爲尚書右僕射兼中書侍郎。戊申，月食畢。先是，曾肇進對白上：「臣兄傳旨令草詔，戒内外以持大中至正之道。」上曰：「只是神宗法度當固守，人材則無彼此，惟是者用之。」肇對：「欲云政無新舊，惟義理是守。人無彼此，惟賢材當用。」又曰：「陛下當先分別君子小人，然後可行大中至正。若君子小人未分別，則中正之道恐未易行。」上頷之而已。

十一月癸亥朔，右正言陳祐言：「知大名府林希以黨附權要，託意詞命，陷害元祐臣僚。所草呂大防責詞，皆務求合章惇之意，肆言醜詆，不問是非，至有老奸擅國之語。」乙丑，詔希落端明殿學士、知揚州。庚午，詔自來年正月一日改爲建中靖國元年。或謂「建中」乃唐德宗奉天時年號，上曰：「梁末帝禪位，年號太平，太宗不以爲嫌也。」陳次升言：「蔡卞備位兩府，陰肆奸謀，竊弄賞罰，專報恩讎，人有譽其妻父之美者，極力主張，寘之顯要。如有議其妻父之短者，指爲誹謗宗廟，置之深刑。時人目爲笑面夜叉。」〔八〕壬申，蔡卞降中大夫，依前分司，移池州居住。

十二月，月犯司怪。

辛巳建中靖國元年春正月癸亥，流星自西南入尾，抵距星，其光燭地。范純仁卒，遺表言：「伏願陛下清心寡欲，約己便民，達孝道於精微，擴仁心於廣遠。深絕朋黨之論，詳察邪正之歸。」又言：「若宣仁誣謗之未明，致保佑之憂勤不顯。本權臣務快其私忿，非泰陵實謂之當然。」又言：「臣所重者，陛下上聖之資。臣所愛者，宗社無疆之福。

苟斯言之可采，則已死而猶生。」上聞訃痛悼，賜其墓碑曰「世濟忠直」。純仁性夷易寬簡，嘗曰：「吾平生好學，得之忠恕而已。」自爲布衣至宰相，廉儉如一，俸賜悉以廣義莊。前後任子恩，多先疏族，没之日，幼子五孫皆未官。曾肇嘗曰：「使純仁之言行於熙寧、元豐時，後必無紛更。盡用於元祐中，必無紹聖大臣讎復之禍云。」任伯雨言：「去年四月朔，今年正月朔，莫夜赤氣起於北方，光燄亘天，又有黑氣在下，漸衝西方，散而爲白，咎證之來，其異如此。伏願陛下用忠良，黜邪佞，正名分，殛奸惡，使陰邪小人無得生犯上之心，則變異之起，可轉爲休祥矣。」己巳，月犯星。甲戌，皇太后崩於慈德殿。丁丑，祔葬永裕陵，謚曰欽聖憲肅皇后。趙挺之爲御史中丞。任伯雨言：「挺之始因章惇進，既諂事蔡卞，及卞黜責，又諂事曾布，出入門下，殆無虚日。故士論以其觀望險詐，號爲「移鄉福建子」。伏乞特加審察其言。」是月甲戌，遼國主道宗耶律洪基卒，延禧即位，號天祚，改壽昌七年爲乾統元年。

二月己亥，月犯鉞。癸卯，月犯軒轅右角。丁巳，詔潭州安置章惇責授雷州司户參軍，員外置。先是，左正言任伯雨言：「章惇迷國罔上，毒流縉紳。又風聞虜使言〔九〕，虜主去年喫食次，聞中國貶黜章惇，虜主不覺放匕筯跳起，曰：甚好甚好，南朝錯用此人。虜使又曰：何故只如此行遣。以此觀之，惇之奸凶，不獨孟子所謂『國人皆曰可殺』，雖四海九州、夷狄蠻貊，莫不以爲可殺也。」

三月戊寅，知無爲軍陳瓘爲著作佐郎、實録院檢討官，吏部員外郎晁補之爲禮部郎中，仍兼檢討官。先是，提舉實録院韓忠彦奏陳瓘、晁補之皆有詞學，堪備史職。故有是命。陳瓘奏：「伏聞王安石日録乃人臣私録之書，非朝廷之典册也。自紹聖以此書降付史院，往往專據此書，追議刑賞，奪宗廟之美以歸故臣，建掌書之官以修私史〔一〇〕，考之往古，並無此例。所有紹聖神宗實録願詔史臣別行删修，以成一代不刊之典。」任伯雨居言職僅半歲，所上一百八疏，皆係天下治亂、關宗社宫禁者，細故不論也。曾布方用事，伯雨謀擊之，布覺，乃先罷伯雨言職，知虢州。

夏四月辛卯朔，以太史言日當食，是日雲陰，太史奏不見所食之分。太常博士江公望爲左司諫，爲上力陳堯舜之道，且言：「願陛下不畏多難，而以無難爲憂，不矜無過，而以改過爲美。」

五月辛酉朔，大雨雹。是夕，填犯氐。

六月壬寅，集禧觀灾。甲辰，陳祐通判滁州。翌日，曾布宣押視事，右司諫江公望對，遽曰：「陛下臨御以來，易三言官，逐七諫臣，非天下所期望。」先是，祐因進對，上謂曰：「凡有公事，宜與江公望議論了乃來。」祐見公望，公望曰：「榻前一磚之地，是人臣對君父極言天下事去處。惟上不欺天，中不欺君，下不欺心，則可免戾。人各有知見，不必同，惟不可傅會。」

秋七月辛酉，江公望言：「訪聞蔡王府吏相告，有不順之語浸淫，恐及蔡王。伏望陛下勿以曖昧無根之言，而加諸至親骨肉之間。」詔江公望罷左司諫、知淮陽軍。蘇軾卒。

八月甲寅，三省進呈右司員外郎陳瓘上曾布書：「瓘聞古之賢未嘗無過，尊私史而壓宗廟，緣邊費而壞先政，此二者，閣下之過也。違神考之志，壞神考之事，此二者天下所共知，而聖主不得聞其説，蒙蔽之患，孰大於此。」詔陳瓘與知州差遣。乙卯，陳瓘知泰州〔二〕。

十一月庚辰，冬至，合祭天地於圜壇。壬午，曾布獨留，進呈内降起居郎鄧洵武所進愛莫助之圖，其説以爲陛下方紹述先志，群臣無助之者。上曰：「洵武言非相蔡京不可。」布云：「洵武所陳既與臣所見不同，自不當議。乞納下。」明日，遂改付温益，欣然奉行，乞籍記異論之人。於是上决用京矣。

壬午崇寧元年閏六月壬戌，曾遹言：「曾布呼吸立成禍福，喜怒遽變炎凉，鈎致齊人之竊言，欲破紹聖之信史。」於是布連抗章乞罷。布於元符末欲以元祐兼紹聖而行，故力排蔡京〔一二〕。崇寧初，知上意有所向，又欲力排韓忠彦。無何，京爲左丞〔一三〕，大與布乖。

講義曰：人皆以建中靖國爲更化之時，而不知紹述之詔已下於元符之末。而禁中之意，曾布、蔡京已知之。布在熙寧之時，則附會安石、惠卿之議。至紹聖之時，乃詭請薦陳瓘、張庭堅輩，又請毋毀光、公著碑。至建中之時，初知上有消朋黨之意，乃排蔡京而主元祐。及知上有紹述之意，則排忠彦而主紹述。甚至蔡京者，其奸又過於布。在熙寧則奉行熙寧之法，在元祐則奉行元祐之法，在紹聖則奉行紹聖之法，國論三變而蔡京亦與之俱變。此小人不足責，而引用小人自安石始。然安石之心與章子厚不同，章子厚之心與蔡京諸人不同。蓋安石之法猶出於所學，章子厚之法特託安石以報私怨耳。至蔡京，則又託紹述以奉人主之侈心耳。愈變愈下，所以致中原之禍也。

新知越州鄒浩爲衡州別駕、永州安置。壬午，中書檢會李清臣劄子：「臣寮言，豐稷辭諫議，其意在譏切先帝。又張舜民辭謝言官，譏謗先朝。」奉聖旨李清臣追貶武安軍節副。豐稷睦州安置，舜民商州安置。

秋七月，陳次升落修撰、知萊州。戊子，左丞蔡京右僕射兼中書侍郎。甲午〔一四〕，詔：「治天下者，以立政訓迪爲先，篤孝思者，以繼志述事爲急，損益之間，理宜稽考。宜如熙寧置條例司體例，都省置講議司。差宰臣蔡京提舉遴揀乃僚，共議因革。」

九月丁酉，錢遹言：「曾布力引韓忠彦、李清臣、豐稷、曾肇之徒，鱗集於朝。忠彦引陳瓘、龔夬，曾布引陳次升、李清臣、豐稷，合黨締交，欲變亂當時策立事實，以誣毀哲廟。」布降中大夫、分司南京，忠彦崇福宫，清臣追貶雷州司户，肇靈仙觀、岳州居住，稷道州别駕、台州居住，瓘、夬並追毁出身已來文字、編管，瓘袁州，夬房州。閻守懃舒州安置。

十月甲寅，臣寮言：「任伯雨、陳次升其惡不在瓘、夬之下。哲廟升遐之初，曾布遣子紆、婿吴則禮往來閻守懃、裴彦臣之家，密傳信息。張庭堅力詆瑶華爲非辜，而器鄒浩之直。」詔任伯雨、張庭堅並除名、勒停、編管，紆、則禮並勒停、永不收叙，次升靈仙觀、亳州居住。壬申，錢遹、石豫、左膚言：「朝廷行遣韓忠彦、李清臣、黄履，爲請復元祐皇后事，並后匹嫡，春秋譏之。」甲戌，元祐皇后孟氏復居瑶華宫。忠彦降授大中大夫、懷州居住。是歲，賜邵武軍邵武縣唐太守歐陽祐民祠爲惠應廟。

癸未崇寧二年春正月乙酉，中書省檢會任伯雨、龔夬、陳瓘、陳祐、李深、鄒浩、馬涓〔一五〕、豐稷、張庭堅、江公望、王覿、謝文瓘、陳次升〔一六〕、張舜民奏。詔伯雨、瓘、夬、浩、涓、祐、庭堅、公望已上並除名、勒停、編管，伯雨昌化軍，瓘廉州，夬象州，浩昭州，涓澧州，祐歸州，深復州，庭堅鼎州，公望南安軍〔一七〕，覿、稷、次升、文瓘、舜民並除名、勒停、居住〔一八〕，覬臨江軍，稷建州，次升建昌軍，文瓘邵武軍，舜民房州。

三月癸卯，上御集英殿，賜霍端友以下五百三十八人上舍及上書正等人升甲〔一九〕，上書邪等人奏名黄定等十八人先次黜落。

四月乙亥，毁東坡文集、唐鑑、馮子才文集、秦學士豫章三蘇文集、東齋記事、豫章書簡、湘山録、眉山集别集、坡詞劉貢父詩話、晁張黄先生文集、秦學士文。戊寅，臣寮言：「致仕程頤學術頗僻，素行譎怪。紹聖中，雖嘗明正罪罰，而元符之末叙復過優，近日以入山著書爲名，切慮如野史小説之類，妄及朝政，欺惑後世。」詔頤追毁出身以來文字，其入山著書，本路監司覺察。

九月，鄧洵武言：「今吏部選人，自節察判以至簿尉凡七等，造爲新名，爲承直郎、儒林郎、文林郎、從事郎、通仕郎、登仕郎、將仕郎。」詔從之。

甲申崇寧三年春正月辛巳，詔上書邪等人不許朝見，擅到闕下，仍不得在京居住。見任在京差遣人並放罷。

講義曰：此安石人言不足恤之遺患也。夫祖宗所恃以立國者，通下情，伸士氣耳。而忍戕賊其根乎。當元符末年，許人上書矣。未及一年，則籍元符上書姓名〔二〇〕。當崇寧五年，因彗星而求直言矣，未及一年，則論崇寧五年上書人罪。其迷國誤朝一至於此。韓忠彦以一君子而對衆小人，雖柔懦不能大有所爲，然觀其乞罷編類局，使其志得行，亦不至於召靖康之禍也。

甲午，鴻臚寺丞蔡攸賜進士出身，爲校書郎。攸，左僕射京子也。甲辰，魏漢津言：「禹以聲爲律，以身爲度，用左手中指三節三寸謂之君指〔二〕，裁爲宫聲之管。又用第四指三節三寸謂之臣指，裁爲商聲之管。又用第五指三節三寸謂之物指，裁爲羽聲之管。第二指爲民爲角，大指爲事爲徵，得三指，合之爲九寸，即黄鍾之律定矣。黄鍾定，餘律從而生焉。今欲乞請聖人三指爲法〔三〕，先鑄九鼎，次鑄帝座大鐘，次鑄四韻清聲鐘，次鑄二十四氣鐘，然後均弦裁管爲一代之樂。」〔三〕

二月，臣僚上言：「章惇陰懷異志，内挾奥助，其謀詭祕，乃敢肆爲同胞之説。」詔章惇、王珪爲臣不忠，可别爲一籍，仍依元祐奸黨指揮施行。始用魏漢津之説鑄九鼎。

三月辛丑，大内火。

夏四月甲辰朔，尚書省勘會：「黨人子弟不問有官無官，並令在外居住，不得擅到闕下。」熒惑犯壘壁陣，月犯房上相。

五月己卯，守尚書左僕射兼門下侍郎蔡京爲守司空、行尚書左僕射兼門下侍郎，封嘉國公。以撫定鄯、廓推賞也。

六月壬寅朔，詔熙寧、元豐功臣圖形於顯謨閣。癸卯，詔荆國公王安石配享孔子廟庭。

朱勝非曰：陳瓘上疏言：王安石塑像於學殿，方至尊拜謁先聖，本朝功臣坐視拜伏，傲慢不恭。自有天地以來，庠序規制，未有如此。安石自崇寧間配享孔子，列坐孟軻之次，靖康初論其非，自瓘始。

甲辰，詔：「元符末姦黨並通入元祐籍，更不分三等，應係籍姦黨，已責降人並各依舊，除今來入籍人數外，餘並出籍。今後臣僚更不得彈劾奏陳〔二四〕，令學士院降詔：元祐姦黨，文臣曾任宰臣執政官司馬光、文彦博、吕公著、吕大防、劉摯、范純仁、韓忠彦、曾布、梁燾、王巖叟、蘇轍、王存、鄭雍、傅堯俞、趙瞻、韓維、孫固、范百禄、胡宗愈、李清臣、劉奉世、范純禮、安燾、陸佃、黄履、張商英、蔣之奇，曾任待制已上官蘇軾、劉安世、范祖禹、朱光庭、姚勔、趙君錫、馬默、孔武仲、孔文仲、吴安持、錢勰、李之純、孫覺、鮮于侁、趙彦若、趙卨、王欽臣、孫升、李周、王汾、韓川、顧臨、賈易、吕希純、曾肇、王覿、范純粹、吕陶、王古、豐稷、張舜民、張問、楊畏、鄒浩、陳次升、謝文瓘、岑象求〔二五〕、周鼎、徐勣、路昌衡、董敦逸、上官均、葉濤、郭知章、楊康國、龔原、朱紱〔二六〕、葉祖洽、朱師服，餘官秦觀、黄庭堅、晁補之、張耒、吴安詩、歐陽棐、劉唐老、王鞏、吕希哲、杜純、張保源、孔平仲〔二七〕、湯馘、司馬康、宋保國、黄隱〔二八〕、畢仲遊、常安民、汪衍、余爽〔二九〕、鄭俠、常立、程頤、唐義問、余卞、李格非、陳瓘、任伯雨、張庭堅、馬涓、孫諤、陳郛〔三〇〕、朱光裔、蘇嘉、龔夬、王回、呂希績、歐陽中立、吳儔、尹材、葉伸、李茂直、吳處厚、李積中、商倚、陳祐、虞防、李祉、李深、李之儀、范正平、曹蓋、楊綝〔三一〕、蘇昞、葛茂宗、劉謂、柴衮、洪羽、趙天佐、李新、衡鈞、兖公適〔三二〕、馮百藥、周誼〔三三〕、孫琮、范柔中、鄧考甫、王察、趙峋、封覺民、胡端修、李傑、李賁、趙令畤、郭執中、石芳、金極、高公應、安信之、張集、黃策、吳安遜、周永徽、高漸〔三四〕、張夙、鮮于綽、呂諒卿、王貫、朱紘〔三五〕、吳朋〔三六〕、梁安國、王古、蘇迥、檀固、何大受、王箴、鹿敏求、江公望、曾紆、高士育、鄧忠臣〔三七〕、种師極、韓治〔三八〕、都貺、秦希甫、錢景祥、周綍、何大正、呂彥祖、梁寬、沈千、曹興宗、羅鼎臣、劉勃、王拯、黃安期、陳師錫、于肇、黃遷、莫俠正〔三九〕、許堯輔、楊朏、胡良、梅君俞、寇宗顏、張居、李脩、逢純熙、高遵恪〔四〇〕、黃才、曹盥、侯顯道〔四一〕、周遵道〔四二〕、林膚、葛輝、宋壽山〔四三〕、王公彥、王交、張溥、許安修、劉吉甫、胡潛、董祥、楊懷寶〔四四〕、倪直孺、蔣津、王守、鄧允中〔四五〕、梁俊民、王陽、張裕、陸表民、葉世英、謝潛、陳唐、劉經國、扈充〔四六〕、張恕、陳并、洪芻、周鍔、蕭刓、趙越、滕友、江洵〔四七〕、方适、許端卿、李昭玘、向紃〔四八〕、陳察、王正甫〔四九〕、高茂華、楊彥章〔五〇〕、廖正一、李夷行、彭醇、梁士能，武臣張巽、李備、王獻可、胡田、馬諗、王履、趙希夷、任濬、郭子旆〔五一〕、錢盛、趙希德、王長民、李永、王庭臣、吉師雄、李愚、吳休復、崔昌符、潘滋、高世權〔五二〕、李嘉亮、王琉〔五三〕、劉延肇、姚雄、李基，内臣梁惟簡、陳衍、張士良、梁知新、李倬〔五四〕、譚扆、竇鉞、趙約、黄卿從、馮説、曾燾〔五五〕、蘇舜民、楊偁、梁弼、陳恂、張茂則、張琳、裴彦臣、李偁、閻守懃、王紱、李穆、蔡克民〔五六〕、王化基、王道、鄧世昌、鄭居簡、張祐、王化臣。爲臣不忠，曾任宰臣王珪（故）、章惇。」

秋七月乙亥，淮西提刑霍漢英言：「應天下蘇軾所撰碑刻，乞並令一例除毁。」從之。癸未，月犯建星。甲申，月犯牽牛火星。戊戌，太白犯積薪。

八月壬寅朔，太白犯積尸氣，歲犯亢距星。丙辰，月食於室。

九月丙戌，月犯井。

冬十月辛丑朔，大雨雹。己酉，詔翰林承旨張康國撰景鐘銘。景鐘者，魏漢津所鑄也。庚午，命刑部尚書管師仁重修神宗皇帝玉牒及看詳哲宗皇帝玉牒。

十一月，婺州教授葉夢得爲議禮武選編修官。蔡京責元祐人分三等定罪，蓋夢得及張浚明所建也〔五七〕。月入太微垣。庚寅，太白掩辰。丙申，祀昊天上帝於圜丘，以太祖皇帝配。

乙酉崇寧四年春正月丙申，知樞密院事蔡卞爲資政殿大學士、知河南府。

閏二月，歲犯鈎鈐。

三月戊辰朔，熒惑犯鉞，熒惑犯井矩星，熒惑入井。禮部言：「常州進士孫天與言：『伏睹諸路州縣學校，春秋上丁釋奠，自先聖文宣王至於十哲，其餘古今宗公巨儒繫享祀者計八十餘員，並未預祭。欲乞應諸學校，每遇釋奠日，就先聖殿西廊隨例祭祀。』」從之。戊午，蔡京言：「九鼎告成。」詔於中太一宮之南爲九殿以奉安，名曰九成宮。中央曰帝鼐，北方曰寶鼎，東北曰牡鼎，東方曰蒼鼎，東南曰風鼎〔五八〕，南方曰彤鼎〔五九〕，西南曰阜鼎，西方曰晶鼎〔六〇〕，西北曰魁鼎。

夏四月壬辰，月犯亢距星。

五月丙午，月犯氐。漢天師三十代孫繼先賜號虛靖先生，與免本户田産租徭。尋召赴闕。又詔信州龍虎山張氏自今相襲爲山主，傳授法籙者即度爲道士，仍賜紫衣師號，著爲令。

秋七月丙辰，月入畢。左僕射蔡京等奏：「伏奉聖旨，京畿四面可置輔郡屏衛京師。南以潁昌府爲南輔，以襄邑縣建名輔州爲東輔，以鄭州爲西輔，以澶州爲北輔。」

八月癸酉，月犯建星。庚辰，太白犯罰。葉夢得爲祠部員外郎。夢得爲編修官才六日，蔡京亟薦之，與同事四人者皆對。夢得見上，論：「自古帝王爲治，必先自治其心者始。堯舉天下授之舜，不過曰人心惟危，道心惟微。今國勢有安危，法度有利害，人才有邪正，民情有休戚。若不先治其心，或誘之以貨利〔六一〕，或陷之以聲色，則所謂安危利害邪正休戚者，未嘗不顛倒易位，而況求其功乎。」〔六二〕上異之。京謂夢得曰：「公言得無意乎？」夢得曰：「此夢得所學也。」

冬十月壬辰，是日，日有黑子。自七月雨至於是月。

十二月丁巳，是夕月犯輿鬼。戊寅，月食於柳。

丙戌崇寧五年春正月甲午朔，〔戊戌〕〔六三〕彗出西方，由奎貫胃、昴、畢〔六四〕，至戊午没。乙巳，詔：「以星文變見，避正殿，損常膳，中外臣僚等並許直言朝政闕失。」又詔：「應元祐及元符末繫籍人等，可復仕籍，許其自新。朝堂石刻，已令除毀。今後更不許以前事彈糾。」太白晝見，月犯靈臺，太白犯牽牛。戊申，月入太微垣。

二月甲子朔，太白犯壘壁陣。甲戌，太白犯泣星。趙挺之爲特進、尚書右僕射兼中書侍郎。上深覺蔡京之姦，由是旬日之間，凡京所爲者一切罷之。

三月丙申，詔：「昨爲星變，許直言朝政闕失，今日消伏，可罷收接。」月犯建星。己未，御集英殿，賜合格進士蔡薿以下六百七十六人。

夏四月，右正言詹丕遠進對，乞謹天戒。上曰：「星譴可懼，朕夙夜思格王所以正厥事之説，龍驤豈能當天變。」丕遠未諭。上曰：「厩馬也，一夕無病而卒〔六五〕。或者便謂星變之致〔六六〕，應天止如是邪？」丕遠對：「此語欺甚，不知陛下何從得之。」上作色徐曰：「蔡京。」丕遠對：「蔡京，大臣。宜省愆引咎〔六七〕，如此奏對，大非昌言。」讀奏至「儉德之共也」，上曰：「愼乃儉德，惟懷永圖，聖人垂訓明甚。京只爲作事無法，於財用上未嘗以不足告，力引周官惟王不會之說，此何意？」丕遠對：「此不過欲悦陛下耳。」上曰：「悦之不以道，不悦也。」

五月，月入氐。詔頒紀元曆。

六月，塡犯建星。左正言詹丕遠對〔六八〕，上曰：「聞近日中外有三不可之說，謂法度不可變，劉逵不可用，蔡京不可罷。」丕遠對：「京之誤國，陛下所知也。」上遽曰：「今日且不要他，及只說國是斷合如何？」丕遠對：「國是非小事，陛下當與挺之等議之。」乙亥，太史言：「月當食，雲陰不見。」

秋七月庚寅朔，太史言：「日當食不食。」詔送祕書省。壬寅，詔改明年元曰大觀。

九月戊申，月犯井距星。

冬十月乙丑，熒惑犯昴，歲犯斗，熒惑犯太陰。丁未，月犯長垣。辛亥，月入太微垣。

十二月戊午朔，太史言：「日當食不食。」詔：「劉逵懷姦徇私，挾情害政，可罷中書侍郎，差知亳州。」自星變，上罷蔡京，復相趙挺之，逵擢中書侍郎。後數日，星没，稍悔更張之暴，翰林學士鄭居中獨知之，遂請對，首言：「今所建立皆學校禮樂，以文致太平，居養、安濟等法以厚下恤民，何所逆天而致譴怒。」上大以爲然。禮部侍郎劉正夫繼請對，如居中言。上遂外挺之、逵而復向京。於是，逵罷，踰百日，挺之亦罷。流星出奎，至天倉没，有聲如裂帛。

丁亥大觀元年春正月戊子，大赦。己丑，蔡京依前司空，爲尚書左僕射兼門下侍郎。辛丑，熒惑犯畢。己巳，月入太微垣。丙午，歲犯填。御筆：「自今學生願兼他經者聽。」太白犯月星。

三月庚寅，太白犯天街。丁酉，特進、尚書右僕射趙挺之爲觀文殿大學士、佑神觀使。上意復向蔡京，故挺之罷，後五日卒，贈司徒，官給葬事，謚清憲。翰林學士鄭居中爲同知樞密院事。貴妃鄭陳乞罷之。戊戌，改授中太一宫使兼侍講。詔：「諸士有善父母爲孝，善兄弟爲悌，善内親爲睦，善外親爲婣，信於朋友爲任，仁於州里爲恤，知君臣之義爲忠，達義利之分爲和，一、諸士有孝、悌、睦、婣、任、恤、忠、和八行，見於事狀、著於鄉里者，耆鄰保伍以行實申縣，縣令佐審察，延入縣學，考驗不虚，保明申州如令。一、諸八行〔六九〕，孝、悌、忠、和爲上，睦、婣爲中，任、恤爲下。士有全備八行，保明如令，不以時隨奏貢入太學，免試爲太學上舍。司成以下引問考驗，較定不誣，申尚書省取旨，釋褐命官，優加擢用。」

夏四月戊午，太白入井。癸未，熒惑犯鬼及積尸氣。

五月戊戌，月犯東咸。

六月壬戌，熒惑犯軒轅，大星月入氐。

秋七月乙酉朔，熒惑犯靈臺。祠部員外郎葉夢得爲起居郎。夢得在祠部久不遷，蔡京既復相，所立法度已嘗罷者皆復行，夢得召對，論：「周官太宰以八柄詔王馭群臣，所謂廢置賞罰者，王之事也。太宰得以詔王而不得自專。陛下前日所建立者，出於陛下乎，出於大臣乎？及其罷之，又復從而復之，亦出於陛下乎，出於大臣乎？臣頃見陛下首嘗以治心爲言，正爲是也。今徒見一大臣進以爲可作，則法度從而立，一大臣進以爲不可作，則法度從而廢，無乃陛下有未了然於中，而不出於己者乎！臣願乘今更張之後，推用此道，度其可復者復之，可罷者罷之，無徒以大臣進退爲可否，則天下治矣。」上喜，後數日遂除起居郎。

八月，皇第九子構爲檢校太尉、定武軍節度使、蜀國公。辛未，乾寧軍言：「七月丁酉黄河清，至乙巳復舊。」甲戌，月入畢。

九月癸巳，月犯壘壁陣。辛亥，大享於明堂，以神宗皇帝配。

冬十月，辛酉，薊州地震。太白犯左執法。己巳，大雨雹。乙亥，月犯長垣。

閏十月丙戌，太白犯亢。臣寮上言：「伏見御史臺見勘公事，上書人方軫輕詆尤甚。其父通，見任諸王府翊善。」詔方通先罷任，令吏部與監當差遣。蔡京之罷相也，軫奏疏論：「京睥睨社稷，内懷不道，效王莽自立爲司空，效曹操自立爲魏國公。視祖宗神靈爲無物，玩陛下不啻若嬰兒。專以紹述熙、豐之説爲自媒之計，上以不孝劫持人主，下以謗訕詆誣，恐嚇天下。自古爲臣之姦，未有如京今日爲甚。若設九鼎、鑄大錢、置二衛〔七〇〕、興三舍、建樂府，又於國門外祭天地於兩郊〔七一〕，如此之類，非徒無益，又且於禮文經意無補。凡妄作，必持兩説劫持人主：一曰此三代之法也，一曰熙、豐遺意未及施行。每有奏請，盡乞作御筆指揮行出，語士大夫曰：『此上意也。』明日或降指揮更不施行，則又語人曰：『京實啓之也』。善則稱己，過則稱君。必欲陛下斂天下怨而後已，是豈宗社之福乎。陛下嗣服之初，忠義之士明目張膽，願見太平。京欲鉗天下之口，塞陛下之耳目，方爲邪算，賊虐忠良，奈何陛下以京爲忠貫日月，以忠臣義士爲謗訕詆誣，或黥配遠方，或除名編置，或不許齒仕籍，以言得罪者萬人矣，誰可爲陛下言哉。」〔七二〕軫竟坐此編管嶺南。丙申，太白入氐。丁未，太白犯房。

十一月壬子朔，日有食之。置符寶郎四員。二員以内臣充，掌禁中符寶之事；二員以文臣充，掌外庭符寶之事。八寶名鎮國神寶、受命之寶、天子之寶、天子行寶、天子信寶、皇帝之寶、皇帝行寶、皇帝信寶。

十二月乙酉，太白犯熒惑，月入井。

戊子大觀二年春正月壬子朔，受八寶於大慶殿，大赦天下。是日，御製宣和殿記，其文實蔡京爲之。甲寅，太白犯歲。庚申，蜀國公封廣平郡王。月犯井鉞。甲子，月犯軒轅。吏部尚書余深知貢舉，給事中蔡薿、中書舍人霍端友同知貢舉。

二月壬午朔，熒惑犯歲。癸巳，月入太微垣，犯内屏。

三月甲子，中書舍人葉夢得兼編修神宗官制六典。戊寅，御垂拱殿，賜貢士成都王俣等十三人上舍及第釋褐。甲辰，月入羽林軍。

五月庚戌朔，日有食之。己未，月入氐。

六月辛卯，熒惑犯天街。癸巳，月犯壁壘陣。

秋七月癸酉，熒惑犯司怪。丁丑，太白犯亢。

八月庚寅，熒惑入井。

冬十月丁丑朔，太白晝見。庚辰，歲犯壘壁陣。詔：「太史局令已下，自今後若稍涉漏露應干乾象淩犯、所主休咎者，其所聞並傳報漏洩之人不分首從，並當行處斬。仍許人陳告。」

十一月丁未朔，太白晝見。辛酉，月犯井。命有司行禮，當追述三代之意，適今之宜，開元禮不足爲法。趙霆嘗行河，得龜兩首，蔡京方以祥瑞事媚上，曰：「此齊小白所謂象罔見之而霸者也。」同知樞密院鄭居中言：「首豈宜有二〔七三〕，人孰不驚異，而京獨私主之，意殆不可測。」上乃出龜棄金明池。壬申，太白犯歲。

十二月戊子，月犯熒惑。癸卯，流星出奎。

己丑大觀三年春正月丁未，兵部尚書薛昂知貢舉，吏部侍郎慕容彥逢、禮部侍郎李圖南、給事中霍端友、中書舍人俞㮚、右諫議大夫蔡居厚、侍御史劉安上、符寶郎宇文粹中同知貢舉。熒惑犯井。

二月丁丑，韓忠彥復宣奉大夫儀國公致仕。己丑，月犯內屏。丁酉，中太一宮使、奉寧軍節度使、檢校司空、提舉龍德宮童貫爲檢校司徒、鎮洮軍節度使。貫辭不受。

講義曰：上之即位，其始因修造華侈而斥內侍郝隨、劉友端。其後則以童貫監製器，以朱勔領花綱。其始因瓘之言察裴彥臣交通內外之迹，以逐蔡京。其後則以童貫而用蔡京，以梁師成而用王黼。則知人君之心未始有不善，而小人蠱惑其心者，其罪多矣。一童貫也，使之任製器之役猶可也〔七四〕，蔡京乃使之領西師。西事未畢而北事復起，既命之使遼以覘其國，適爲遼人所覘。又縱之通女真，反爲女真所侮。甚至於方臘不能討，命童貫以討之。是一童貫可以任内修外攘之責矣。夫宦官者，腹心之患也。夷狄者，手足之患也。宦官者，根本之禍也。夷狄者，枝葉之禍也。當時任伯雨之言曰：「朝廷爲陽，宫禁爲陰，中國爲陽，夷狄爲陰，君子爲陽，小人爲陰，德爲陽，兵爲陰。」愚謂崇觀以來，陰氣甚盛矣。小人、宦官、夷狄同一氣類也。此有所感，則彼有所應，必然之理也。縱使當時無夷狄之禍，亦有宦官之禍也夫。

癸卯，太白犯壁壘陣，月犯斗。乙丑，御集英殿，賜進士賈安宅等及第、出身、同出身七百三十一人。宦者梁師成與焉，名在第一甲第十一。丙寅，熒惑犯鬼。辛未，太白犯歲。

夏四月，御筆：「禮以别尊卑，明分守，則器用之制，設飾之文，多寡之數，等衰之節，宜各隨其品秩，分其貴賤，以立制度。」月犯五諸侯。癸巳，御製七言詩一章八句，賜賈安宅等。

五月，太白犯天陰。

六月甲戌朔，侍御史毛注言：「蔡京蔭補入仕，素不知書。嘗形簡牘，以符寶爲扶寶，衆目爲扶寶侍郎。」丁丑，太師、尚書左僕射、門下侍郎、魏國公蔡京爲太師、中太一宫使，其請給、恩數並依見任宰相例。先是，石公弼言：「京之姦惡，雖中外憤怨，而畏京之威，人莫敢言，一犯其怒，宗族莫保。每託以紹述神考之政，而京率意無所畏忌。外則生事於四夷，内則殫竭於民力。託爵禄以廣私恩，濫錫予以蠹經費。」毛注言〔七五〕：「京位極人臣，爵無可加，擅持威福，震動中外，四方多士，惟知奔走宰相之門，而不知君父之尊。知徇流俗之習，而不知法令之可畏。文昌舊省，一毁而盡，遠傷元豐之偉迹，近累陛下之述事。謂忠於君可乎？臨平新塔乃京私域之高原，土木百出，一境騷然。上假朝廷之威力，下便宰相之私計。謂忠於君可乎？」公弼又言：「京罷相以三師就第，提舉修實録，於京計則得也，爲朝廷之謀則未然。京援引小人邪枉盈庭，奔競無恥，附下罔上，習以成風，豈可謂正百官也。輕名器以招權，厚廪禄以姑息，内耗國計，外侵民財，帑藏空虚，人心嗟怨，豈可謂安百姓也。欲爲己功，生事夷狄，黔南之舉，夷夏蕭然，邊陲彫殘，民不堪命，豈可謂鎮撫四夷也。」庚辰，月犯平道。辛巳，何執中爲尚書左僕射兼門下侍郎。太學生張朝老上書曰：「陛下即位，凡五命相矣。有若韓忠彦之庸懦，有若曾布之贓污，有若趙挺之之惷愚，有若蔡京之跋扈，人主止論一相，陛下除相如此，天下何賴焉。比復相何執中，是猶以蚊負山，不過援引契舊鄉閭之人，布之清列而已。至如蔡京盗陛下之恩賞以植私黨，以結人心，執中必不敢爾。顧其才術不足以有爲，然成命已頒，不可復汗。而右揆尚闕，猶可擇人也。」又言：「臣觀考蔡京之所爲，合而言之，則其事止於十有四：誣上帝〔七六〕，罔君父，結奥援，輕爵禄，廣費用，變法度，妄制作，喜導諛，鉗臺諫，熾親黨，長奔競，崇釋老，窮土木，務遠略〔七七〕。散而言之，其事數十萬言，願詔有司給筆札，使臣得盡其胸中之所言，寫天下是非之事，以告陛下，臣死之日，猶生之年。」壬辰，太白入井。

秋七月，熒惑犯左執法。庚戌，月犯房。

八月癸未，劉安上爲右諫議大夫。甲午，月犯井。

冬十月甲午，月犯次將。乙未，月犯謁者。

十一月，太常寺言：被旨天文、筭學合奉安先師，並配享從祀。臣等稽之載籍，合之典禮，宜尊黄帝爲先師，而以其當時之臣風后、力牧、大鴻、大撓、隸首、容成、車區、常儀爲配享。又以後世精於數術者商巫、咸周、箕子、周商、高周、榮方、晉史、蘇秦、卜徒父已上七十人擬從祀。壬子，尚書省言：「甘露降左右丞廳並柳竹凡百三十本。」是歲，江淮大旱，自六月不雨，至於十月。

庚寅大觀四年春正月庚子朔，中丞吴執中言：「邇來諸路以八行貢者。臣謂所貴乎士者，爲其能學知先王之道，其爲行不悖於義而已。以親病而割股，閭里小民時有能者，官有給賜，憫恤其愚，有愛親之心而至於毁傷支體，用是以恤之，士而爲此，是不知孝之道矣。然頂刺血，非聖人之教，常誦佛書，豈儒者之事哉。救其兄之溺，恤其女之貧，皆不足以爲異。伏願下之太學，俾長貳博士考以道義，别白是非，澄去冒濫。」從之。丁未，月犯天街。

二月庚午朔，禁然頂、煉臂、刺血、斷指者。辛未，新知杭州張商英入對。上語及蔡京亂紀綱事，商英曰：「京自來專恣，無所忌憚。批狀便是條貫，入狀請寶便是聖旨，安得不亂。」商英言：「祖宗以來，擢用臺諫官，或出自宸衷，或採於久次，或下禁從各舉所知，號爲不次用人。然自州縣選人召對者，不過三四人而已，曾未見近歲多士拔擢之驟也。由庠序不數月作六察，由六察不數月作殿中侍御史，又不數月作侍御史，作中丞，作諫議，作給舍，作執政。問之以政事則不知也，問之以古今則不知也，問之以邊防則不知也，問之以錢穀則不知也。安得有限之名器，而待無窮之進取哉。」辛巳，太白犯歲。己丑，張商英爲中書侍郎。辛卯，月犯斗。

三月，陳正彙者，瓘子也。先是，瓘居明州，遣正彙以事如錢塘。正彙素聞其父言蔡京姦邪，將不利於社稷，且聞京嘗有傾摇東宫意。及是，又聞蔡䆺盛稱京後當獲福非常，亟詣杭州告謀反有端，事連陳師錫。時蔡薿帥杭，遂執正彙送京師，下詔獄。瓘自明州赴逮，吏脅瓘使承教正彙妄訴，瓘語吏曰：「正彙安能知京反謀，瓘實知之，願得筆札，悉以聞。」吏恐懼，不敢與。正彙坐所告失實竄海島，瓘安置通州，師錫亦貶郴州，寀但勒停云。甲寅，月犯亢。

四月，太白犯井鉞。庚辰，太白犯井。辛巳，入井。

五月甲辰，熒惑犯歲。祕書監何志同奏：「慶曆間，嘗命儒臣集四庫祕藏叙次爲籍，名之曰『崇文總目』，其書之總，凡三萬六百六十九卷。今一館所藏，善否相揉，號爲全本者不過二萬餘卷，而脱簡斷編、亡散闕逸之數亦如之。宜及今有所搜採，視慶曆舊録及總目之外別有異書並許借傳。」從之。詔改立詞學兼茂科。乙卯，彗出奎、婁間。甲子，詔：「蔡京權重位高，人屢告變，全不引避，公議不容。言章屢上，難以屈法。」制曰：「宜褫師臣之秩，俾參宫保之官。」京西轉運使張杲言：「蔡州諸縣有瑞麥一莖兩岐至七八岐者凡十畝。」具圖十二本以聞。

六月戊辰朔，通議大夫、申國公章惇追復特進。熒惑犯月星。乙亥，月犯進賢。癸未，歲犯天陰。庚寅，太史局言彗星全消。

秋七月戊申，月犯斗。戊午，月犯歲。辛酉，熒惑入井。

八月甲戌，月犯天江。

閏八月丙午，填犯泣。丙辰，熒惑犯鬼，又犯積尸氣。

九月丙寅朔，日有食之。張商英表上袁州瑞禾圖。

冬十月戊戌，太白晝見。戊午，太白犯氐。

十一月丁卯，祀昊天上帝於圜壇，以太祖配。大赦天下，改明年元曰政和。戊寅，右僕射張商英表「願編集熙寧、元豐政事，號曰皇宋政典。若陛下增光潤色之事，率以類貫」。其篇所定篇目凡十七，曰：原廟，官制，新省，差除，三舍，導洛，斷例，回河、保甲、將兵、免役、青苗、吏禄、守具、禮樂、營造、糴便、茶馬。是日，詔通州安置人陳瓘與自便。月犯五諸侯。

辛卯政和元年春正月壬午，吏部侍郎姚祐知貢舉，中書舍人宇文粹中、禮部侍郎潘兖同知貢舉。癸巳，詔明州取陳瓘尊堯集送編修政典局。從張商英建請也。

二月辛丑，太白犯鎮。癸卯，老人星見。乙卯，月犯斗。

三月癸亥朔，御製御書政和新修五禮序，議禮局請刻石於太常寺。許之。

講義曰：漢官名、禮樂之正，不見於高、文，而見於成、哀之世。唐明堂之制，不見於太宗，而見於武后之時。人非復古之人，治非復古之治，徒以竊虛名飾美觀耳。

夏四月丁酉，日左右有青赤珥。

五月壬戌朔，内降劄子：「往歲圖利之臣妄興議論，創行鼓鑄當十錢，遂致奸猾之民所在盜鑄，濫錢益多。今朝廷内外府庫無慮千萬緡，議者或謂折閲數多，有虧邦計。朕念爲民父母，儻可以救弊便安元元，府庫之損又何愛焉。可自今應公私當十錢並改作當三。」是月，蔡州獻瑞麥一莖兩岐，或三五岐至八九岐。近約十畝，遠或連野。再下通州，取陳瓘尊堯集送編修政典局。

六月己酉，月入羽林軍。

秋七月丁亥，祕書監詳定九域圖志，何志同等欲乞「申命有司，參酌舊制，量户口多寡之數以爲諸縣升降之法，使縣之名第常與户版相應，不惟有以示太平生齒之富，而煩簡劇易，按籍可考」。詔可。

八月，詔增崇玉仙聖母顯號，行册禮。乙未，太子少師致仕蔡京爲太子太師，依舊致仕。丙申，月犯心。己亥，老人星見。丁巳，詔張商英罷尚書右僕射，除觀文殿學士、知河南府。

九月，詔陳瓘送台州羈管。辛亥，知鄧州張商英衡州安置。

十二月乙未，太白犯鎮。乙巳，臣僚上言：「舊繫黨籍人陳瓘所撰尊堯集十卷，大綱取日録中書解釋成文。按瓘身非史官，名在謫籍，輒以私意偏見去取日歷，撰成文集，竊恐假真雜僞，變易是非，異時更相傳習，眩惑群聽，實非細事。乞下瓘家取索稿本，一切焚毁。」

瓘嘗自序云：吕惠卿既與王安石反目，乃進安石二手簡，又進日録四卷〔七八〕，俱鋪陳執政以後歸美之迹〔七九〕，自明其忠安石，由是重得罪。安石所著八十卷乃效惠卿四卷爲之也。瓘謂安石此書詆訕宗廟，誣薄神考。蓋在鍾山，懟上熱中之時〔八〇〕。崇寧中，瓘貶廉州，乃著合浦尊堯集。其後蒙宥北歸，謂劉安世曰：「瓘昨在諫省，嘗以王安石比於伊尹，伊尹未嘗詆湯，胡可比也。又嘗以安石爲神考之師。神考，堯舜也，用安石亦止九載，何嘗終以其人爲是乎。瓘之前言可謂過矣。」於是復著四明尊堯之書以自明改過之心。會右僕射張商英請編皇宋政典書，旨下瓘取索尊堯集，瓘以此書之語大違國是，不敢先達外廷，乃具表繳申政典局，乞進入於御前開拆。已而商英罷黜左僕射，何執中請治尊堯罪，瓘坐台州羈管。蓋辟雍初成之日，執中請開學殿，使都人縱觀安石坐像，而瓘於尊堯集序表之中嘗論及之。以故執中銜瓘。又起遷人石悈知台州，瓘前以上書曾布謫海陵，蔡薿爲長書遺瓘云：「諫疏婉而有理，似陸宣公剛而不撓，似狄梁公詞章淵源，發明正道，則韓文公其人也。」明年，薿以對策魁多士，所陳時務頓異前書，於是愧悔，欲殺瓘以滅口，密贊蔡京之黨，出力尤甚。瓘意悈必當受薿風旨，且將因事搜檢其家，並取薿書。乃預爲封事，具陳所以得罪於蔡薿、何執中者，繳連謝表封緘於篋，題以臣瓘謹封。未幾，悈果遣兵官突至所居，大索行李，攝瓘至州。悈垂簾列五木如制勘狀，瓘遽問曰：「今日之事被旨耶？」悈曰：「有尚書省劄子。」卷簾出示之。瓘曰：「然則取瓘尊堯集耳。追瓘何爲？」因曰：「君知尊堯所以立名乎〔八一〕？蓋以神考爲堯，而以主上爲舜，助舜尊堯，何謂詆誣。何丞相學術淺陋，名分之義未甚講求，故爲人所劫。使請治尊堯之罪，將以結黨固寵也。君所得於彼者幾何〔八二〕，乃亦不畏公議、干犯名分乎？請以瓘語申朝廷，瓘將顯就誅戮，不必以刑獄相怖。」悈屢揖瓘退〔八三〕。尋語人曰：「不敢引其説尚爾，良可畏也。」悈始發瓘篋得其所上封事，見其封題有臣名，不敢開視，遂具以聞。何執中、蔡薿果大怒，尋罷悈台州。

遼主天祚賞刑僭差，虐用其下，視諸蕃屬國如奴隸。大海出名鷹，自海東而來者謂之「海東青」，小而俊健，遼人酷愛之，必求之女真。至天祚責海東青、生金、大珠之貢尤苛，女真不勝其擾，於是諸部皆潛附阿骨打〔八四〕，謀舉兵以拒遼人。

壬辰政和二年春正月丙寅，翰林學士蔡薿知貢舉，吏部侍郎慕容彥逢、給事中宇文粹中、起居舍人張漴並同知貢舉。

二月戊子朔，詔：「太子太師致仕蔡京兩居上宰，輔政八年，首建紹述，勤勞百爲，可特復太師，仍舊楚國公致仕，於在京賜第居住。」河南府奏新安縣萬歲蟾蜍背生芝草。

三月，歲星犯司怪。己卯，御集英殿，賜莫儔等及第、出身、同出身凡七百一十五人。

六月丙戌朔，御筆手詔：「自今三省、密院、省臺寺監與百執事官，非爾所職勿行，非爾所責勿言，毋利以口胥動。敢不遵承，以違御筆論。」

講義曰：祖宗紀綱之所寄，大略有四：大臣總之，給舍正之，臺諫察內，監司察外。自崇、觀奸臣創爲御筆之令，凡私意所欲爲者，皆請御筆行之。而奸臣之所自爲者，又明告天下，違者以違御筆論。於是違紀綱爲無罪，違御筆爲有刑。臺諫不得言，給舍不得繳，監司不得問，而紀綱壞矣。昔有勸仁宗攬權者，上曰：「措置天下事，正不欲從中出。」此言真爲萬世法。

辛亥，熒惑入井。乙卯，白虹貫日。

秋七月乙丑，熒惑犯太白，歲星犯積薪。己酉，老人星見。

九月乙卯朔，流星出斗西南方，有尾迹照地。丙辰，知定州梁子野奏，管下有嘉禾合穗計六尺三寸，生爲一穗。

十月戊子，蘇轍卒。壬寅，日左右有青赤珥。御史中丞俞㮚言：「今日士風，有觀望苟合之弊，有頽靡不振之弊，有阿黨之弊，有誕謾之弊，有巧言譖愬之弊，有奔競請託之弊。凡此六弊，皆起於好進。革好進之心，禮義廉恥爲本。」臣僚上言：「梁子野上表進嘉禾，內一科一穗以膠黏紙纏。前日李譓之黜未踰時也，而子野無所戒懼如此。」詔本州官吏並令本路提刑司取勘。

政和二年，李譓進蟾芝。上曰：「蟾，動物也。安得生芝？」命以盆中漬之，一夕而解，竹釘故楮皆見。於是責譓欺罔，散官安置焉。

十一月甲戌，太白犯天江。

癸巳政和三年春正月甲寅朔，兵部尚書俞㮚知貢舉，給事中宇文粹中、中書舍人張璪同知貢舉。乙亥，熒惑犯太微垣内屏。

二月，詔：「太陽自午時後上有戴氣，下有承氣〔八五〕，承戴並現乃爲祥，應送祕書省。」

丙午，王雱特封臨川伯，從祀廟庭。

三月壬子朔，日有食之。太史局奏太陽當食，至未時七刻日體圓明，全不虧食。壬戌，月犯長垣。癸酉，御崇政殿，賜貢士陳公輔等十九人上舍及第釋褐。戊寅，歲星犯積薪輿鬼。

夏四月壬午朔，詣玉清和陽宫行奉安禮。太師蔡京爲禮儀使。皇帝行禮，有祥雲回旋，觀者莫不稱慶。丙申，流星出心向西南方，有尾迹照地。

閏四月壬戌，歲星犯鬼。乙丑，熒惑犯太微垣右執法。

五月庚辰朔，夏至，時北郊有司攝事於舊方丘，有黑氣長數丈，出自齋宫，行一里許，入壇壝，繞祭所，皆傍人穿燈燭而過。又及壇上，禮將畢，因忽不見。丁酉，月犯壁壘陣。庚子，大盈倉火。

六月，太白入太微垣，犯左執法。

八月辛未，太師、楚國公蔡京等言：「伏睹大晟府以雅樂中聲播於燕樂，舊闕徵、角二調，及無土、石、匏三音，今樂並已增入，五聲八音於是始備，按試克諧。」頒降天下，上表稱賀。

冬十月，劉恢言：「今月四日，宰執赴學按試兩學生，所習大晟雅樂，至第二章，曲未終，有仙鶴四自南來，盤旋飛舞宮架之上，徘徊欲下，衆人歡呼，遂由表北而去。乞宣付史館。」從之。

國是論曰：紹聖之初，奸臣復持王氏之說，祖禹將去朝廷，上疏論日食，因曰：「臣恐邪臣欲寬聖慮，或云日蝕自有定數，又云天道遠而難知，此乃小人誤國之言，謹勿聽也。」自紹聖至政、宣，奸臣誤朝之論，盡本安石，而「天命不足畏」之流禍尤酷。災異不言而祥瑞輒書〔八六〕，甚者，臘月之雷指爲瑞雷，三月之雪指爲瑞雪，拜表稱賀，作詩詠贊〔八七〕，其視天變曾不若童稚之可侮，痛哉。陳瓘論蔡京之惡曰：「不畏上天。」原其情也。

庚戌，手詔：「朕荷天顧諟，錫以元圭，將來冬祀，可搢大圭、執元圭，庶格上天之心，以敷佑於下民。」提舉荆湖南路茶鹽事范之才奏：「體訪得蘄州羅田縣山溪中有大鼎，數年前嘗見兩耳，其穴中可過七八歲小兒，愚民遂塞以土。今其耳猶發露。」詔令宋喬年躬親前去，措置開取。

十一月，大雨雪，連十餘日不止，都城雪平地八尺幾丈，飛鳥多死，九街冰滑，人馬不能行。

十二月，河南尹蔡安持部送道士僧耆命官學生赴闕，恭請皇帝登封中嶽。甲戌，御崇政殿引見，面賜不允詔書。

甲午政和四年春正月甲辰，兖州命官學生道釋耆老及至聖文宣王四十七代孫孔若谷等詣闕進表，請皇帝行登封之禮。拜表引見，並如河南府已得指揮。

二月庚戌，月犯昴。丁巳，御崇政殿，賜貢士張綱等十七人上舍及第釋褐。鄆、濮二州命官學生道釋耆老等八千六百餘人並詣闕進表，請車駕登封太山。自是開德、興仁、潁昌府，鄭州、廣濟軍並許詣闕進表。詔止令遞表以聞，優詔不允。

三月辛卯，詔皇長子可以來春出閤，立爲皇太子。

夏四月，尚書省言：「甘露降刑部侍郎及都官中郎廳。」提舉延福宮所奏，竹生紫花黄蘂，牡丹雙頭數朵。蔡攸言，祕閣槐枝連理。

五月丙戌，始祭地於方澤，以太祖配。癸巳，翰林學士王黼爲户部尚書。御史中丞蔣猷言：「祖宗時，未嘗有內臣建節者。昨童貫首隳舊制，當時士論已不平。」上曰：「有非常之功，則有非常之賞。」猷曰：「事塞其源，則人無觖望。若使攀緣展轉，人人有意外之得，則所謂非常者反爲常矣。」上曰：「官爵得之易，則名器卑，誠如卿言。當爲卿杜來者。」因詔三省、御史臺常遵守彈劾。

八月癸卯朔，太師蔡京言：「蒙賜瑞瓜、雙蓮、雙花、瑞穀，上表稱賀，乞付祕書省。」從之。詔：「應奉御筆者，只作御筆行下。餘並稱聖旨。」詔知湖州章援特除名勒停。援父惇追贈觀文殿大學士，援表謝，其言多文飾，故有是命。御筆：「昨日有鶴三萬餘隻，盤旋雲霄之上。」尚書省言：「今月二十日，有鶴約數萬隻，蔽空飛鳴，自東北由大內前往西南而去。」詔許拜表稱賀。建州言：「建安等縣竹枝生花，結成稻米，民間採取食用，及搬入城市糶貨，所收約數十萬石。」詔許拜表稱賀，仍令貢百石上京。己巳，歲星入太微垣。

九月甲戌，詔改宣德郎爲宣教郎。

冬十月辛酉，歲星犯左執法。

十二月乙卯，太白入羽林軍。相州野蠶成繭。是歲，阿骨打遂叛〔八八〕，用粘罕〔八九〕、胡捨等爲謀主〔九〇〕，銀朱〔九一〕、割移烈〔九二〕、婁宿〔九三〕、闍母等爲帥〔九四〕，攻破寧江州，蕭奉先弟嗣先兵潰，數月間盡爲女真攻陷，所過千里蕭然，丁壯斬戮無遺，應遼東界熟户女真阿骨打皆虜之爲用〔九五〕。蕭奉先懼其弟嗣先獲罪，妄云：「潰兵懼誅，所至劫掠，若不一赦，將爲腹心患。」天祚從之。自是，出征之兵皆曰：「戰則有死而無功，退則有生而無罪。」由是士無鬭志，遇敵輒奔。

乙未政和五年春正月乙亥，熒惑犯亢。丁丑，歲星犯左執法。壬辰，月犯心。

二月壬寅，太常寺奏：「兖州鄒縣孟子廟，詔以樂正子配享，公孫丑以下從祀。」丁未，定王桓言〔九六〕：「蒙聖恩立爲皇太子，乞專宫官吏不必備置〔九七〕，諸司庶局皆令兼攝，至於冗卒，亦乞蠲除，務從儉約，清心省事，專精問學，仰稱君父教育之意。」從之。甲寅，御大慶殿册皇太子，禮畢，大赦天下。庚申，老人星見。辛酉，歲星入太微垣。

三月辛未朔，太白晝見。御筆：「比覽元豐訓詔，得故相韓琦、文彦博至和、嘉祐定策之勳，功在社稷。琦可封郡王，彦博可除罪籍復舊官。」丙戌，月犯房。癸巳，御集英殿，賜合格進士何㮚以下並宗子公惠等及第、出身、文學總六百九十二人。褚詠不對所問，其言狂妄，令開封府押歸本貫密州。

夏四月癸卯，詔：「天下一萬户以上爲望，七千户以上爲緊，五千户以上爲上，三千户以上爲中，不滿三千户爲中下，一千五百户以下爲下。」從户部員外沈鏻奏請也。庚戌，詔祕書省殿以「右文」爲名，及集賢殿修撰爲右文殿修撰。太白犯五諸侯。

六月壬子，天狗犯月。

秋七月戊辰朔，日有食之。乙亥，升汝州爲陸海軍。路瓘言：「前知汝州，珍祥屢發，上於御府者芝草五千餘本，碼碯山子一百二十座，絶色絲文並堪造器物〔九八〕，又三千四百餘斤，瑞穀、瑞禾、瑞萱、甘露、野蠶成繭，其目不一。」故有是命。甲午，武安軍奏：「信都縣范濟家黄牛生異獸，牛首鹿身，色白，有牙爪，遍體皆鱗而無毛，多與圖史所載麒麟相類，村民以水澆之祈雨，因而致斃。竊慮即是麒麟，今畫到圖一本進呈。」詔：「遍牒諸路州軍，今後如有生到似此之類異物，仰如法收養，不得亂有傷害。」

八月戊申，詔：「文彦博，考其茂勳，著在廟社，除官爵已復外，可特賜謚曰忠烈。」詔陳邦光差提舉洞霄宫，池州居住。先是，邦光兼太子詹事，會蔡京獻太子以大食國琉璃酒器，羅列宫庭。太子怒曰：「天子大臣不聞道義相訓，乃持玩好之器蕩吾志邪。」命左右擊碎之。京聞邦光實激太子，含怒未發，因是遂斥邦光。太史言：火星行心星度，不守不犯。甲寅，是夜，流星出柳宿，急流至濁没，赤黄色有尾迹照地。占者以爲天子宗廟有喜，國家建造宫室之象。宰臣率百官拜表稱賀。甲子，蘄州奏：蘄水縣界内遍地生芝草，收採到一萬二千六百枝〔九九〕，内一枝紫色九幹。乙丑，熒惑犯天江。陳瓘自政和元年九月送台州羈管，凡五年，始降旨特敘承事郎，許自便。瓘初以宣德郎被謫，而敘官乃得承事郎，實鐫降也。被命之後，忽得州牒，備坐省劄云：奉御筆批敘復，數內陳瓘合取旨與差遣。又有省劄下通州，令瓘具家狀陳乞差遣，人皆賀瓘，以爲起廢有漸也。瓘曰：「此廟堂欺君玩世之術耳。家狀雖當供，而差遣其可乞耶？彼謂吾不堪貧困，而因茲乞憐爾。」乃報以家狀：「昨因削籍毀除，無憑供具。」事果不行。瓘既寓通州，而開封尹盛章與石悈有私隙，取密旨下悈於獄，編置通州，揚言爲瓘執仇。瓘聞而歎曰：「此豈盛世之所宜有耶。」遂挈家至九江，因卜居焉。

九月丁卯朔，御製宴延福宮承平殿記。

冬十月，蔡京奏：「蒙宣示紫芝二本，一本九葉，穿縠而生，一本兩葉，與豆相附，乞宣附史館，許百官拜表稱賀。」從之。武勝軍奏：「穰縣生瑞穀，安化等縣生芝草，都計五萬本，內有金芝一本，紫芝一本。」詔送祕書省。

朱勝非云：政和間，汝、蘄等州貢芝草以萬計。予每見邸報則疑之。四年春，予爲京東學司，行縣至密州界，縣令尉監採芝草，邀予往觀，彌漫山谷皆芝菌也。五色俱有，或附木石，或出平地，有一本數十葉，層疊高大，衆色咸備者。至郡，見太守李文仲，曰已採及三十萬本矣。始知諸郡所貢未必不實，但過多不可爲瑞，適爲妖異耳。

蔡京等以汝州碼磁生發，並芝草及諸州雙頭蓮連理木、甘露降、仙鶴集、雙瓜、雙頭芍藥、牡丹凡五千三百種有奇，上表稱賀。交趾進奉白象。壬辰，太白犯罰。是歲，天祚下詔親征女真。女真乘契丹未陣，三面急擊之，天祚親臨陣戰，三合，野皆横尸，軍中望天祚御旗西南向，即隨之而潰。天祚晝夜馳五百里，退保長春州。

丙申政和六年春閏正月癸卯，月犯司怪。己酉，歲星犯亢。雄州安撫和詵引契丹亡人李良嗣來朝。良嗣，燕人，知契丹必亡，歸漢，力陳可取之計，賜姓趙。時和詵久以厚賂納結，朔方豪雋士多歸之，以收燕山圖來上。又中山守張杲、高陽關安撫吴玠亦獻議燕雲可取。

三月乙未朔，知吉州程祈言：「州學生扶邦彦家收得異禽，蓋鳳凰也。」及至，乃知其狂妄。劄付本州照會。

四月，提舉上清寶籙宫蔡攸奏：「今月二日皇帝詣宫，設千道民大會，有羽鶴來翔於始青、天祥兩殿之間。」

蔡絛云：重和元年赦文云云。其後宦官、道士有所不快，必託爲帝誥，則莫不如志。又爲大會於寶籙宫，既齋，引群臣士庶入殿，聽林靈素講。乘輿爲設幄其側，靈素據高坐，使人於下再拜請問。然靈素徒辯給，其所言無殊絶者。時雜滑稽媟語，上下爲大哄笑，莫有君臣之禮矣。道士有俸，而齋施動獲千萬〔一〇〇〕。每一宮觀，給田亦不下數百十頃，皆外畜妻子，置姬媵，以膠青刷鬢，錦衣玉食者幾二萬人，一會殆費數萬緡。貧下之人，多買青布幅巾以赴之，日得一飫餐，而襯施錢三百，謂之千道會云。

丙戌，詔監司守臣不得以進獻爲名，貢花果、海錯什物。

六月癸亥朔，詔賜宣教郎徐積謚曰節孝處士。禮部尚書白時中等奏：「今將崇寧貢舉法改修成御試貢士敕令格式，總一百五十九卷，乞冠以政和新修爲名頒降。」詔從之。

秋七月，歲犯亢。校書郎譚世勣爲司門員外郎。蔡京得政久，其子攸提舉修書，館中諂事者皆越次升擢。世勣坐直舍，繙書竟日，泊如也。宦者梁師成貴幸，其黨有與世勣鄰居者，數致師成意，世勣謝絶之，更六年不遷。辛酉，御筆走馬承受公事可改爲廉訪使者。

八月，宗正少卿閭丘籲奏：「修纂玉牒屬籍，太祖皇帝下以德、惟、從、世、令、子、伯、師，太宗皇帝下以元、宗、仲、士、不、善、汝，魏王下以德、承、克、叔、之、公、彦，各依昭穆分位，增廣秩數。」丁丑，熒惑犯靈臺。庚寅，提舉崇福宮种師道先是知懷德軍，得召見，訪以邊事，師道曰：「先爲不可勝，來則應之，妄動生事，非策也。」童貫欲徙内郡弓箭手以實邊，而指爲新邊所招之數。上問師道何如，師道曰：「臣恐勤遠之功未立，而擾近之患先及矣。」

九月癸巳，熒惑入太微垣。癸卯，詔鼎閣奉安鼎。

蔡絛曰：方士王仔昔獻議，九鼎宜内之九重。上出御筆曰：「遷移神象大器，可令疾速排辦。」魯公曰：「何不祥邪。」乃奏改曰「定鼎」。初，鑄九鼎，皆以九州水土内鼎中，及奉安於九成宫。至北方曰寶鼎者，上方焚香再拜，而鼎忽漏，其中水流溢於外。魯公私怪之，殊不樂，其後終以北方致亂。

庚戌，太白犯斗熒惑，犯左執法。

冬十月，定鼎禮儀使蔡京奏：「十三日先定鼎於幄殿，有鶴飛翔其上。至十八日，有白雲排列如卧，在鼎上凝然不散。十九日奉安之際，有雲五色，見於日旁。又據太史局申，日月俱有青赤黄珥。伏乞宣付史館。」甲申，詔誠感殿長生大帝君神像，可遷附天章閣西位鼎閣奉安。

蔡絛史補：王老志死，政和六年，又有王仔昔出，賜號通妙先生。時又踵祥符故事，下詔上玉皇后土號，合儒者説曰昊天玉皇上帝、后土皇地祇，率百官上册於玉清陽和宫焉〔一〇〕。二王先生語多在。後仔昔死，政和七年時，有林靈素，温州人也，少從浮屠學，以無行，爲所在貶惡，久之去爲道士。左街道録徐知常引之，以附會諸閹，又以神霄玉清王者，上舊所誦大洞經中語也。始曰神霄玉清王，上帝之長子，主南方，號長生大帝君。既下降於世，乃以其弟主東方青華帝君領神霄之治。天有九霄，而神霄爲最高，其治曰府，故青華君亦曰判府天尊。而靈素乃其府仙卿〔一〇二〕，曰褚惠，亦下降佐帝君之治。又目一時大臣要人皆仙府卿吏。若魯公曰左元仙伯，鄭居中、劉正夫等若童貫諸巨閹率有名位。王黼時爲内相，乃曰文華吏。盛章、王革時迭爲天府，乃曰仙獄吏〔一〇三〕。伯氏時主進奉，乃曰園苑寶華吏。又謂上寵姬劉氏曰九華玉真安妃也。天子心獨喜其事，乃賜號通真先生。初，劉、虞、二王先生，皆爲上所禮。然有神怪事，蓋出自方士也。及靈素至，乃以其事歸之於上，而曰以獨佐之而已〔一〇四〕，每自號小吏佐治，故上下莫可攻其非者。然靈素實無術，徒敢大言。是時，上興道教將十年，獨思未有一厭服群下者，數以語近倖，於是神降事起矣。

十一月庚寅朔，太白犯壁壘陣。太師蔡京等言：「伏見六十二處並降甘露，二十處木並皆連理，四處牡丹並皆駢生一蕚，二處生芝草，二處芍藥雙頭，二處祥雲見，三處並現毫光祥煙，鄆州有仙鶴約二百隻飛鳴，梅州枯木再生枝。乞許拜表稱賀。」詔依。又言冀州黄河澄清。甲午，詔帝鼐改爲隆鼐。正南彤鼎爲明鼎，西南阜鼎爲順鼎，正西晶鼎爲蕴鼎〔一〇五〕，西北魁鼎爲健鼎，正北寶鼎依舊，東北牡鼎爲龢鼎〔一〇六〕，正東蒼鼎爲育鼎，東南風鼎爲濳鼎〔一〇七〕。鼎閣爲「圜象徽調之閣」。己亥，祀昊天上帝於圜壇，以太祖皇帝配。

十二月癸亥，熒惑入氐。宣和殿學士盛章詳定九域圖志。製瑞鶴旗。先是，元符二年，武夷君廟有仙鶴迎詔。又政和二年，延福宫燕輔臣，有群鶴自西北來，盤旋於睿謨殿上。又奏大晟樂，而翔鶴屢至。因詔加此旗。是歲，微行始出。

丁酉政和七年春正月壬寅，熒惑犯歲星。兩浙道士林靈素至京師。

二月，御上清寶籙宫，命通真先生林靈素講道經及玉清神霄王降生記，有翔鶴數十飛鳴久之。

夏四月庚申，御筆：「卿等表章册朕爲教主道君皇帝，只可教門章疏用，不可令天下混用。」

六月，都下大雨雹，皆如拳，或如一升器，幾兩時而止。

秋七月乙未，熒惑犯天江。甲寅，詔季秋大享明堂，登歌並用道士。

八月，月犯牛，老人星見。

十一月庚寅，詔：「蔡京告老乞骸，可五日一朝，次赴都堂治事。」初，童貫附京以進，既顯，寖與京異，京疾之。及貫兼宣撫河北，遂欲專北事，京愈不堪。是歲，貫又上其平燕策。京一日留身，奏曰：「貫徒有虚名爾。伐國大事，安危繫之。陛下何以付貫？」上曰：「前日取青唐，豈非貫之功。」京對曰：「崇寧下青唐，初遣貫行，但若監軍爾。藉使臣當今日亦不能爲之，況伐敵國乎。」上意頗沮。京即劾貫前後壞邊事，章凡四上。而上乃議下除司空令致仕〔一〇八〕，而罷所領。貫大懼，因以其城西外圃與京西湖鄰墻流水相接爲名，邀京子攸及鯈、翛同出城相見，議分定界。至，遂爲攸置酒厚甚，以二犀帶遺攸，會攸力救解之，京議遂格。京實創起北伐事，嘗曰：「北事只我了得，他人爲之必鑿脱。」及與貫爭權弗勝，遽有敵國不可伐之言，故上亦不信也。或曰京未始有此言於上，特其子絛假託以欺世云。甲辰，冬至，後一夕有大星如月，徐徐南行而落，光照人物，與月無異。

十二月，詔修神保觀。神保觀者，俗謂二郎神也，都人素畏之，自春及夏，傾城男女負土以獻，名曰獻土。又有飾作鬼神，巡門催納土者。乘輿亦微幸而觀之。或謂蔡京曰：「獻土、納土，非吉語也。」後數日，有旨禁絶。政和後，上巾裹及衣服獨喜同臣庶，實欲爲期門之事。而苑囿皆效江浙爲白屋，不施五采，多爲村居野店。又聚珍禽奇獸，麋鹿鴛鶴，禽鳥動數百千蹄隻，實囿中。宣和間，都下每秋風夜静，禽獸之音四徹，宛若深山大澤陂野之間。識者以爲不祥。前授宣德郎、管勾太平觀陳瓘自江州移南康軍居住。

戊戌重和元年春正月丁亥，熒惑犯外屏。

二月辛酉，先是，詔造太極飛雲洞劫之鼎〔一〇九〕，蒼壺祀天貯醇酒之鼎〔一一〇〕，山嶽五神之鼎，精明洞淵之鼎，天地陰陽之鼎，混沌之鼎，浮光洞天之鼎，靈光晃耀鍊神之鼎〔一一一〕，蒼龜大蛇蟲魚金輪之鼎，至是奉安。

朱勝非云：崇寧三年，用黥徒魏漢津言，鑄九鼎。至政和八年，又用方士之說，作神霄九鼎。遂有十八鼎。嗚呼，黄帝鼎成昇仙。夏禹以貢金鑄鼎，事不見於詩書，司馬遷好奇，取他說載之史記，而後世想慕不已。此皆蔡京相業，敢爲怪誕如此。

庚午，遣武義大夫馬政同高藥師等使女真，講買馬舊好。

三月戊申，御集英殿，賜進士及第、出身、同出身七百八十三人。詔嘉王楷考在第一，不欲令魁多士，以第二人開封王昂爲榜首。

夏四月壬戌，御筆：「韓琦弼亮三朝，功在王室。眷其後嗣，宜有寵褒。朝請大夫、鴻臚純彥力學有文，早登賢科，揚歷中外，靖共日著，可特除顯謨閣待制、提舉醴泉觀。

五月壬午朔，日有食之。廣安軍草澤安堯臣上書曰：「天生北狄，謂之犬戎，投骨於地，狺然而争者，犬之常也。今乃摇尾乞憐〔一一二〕，非畏吾也，蓋邊境之上，未有可乘之釁。陛下將啓燕雲之役，異日脣亡齒寒，邊境有可乘之隙，狼子野心，安得不蓄其鋭，而伺吾隙，以逞其所大欲耶。臣又觀自古國家之敗，未嘗不由宦者專政。此曹手執帝爵，口銜天憲，則臣下之死生禍福在焉。請以誤國之大者，借童貫而論之。貫起自卑微，陛下付以兵柄，汲引群小，易置將吏，以植私黨。自兵權歸貫，紛更殆盡，賞罰不明，兵氣委靡。中外之人，咸謂貫深結蔡京，同納燕人李良嗣以爲謀主，共唱北伐之議，經營之久，國用匱乏。乃始方田以增常税，均糴以充軍儲。茶鹽之法，朝行暮改，民不奠居。陛下苟能速革其弊，則赤子膏血不爲此曹涸也。劉蕡謂自古宦者預軍政，未有不敗國喪師者。史臣亦謂宦者亂人之國，其源深於女禍，陛下何苦暱之。」

講義曰：當天下太平之日，無以娱悦人主，聳動天下，惟有恢拓一事耳。故用事之久，則必至於用兵生事。蔡確欲固其寵，則興靈武之師。王珪患失其位，則贊永洛之役。章子厚之於湟、鄯，蔡京之於青唐、洮河，皆是謀也。然皆求逞於西〔一一三〕，而未嘗開釁於北也〔一一四〕。貫、攸何人哉，敢以蚊負山耶？然致靖康之禍，不在於取燕，而在於不能取燕。使契丹政令猶强，社稷猶固，我將伸宿憤勞，累戰雖得燕薊，而民怨財竭，内潰外叛，若此，而謂致靖康之禍在於取燕可也。今天祚地喪於外，位奪於内，竄在夾山，死在朝夕，其國滅矣。因時拯亂，湯、武之業也。疆理天下，舜、禹之政也。紀律頗嚴，將帥頗厲，乘時以取全燕，合漢、唐之遺民，何爲不可？然契丹以燕遼全盛之力，而滅於女真崛起之兵，我以關陝驍悍之師，而敗於契丹垂盡之將，遂藉女真，納賄以巨百萬計，所買者山前六郡之空城耳。是全燕之地吾不能取，彼能取之，吾既不能取，吾又從而取之〔一一五〕，此彼之邀索所以無已也。故靖康之禍不在於取燕，而在於取燕之非人，得燕之無道，而不能取燕也。

辛亥，太白犯權星。

八月丙辰，月犯房。阿骨打稱皇帝〔一一六〕，改元天輔。以其國産金，故國號大金。即遣使詣天祚議和，所求凡十事，天祚付南北面大臣議，蕭奉先等喜，以爲自此無患矣，請許之。

九月庚辰朔，流星自斗魁向東南，有尾迹照地。是月，掖庭大火。

閏九月癸亥，熒惑犯進賢。

冬十月己卯朔，太白晝見。

十一月，御筆：「比緣大臣建議，恢復燕雲故地。安堯臣遠方書生，能陳歷代興衰之迹，臣僚咸謂毁薄時政，首沮大事，乞重行竄殛。朕以承平日久，言路壅蔽，敢諫之士，議加爵賞。堯臣許用安惇遺表恩澤，令吏部先次補承務郎。」壬申，太白犯天江。

己亥宣和元年春正月，詔改佛號大覺金仙，餘爲仙人、大士。僧稱德士，行者稱德童，而冠服之，但道冠有徽，德冠無徽。又以寺爲宫，院爲觀。尋改女冠爲女道，尼爲女德。明年，詔復舊。乙卯，月犯填。

二月癸未，老人星見。

三月，安州孝感縣獲古鼎六，蔡攸驗其款識有云：「『王伐虎方之年實始作器。』虎方，蓋西域也。陛下屢問罪夏人，此鼎歷歲三千，一旦自發，比漢汾脽所獲誠爲超冠。」〔二七〕詔許百官表賀。天祚惡聞女真事。蕭奉先揣其意，皆不以聞。明年五月，上京破，和議遂已。後天祚雖復請盟，阿骨打皆不報。

夏四月丙子朔，日有食之。丙戌，日有赤黄冠氣。

五月乙亥，歲星犯斗。大水高十餘丈，犯都城。

蔡絛曰：水未作前，雨數日如傾，及霽，開封縣前茶肆人家，晨起拭牀榻，睹若有大犬蹲其旁。質明視之，龍也。其人大叫而倒，遂爲作坊兵士衆取而食之，不敢奏。都人皆圖畫傳玩，其身僅六七尺，若世所繪龍，其鱗作蒼黑色，然驢首，而兩頰如魚頭，色正緑，頂有角一〔二八〕，極長，於其際始分兩歧焉。有聲如牛，考諸傳記，則實龍矣。後十餘日，大水至，又云既大雨龍降。後一夕五鼓，西北有赤氣數十道，亘天，犯紫宫北斗，仰視星皆若隔絳紗。初起時，拆裂有聲，然後大發。後數夕，又作聲益大，格格且久，其發更猛，而赤氣自西北數十百道，其中又間以白黑二氣。然赤氣尤多，自西北俄及東北〔一九〕，又延及東南，其聲亦不絕，迨曉而止。後復大水。條時切以謂與丙午及北齊末占同。後事驗亦甚明。

六月，起居郎李綱奏：「積水暴集，淹浸民居，迫近都城，誠大異也。此誠陛下寅畏天戒、轉詢衆謀之時。周官於國危則有大詢之禮。伏望特詔在廷之臣，各具所見以聞。擇其可採者，非時賜對，特加驅策施行。」詔：「都城外積水，緣有司失職，隄防不修，即非災異。李綱所論不當，罷起居郎。」

八月，老人星見。上既遣使從海上與女真結約，共圖契丹。高麗一旦忽上奏，以其王病求醫。上命擇二良醫往，館醫甚勤。日久，引醫視其用兵布陣禦敵之方，曰：「聞天子將用兵，遼人實兄弟國，苟存之，猶足爲中國扞邊。女真乃狼虎，不可交也。不得已，願二醫悉紀布陣禦敵之狀，告諸天子，早爲之備，所以求醫者，正懼泄則爲小國之患矣。」事既聞，上不樂，命中使諭曰：「命汝爲醫，乃敢預國家事乎。」

九月癸亥，熒惑犯壘壁陣。

十一月戊辰，遣監察御史周武仲察訪淮南。先是，臣僚上言：「淮東大旱，下户流離，康衢之間，百錢賣一兒，斗粟易一女，父不能保子，夫不能保妻。而部使者安坐，略不介意。」而武仲有此命。太學生鄧肅進詩諷取東南花石。坐屏出學，押歸本貫。肅，南劍州人也。放林靈素歸温州。先是，京城大水，上遣靈素禳之不驗。靈素又嘗衝太子節不避，太子擊之，訴於上，上遂厭之，乃逐去。

十二月癸酉朔，刑部尚書宇文粹中進對「如放欠負一事，自來朝廷黄紙放，監司白紙催」之語。上曰：「白紙催，正做得抗敕，待令覺察，編置監司數人便可止絶，令百姓受實惠。」是歲，正字曹輔編管郴州。時車駕輕出，朝士大夫寒心，莫敢言者，輔慨然上書奏。上出示宰執，令召赴都堂審問。太宰余深曰：「小臣敢論許大事。」〔二〇〕輔曰：「臣有大小，愛君之心一也。」深曰：「如言胡虜起於軫下〔二一〕，無乃太峻否？」少宰王黼曰：「有是事乎？」輔曰：「兹事雖里巷細民，無不知者。相公當國，獨不知耶？曾此不知，焉用彼相。」黼惡其侵己，以聞。上令與遠小監當。既而編管郴州。居郴六年，兩遇恩沛，王黼當國，不得移命，輔怡然不以介意。

朱勝非云：上皇自政和以來，爲微行，每出，乘肩輿並無呵衛，前後數内臣導從，而民間指目爲小轎子。置行幸局，主供帳飲膳等。局中人遇出，即稱有排當。次日不歸，即傳旨稱瘡瘍不坐朝。閤門等處日有探候，聞有排當，即知必出，聞不坐朝，即知不歸，卒以爲常。始猶外人未盡知，因蔡京草表云：輕車小輦，七賜臨幸。邸報傳，四方盡知之矣。靖康初，召輔爲言官，遷簽書樞密院。次年卒於南都。

庚子宣和二年春正月己酉，月犯畢。

二月壬申朔，歲星犯壘壁陣。乙亥，遣趙良嗣、王瓌使金國，仍以買馬爲名，其實約阿骨打夾攻契丹〔三〕，取燕雲舊地。夾攻之約，蓋始乎此。辛巳，老人星見。

五月，趙良嗣、王瓌等至薊州，會阿骨打已出，分師三路趨上京，引良嗣觀攻城，不旋踵而破。丁巳，祀地於方澤。丁卯，朱夢説坐上書論事，編管池州。

六月丁丑，太白晝見。庚寅，流星出氐，入天市垣。

秋七月辛亥，月犯牛。

九月己酉，日有赤黄戴氣。

冬十月戊辰朔，日有食之。己卯，太白熒惑犯亢。睦州青溪縣有洞曰幫源，群不逞往往囊橐其間。方臘者因以妖術誘之，凶黨稍集。是月丙子，殺里正縱火大掠，從之者幾萬人。

十一月戊戌朔，方臘僭改元永樂，以其月爲正月。己亥，少傅、太宰兼門下侍郎余深爲鎮西軍節度使，依前少傅、知福州。癸卯，詔侍御史陳堯臣論事不當，語言狂妄，送吏部與監當差遣。

十二月辛卯，月犯東咸。

辛丑宣和三年春正月丁酉朔，領樞密院事童貫爲江浙淮南等路宣撫使。戊申，熒惑犯斗。丙辰，熒惑入斗。

二月壬午，月犯角。庚申，御集英殿，賜何涣等及第、出身、同出身六百三十一人。是春，日有變，忽青黯無光。其中洶洶而動，若鉟金而湧沸狀。日旁有青黑，正如水波，周回旋轉，將暮而稍止。是時，睦賊方作，人多憂之，以謂禍難必未已也。

夏四月，盜起睦州。中丞陳過庭論：「致寇者蔡京，養寇者王黼。」又劾論：「朱勔父子本刑餘小人，罪著賄盈，皆宜正典刑，以謝天下。」遂奪職，知蘄州。未幾，散州安置〔三〕。王禀、辛興宗、楊惟忠生擒方臘於幫源山東北隅石澗中，並其妻孥兄弟僞相侯王三十九人。振旅赴杭州宣撫司。方臘雖就擒，而支黨散走浙東，賊勢尚熾。是月，汝州梁縣民邢喜家牛生麒麟。

五月，改睦州建德軍爲嚴州遂安軍。丙午，錫貢士聞喜宴於瓊林苑，賜御製詩。月入氐。童貫奏生擒方十三等，平蕩賊洞了畢，上表稱賀。

八月癸巳朔，老人星見。己亥，太白犯勾鈐。丙辰，方臘伏誅。

壬寅宣和四年春正月壬申，熒惑犯天街。

二月辛丑，太白犯壘壁陣。

三月，金人初以正月癸酉陷中京，天祚奔夾山，李處温謀立燕王淳。淳於天祚爲從叔，號天錫皇帝，遂廢天祚爲湘陰王。遼國自此分矣。朝廷遂遣童貫勒兵十五萬巡邊，仍以御筆三策付貫。

五月，童貫駐軍雄州，种師道屯白溝。癸未，我師敗於蘭溝。上聞師道敗，亦甚懼，遂詔班師。

講義曰：世之言宣和之失者，曰遼不可攻，女真不可通，燕不可取，藥師不可任，張覺不可納。然皆非根本之論也。蓋在慶曆、景德之時，虜勢之方强〔一二四〕，故未有可乘之機。至天祚失道，内外俱叛，而已有可取之釁，則攻遼非失策也。女真固不可遽通，然以方張之勢，斃垂盡之虜，他日必與我爲鄰，則通女真亦未爲失策也。全燕之地，我太祖百計而不能得，太宗百戰而不能克取，今也兼弱攻昧，可以收漢、晉之遺黎，可以壯關河之大勢，則燕亦在所當取也。郭藥師以涿、易來降，則以燕人守燕，亦可也。平州乃燕之險，張覺以平州來，則撫之亦可也。不知中國之見輕於夷狄久矣，女真初未知中國之虚實，吾之使者泛海屢至，而遂爲其酋所辱〔一二五〕，則既輕於始矣。及議山後地，粘罕猶曰〔一二六〕：「南朝四面被邊，若無兵力，安能立國如此强大？」自郭藥師已降之後，遼人垂滅之國，亦足以覆官軍。觀虜酋告馬擴之言曰〔一二七〕：「劉延慶一夕而遁。汝觀我家用兵有走者否？」則中國之見輕於虜非一事〔一二八〕。使當時不通女真、不攻遼國、不取燕山、不任藥師、不納張覺，其能保全金人不入寇乎？蓋當時之患，不在外而在内，不在女真而在中國。小人用事，自熙寧至宣和六十年，奸倖之積熟矣。星犯帝座，禍敗在目前而不知，寇入而不罷郊祀，恐礙推恩，寇至而不告中外，恐妨恭謝，寇迫而不撤綵山，恐妨行樂，是小人之夷狄也〔二九〕。童貫之使遼也，遼人笑曰：「大宋豈乏人，乃使内臣奉使耶？」女真將敗盟，朝廷遣使者以童大王爲辭。粘罕笑曰：「汝家更有人可使否？」是宦官之夷狄也。虜至燕而燕降，至河北而河北之軍潰，至河南而河南之戍散，此兵將之夷狄也。置花石綱而兩浙之盜起，科免夫錢而河北、京東之盜起，此盜賊之夷狄也。自古未有内無夷狄而外有夷狄之禍者〔三〇〕。景德之虜〔三一〕，慶曆之寇所以不能爲深入之謀者，以内無夷狄啓之也〔三二〕。宣和之間，在内之夷狄不一，則女真固有所負而至耳。縱使當時無夷狄之患〔三三〕，亦必有小人、宦者、兵將、盜賊之禍矣。

是歲四月，貫始出師，白虹貫日。出門而牙旗竿折。至蔡攸再出師，有少保、節使與宣撫副使二認旗從後，次日，二認旗皆失之。又出師，連數夕有流星大若杯椀，自紫微、文昌出不一所，或犯天津、河鼓，越天漢、斗牛，亦不一所，皆向南奔曳，光如匹練。每夕數十流，至夜半方漸疏。十餘夕皆然。蔡絛密白其父曰：「以此占，懼如西晉象，實令人憂疑。」京亦動色。然太史皆不奏。又方用兵雄州，地大震，雄之正寢忽玄武見，龜大如錢，朱蛇僅若筯，貫、攸拜之，藏以銀合，置於真武廟。明日俱死。又馬生兩角，長各三寸，及四足皆出距。方以爲龍馬，貫以進御，獨上識而甚不樂也。

秋七月戊辰，月犯建。

八月庚戌，月犯填。

九月丁巳朔，詔：「宋昭上書狂妄，除名勒停，送廣南編管。以爲妄議朝政之戒。」昭書云：「犬戎之性〔一三四〕，不可以信義結，滅一弱虜而與强虜爲鄰〔一三五〕，恐非中國之福，徒爲女真之利耳。且北虜雖夷狄，然謹守盟誓不敢妄動者，知信義之不可渝也。本朝與北虜通好百有餘年，一旦敗之，女真能果信其不渝乎？異日女真决先敗盟爲中國患必矣。此理之必然，事之必至。雖使伊、周復生，不能易此議也。」乙丑，契丹易州守高鳳等以易州降，契丹都管押常勝軍涿州留守郭藥師以涿州降。

十一月丙辰朔，流星出王良，至紫微垣内上輔星，有尾迹照地。癸酉，月犯權星。

十二月丙戌，金人入燕，蕭氏出奔，童貫、蔡攸再舉，取燕不能下，懼無功獲罪，密遣王瓌由飛狐路禱金國主令圖之。瓌見金國主，具言貫、攸兵已壓境不敢擅入，乞如約夾攻。金國主定議分三道進軍，時馬擴隨軍行，國主謂擴曰：「契丹疆土我得十九矣，止燕京數州之地留與汝家。我以大軍三面掩之，令汝家俯拾猶不能收。我初聞南軍到盧溝，已有入燕者，我心亦喜，縱令汝家取之，我亦將斂軍歸國。近卻聞劉延慶一夜燒營而遁，何至此耶。汝家似此喪師，從來有何誅責？」擴云：「兵折將死，將折兵死。劉延慶敗，雖貴亦誅。」阿骨打云〔一二六〕：「若不行法，何以使人。一兩日間到關，汝觀我家用兵，有走者否？」是日，入居庸關。晡時到燕。蕭后聞居庸失守，夜率契丹蕭幹等車帳出城，行未五十里，金人遊騎已及城，前軍已登城矣。於是左企弓、宰相等皆迎降，金國主遣馬擴歸獻捷。

癸卯宣和五年夏四月乙巳，童貫等言：「四月十七日躬領大軍入燕山府，撫定軍民，布宣聖澤。」具表稱賀。

五月甲寅，太白犯鬼。己未，御文德殿，以收復燕山府、雲中府兩路，群臣稱賀，賜王黼玉帶。是月，金國王阿骨打卒，弟吴乞買立〔一二七〕。

秋七月甲子，月犯牛。

八月辛巳朔，太史言日當食不食。壬午，歲星犯井。是月，燕山府路轉運使吕頤浩落職降官。頤浩嘗奏：「燕山一路，開邊極遠，其勢難守。雖窮天下之智、盡天下之力、竭天下之財，必無以善其後。」又條上河北燕山路危急五事。詔：「頤浩所奏，意有包藏，情不可貸。」御筆令頤浩赴宣撫司出頭，供伏軍令狀。

九月癸丑，詔王安中知燕山府，詹度、郭藥師同知。藥師及燕人終不改其左衽，時人竊比之禄山。己未，熒惑犯司怪。

冬十月乙酉，雨木冰。

十一月丙寅，幸王黼賜第觀芝草。

史臣曰：王黼專結梁師成，既爲相，蒙賜大第於城西，開便門與師成宅對街，以相往來。及燕告功，黼益得意，乃妄託言家之屏風生玉芝。上爲臨幸，睹黼之堂閣張設、寶玩山石侔擬宫禁，喟然嘆曰：「此不快活耶。」若太師居處糞壤坑耳。」太師謂蔡京也。時上既幸黼第，又設便門過師成〔一三八〕。復來黼家駐蹕，因大醉，黼自傳旨支賜，命放散侍從百官。於是禁衛諸班直争願見上，始謝恩，不肯散，因大詾詾。師成與譚稹乃扶持上而出面諭之。上醉不得語矣。復入，夜漏十五刻〔一三九〕，乃開過龍德宫複道小墻謂鹿寨門者以還内。宦者十餘人執兵接之而去，三衙衛士無一人得入者。是夜，諸班禁從皆集教場備不虞，幾生變。翌日猶不御殿殆半日，人心始安。祖宗以來，臨幸未之有也。

庚午，太白犯房。

十二月己巳，月入氐。是月，京師地震。

甲辰宣和六年春正月甲子，上元節，御樓觀燈。簾幕重密，下無由知。衆中忽有人躍出，黑色布衣，若僧寺童行狀，以手指簾謂上曰：「汝有何神，而敢破壞吾教。吾今語汝，報將至矣。」上怒甚，命中使傳旨治之。於是箠掠亂下，又加炮烙，略不語，亦無痛楚狀。因又斷其足筋，俄施刀臠，肉血狼籍。上大不怡，爲罷一夕之懽。至暮，終不得爲何人，付獄盡之。己巳，月入氐。是月，京師地震。

二月辛丑，承事郎、楚州居住陳瓘卒。

史臣曰：范純仁晚年留意人才，或問其所儲蓄人才，可爲今日用者，答曰：「陳瓘。」又問其次曰：「陳瓘自好也。」宣和末，或問游酢以「當今可以濟世之人」，酢曰：「陳了翁其人也。」劉安世亦嘗因瓘病，使人勉瓘以醫藥自輔，云：「天下將有賴於公，當力加保養，以待將用也。」〔一四〕瓘通易數，自謂與邵雍之數合。至如國家中興之事，往往嘗預言之。其彈蔡京之疏，云：「絕滅史學，一似王衍。重南輕北，分裂有萌。」驗其言於今也，悲夫。

閏三月庚辰，熒惑犯五諸侯。庚子，御集英殿策試進士。

夏四月癸丑，賜沈晦等及第、出身、同出身凡八百五人。

六月辛酉，月犯壘壁陣。

八月乙巳朔，金人怨朝廷納張瑴，遂攻蔚州，絕山後交割意。

九月丙戌，楊時爲校書郎。及對，力陳儆戒之言，上首肯之曰：「卿所陳皆堯舜之道，宜在經筵，朝夕輔朕。」即除邇英殿說書。庚寅，手詔以金芝産於艮嶽萬壽峰，宜改名「壽嶽」。

朱勝非云：上皇於宮城東北起景龍門複道通禁中，每歲冬至後即放燈，自東華門以北並不禁夜，徙民市行舖夾道以居，縱博群飲，至上元後罷，謂之先賞。又於次東建寶籙宮，宮後累石爲山，以其在艮方也，號艮嶽，又改稱壽嶽。運四方花竹奇石，積累二十餘年，山林深高，千巖萬壑，麋鹿成群，樓觀臺殿不可勝計。最後朱勔於太湖取巨石，高廣數丈，載以大舟，挽以千夫，鑿河斷橋，毁堰拆閘，數月方至京師，賜號「昭功專慶神運石」。是年，初得燕地故也。勔緣此授節度使。靖康元年冬，虜騎再犯闕，圍閉日久，折屋爲薪，鑿石爲砲，伐竹爲笓籬，惟大石基址存焉。

丁亥，月犯畢。

十一月丙子，太白晝見。

十二月癸亥，蔡京落致仕領三省事，五日一赴朝請，至都堂治事。是歲，都城有賣青果男子孕而誕子，蓐母不能收，易七人始免而逃去。又有酒肆朱氏子，其妻忽生髭，其人可四十餘，髭鬚長僅六七寸，疏秀甚美，宛然一男子。特詔度爲女道士。

乙巳宣和七年春正月辛丑，故遼國主天祚爲金人所擒，削封海濱王〔一四〕。後踰年而卒。

六月戊午，劉安世卒。

吕本中雜説：崇寧間，蔡京每謂：「人如劉安世，使搗碓磨磨，亦只説元祐是也。」京執政久，亦時有長者之言。嘗有乞將元祐臣僚編置遠惡州郡者，京曰：「元祐人本無大罪，止是不合改先帝法度耳。」

八月，有都城東門外鬻菜夫，負擔至宣德門下，忽迷罔，釋荷擔，向門戟手而言曰：「汝壞吾社稷矣。太祖皇帝、神宗皇帝使我來道，尚宜速改也。」邏卒捕得，下開封獄，一夕已省，則不知向所云爲者。時於獄中盡之。

九月壬辰，熒惑犯鬼。是日，金人以天祚成禽，遣李孝和、王永福來告慶。詔宇文虚中、高世則館之。其實虜將舉兵〔一四二〕，以覘我也。秋，有狐由艮嶽直入中禁，據御榻而坐。詔毁狐王廟。

冬十月辛丑，土星入太微垣。戊子，有流星尾迹照地，如盞口大。

十二月〔一四三〕，金人陷薊州，接伴賀正使傅察爲所殺。先是，金人未渝盟，朝廷以故事遣察迓使人於薊州玉田縣韓城鎮。察至界上，虜愆期不至，斡离不擁大兵遽入寇〔一四四〕，遂執察等，責令投拜，蔣噩以下羅拜臣服，察獨不屈。虜以兵脅之，察亦不顧。虜酋曰〔一四五〕：「我以南朝天子失德，故來弔伐。」察曰：「主上明若日月，四海拱戴，胡欲敗盟，以此爲兵端耳。然自古之戰，以曲直爲勝負，南北敵國，亦安知爾非送死哉。我有死而已，膝不可屈也。」虜酋大怒，察死之。己巳，童貫遁歸京師。初，貫得越茹牒，計無所出，託以赴闕禀議，請太原帥張孝純諭意。孝純愕曰：「金人渝盟，大王當會諸路將士，極力支捂。今去，人心摇，是將河東與賊。河東失，河北亦豈能保耶？願少留，共圖報國〔一四六〕。太原地險城堅，人亦習戰，未必便能拔也。」貫怒目曰：「貫受命宣撫，非守土臣。必欲留貫，置帥何爲。此行至京，當即以兵來援。」孝純撫掌歎曰：「平時童太師作多少威重，及臨事乃畏怯如此，不思身爲大臣，當以死排難，止欲奉頭鼠竄，何面目見天下士乎？」貫不聽。翌日行，用九日至京師。郭藥師以燕山叛，執安撫蔡靖、運使吕頤浩、副使李與權、提舉官沈琯等。金人既欲犯盟，自秋冬探報甚密，然中外多不知也。蔡靖亦密奏凡百七十餘章，至言：「朝廷若以爲不實，則乞早賜重行編置。」然終不報。

十一月〔一四七〕，斡离不之軍壞燕山府鹽場，斡离不至燕山，郭藥師率軍官郊迎之。

初，蔡攸從中力主藥師，每以爲忠信無比，故終不爲之備，於内地略無防禦。亦屢有人告變，又沿邊巡檢楊雍者，得其通金人書繳上之，皆不省。初，靖揣藥師常勝軍之情，故常勉藥師以忠義，及知金人點集，將寒盟，屢奏皆不報，無如之何。故因其出師，洒餞於野，對其大軍設案，望闕焚香拜舞。始語藥師曰：「對諸軍在此，今日之事，相公豈可負趙皇恩耶，願勉旃。」藥師亦領略，然無益也。是月壬寅，詹度猶奏：「郭藥師瞻視不常，趣向懷異，蜂目鳥喙，怙寵恃功。兼常勝軍

暴掠燕子女，攘奪民舍，藥師縱之不復彈壓。」詔梁沂、盧宗原體究，而藥師已叛矣。藥師既叛，報

至京師，上左右不欲人聞知，乃共匿其報，但曰藥師被圍矣。

金人南犯朔、武之境，朔州守將孫翊者，勇而忠，出與之戰。戰未決，漢兒開門獻於金人。既至武州，漢兒以爲內應，遂失朔、武。長驅至代州，守將李嗣本率兵拒守，漢兒又擒嗣本以降，遂陷代州。己酉，知中山府詹度奏：「金人分道入寇。」是日連三奏至京師，朝廷失色。粘罕引兵圍太原〔一四八〕。知朔寧府孫翊來救〔一四九〕，兵不滿二千，與金人戰於城下。張孝純曰：「賊已在近，不敢開門。觀察可盡忠報國。」翊曰：「但恨兵少爾。」乃復引戰，數日，五兵皆盡，爲金人所殺。月入太微垣。庚申，上禪位於皇太子。手詔：「皇太子桓可即皇帝位，凡軍國庶務一聽裁決。予當以道君號退居舊宮。」丙寅，上道君皇帝尊號曰教主道君太上皇帝。是歲，十一月祀南郊禮畢，降壇而得邊報。及上還御郊宮之端誠殿，時天未明，百辟皆賀，忽有鴟正鳴於殿屋之上，與贊拜之聲幾若相應和，異常，聞者駭之。時已報凶酋寒盟〔一五〇〕。元豐之末，嘗有物大如席，夜見寢殿上，而神廟登遐。至元符末，又數見，而哲宗厭代。自大觀間漸晝見。政和已後，遂大作形，廣丈餘〔一五一〕，狀髣髴如龜，行動硜硜有聲，黑氣蒙之，氣之所及，腥血四灑，後習爲常。宣和末，寖少出而亂遂作。此爲黑眚。宣和二三年，春夏之際，洛陽府畿間，忽有物如人，或

如犬，其色黑，不能辨眉目。始夜則出掠小兒，傷食之。後雖白晝，因忽在人家，有力者夜必聚執槍棒而爲之衛。如是二歲乃息。甫三年，則北征事起，此亦黑眚也。

校證

〔一〕洛州　李校：原作「洛州」，據宋史卷三四六龔夬傳改。汪按：再造本、文海本均作「洺州」，應作校改依據。

〔二〕范純仁下項官與宫觀差遣　此句不文，疑有闕脱。宋史卷一九徽宗紀作「詔范純仁等復官宫觀，蘇軾等徙内郡居住。」陳均皇朝編年綱目備要卷二五作「范純仁等二十五人……」，「外州軍任便居住」者疑止是程頤。

〔三〕於國是之外　再造本、文海本同，吕中宋大事記講義卷二一作「越國是之外」。

〔四〕未嘗用　再造本、文海本同，宋大事記講義卷二一作「未嘗聞」。

〔五〕陳瓘言　歷代名臣奏議卷一八一謂此奏係任伯雨所上。

〔六〕心不相忘　歷代名臣奏議卷一八一作「心手相資」，且下有「無事則相忘」五字。

〔七〕大升舉　李校：義不可通，「舉」字疑當作「輦」。汪按：再造本作「舉辇」，文海本同。皇朝編年綱目備要卷二五、宋陳思編元陳世隆補兩宋名賢小集卷一〇〇了齋詩集序均作「大升輿」。故「舉」疑當作「轝」。

〔八〕笑面夜叉　「叉」原作「乂」，再造本、文海本均同，今據陳次升讜論集卷五待制陳公行實、歷代名臣奏議卷一八〇校改。

〔九〕虜　原作「敵」，據再造本、文海本回改。下文三「虜」字同此。

〔一〇〕修私史　再造本、文海本同，彭百川太平治迹統類卷二四元祐黨事本末作「尊私史」。

〔一一〕泰州　李校：原作「秦州」，誤，據宋史卷三四五陳瓘傳、永樂大典三一四二改。汪按：再造本、文海本亦作「秦」，長編紀事本末卷陳瓘作「泰州」。

〔一二〕按長編紀事本末卷一三〇久任曾布此下有「壬戌，右銀青光禄大夫、尚書右僕射兼中書侍郎曾布罷爲觀文殿大學士、知潤州。」疑本書此處有脱漏。

〔一三〕左丞　再造本、文海本均同，長編紀事本末卷一二二講議司作「右丞」。

〔一四〕甲午　原作「甲子」，再造本、文海本均同，長編紀事本末卷一三二講議司、宋史卷一九徽宗紀均作「甲午」。依干支時序，本月不當有「甲子」日，故作「甲午」是，據校改。

〔一五〕李深鄒浩馬涓　原作「李涓」，脱四字，再造本、文海同，據長編紀事本末卷一二二禁元祐黨人校補。高斯得耻堂存稿卷五跋鄒道鄉甘泉銘：「案國史：崇寧……二年正月除名勒停，昭州居住。」可爲佐證。

〔一六〕王覿謝文瓘陳次升　此八字原脱，再造本、文海同，據下文及長編紀事本末卷一二二禁元祐黨人補。

〔一七〕公望南安軍　再造本、文海本、宋史卷三四六江公望傳同，長編紀事本末卷一二二禁元祐黨人記江公望永州居住，似誤。

〔一八〕瓘　李校：原作「文瓘」，「文」字衍，據上下文義删。汪按：李校不當。再造本亦作「文瓘」，下作「瓘」，文海本，皇朝編年綱目備要卷二六作「謝文瓘」，且記貶邵武軍者即此人。前文既述陳瓘編管廉州，不應又邵武軍居住，故此「文瓘」非「陳瓘」無疑，當即謝文瓘。

〔一九〕賜霍端友以下五百三十八人上舍及　再造本、文海本均同，然「及」後疑脱「第」字。皇朝編年綱目備要卷二六作「賜霍端友以下五百餘人及第有差」。宋史卷三五四霍端友傳記其「徽宗即位策進士第一」。又諸書均載霍端友爲崇寧二年狀元。均可爲佐證。

〔二〇〕姓名　原作「班名」，據再造本、文海本、類編皇朝大事記講義卷二一校改。

〔二一〕左手中指　原脱「手」，再造本、文海本亦脱，據長編紀事本末卷一三九大晟樂、宋史卷一二八樂志、文獻通考卷一三〇樂考補。

〔二二〕聖人　再造本、文海本、長編紀事本末卷一三九大晟樂同，宋史卷一二八樂志、文獻通考卷一三〇樂考作「帝」。

〔二三〕長編紀事本末卷一三九大晟樂有「詔可」二字。本書諸本均無。

〔二四〕彈劾　「劾」原作「刻」，據再造本、文海本校改。

〔二五〕岑象求　李校：原作「岑象本」，據陸心源宋史翼卷四本傳改。汪按：再造本、文海本均作「岑象本」，長編紀事本末卷一二二禁元祐黨人、馬純陶朱新録、王昶金石萃編卷一四四元祐黨人碑均作「岑象求」，應據後三書校改。

〔二六〕朱紱　李校：原作「朱紘」，據宋史翼卷四本傳改。汪按：實作「朱紘」，再造本、文海本作「朱紘」，長編紀事本末卷一二二禁元祐黨人、陶朱新録均作「朱紱」。王明清揮麈前録卷三、李心傳舊聞證誤卷三言及「元祐名卿朱紱」。李校似是，今從之。

〔二七〕孔平仲　李校：原脱「仲」字，據長編拾補卷二四補。汪按：再造本、文海本均脱「仲」，長編紀事本末卷一二二禁元祐黨人、陶朱新録、金石萃編卷一四四元祐黨人碑均作「孔平仲」，應作校補依據。

〔二八〕黄隱　李校：原脱「黄」字，據長編拾補卷二四補。汪按：再造本、文海本均脱「黄」，長編紀事本末卷一二二禁元祐黨人、陶朱新録、金石萃編卷一四四元祐黨人碑、徐松宋會要輯稿職官六八之九均作「黄際隱」，應作校補依據。

〔二九〕余爽　李校：長編拾補卷二四作「徐爽」。汪按：再造本、文海本、長編紀事本末卷一二二禁元祐黨人、陶朱新録、金石萃編卷一四四元祐黨人碑、宋會要輯稿職官六八之九均作「余爽」。作「徐爽」誤。

〔三〇〕陳郛　「郛」原爲空鉛，再造本、文海本作「鄗」，據長編紀事本末卷一二二禁元祐黨人、陶朱新録、金石萃編卷一四四元祐黨人碑、宋會要輯稿職官六八之九補。

〔三一〕楊綝　再造本、文海本、金石萃編卷一四四元祐黨人碑、陶宗儀説郛卷四〇下引陶朱新録均同，長編紀事本末卷一二二禁元祐黨人、陶朱新録、宋會要輯稿職官六八之一、六八之四均作「楊琳」。

〔三二〕兖公適　再造本、文海本，四庫本説郛卷四〇下引陶朱新録、清汪森粤西叢載卷一引元祐黨籍石刻同，長編紀事本末卷一二二禁元祐黨人、四庫本陶朱新録、金石萃編卷一四四元祐黨籍碑作「衮公適」。

〔三三〕周誼　李校：原作「周詣」，據長編拾補卷二四改。汪按：再造本、文海本均作「周詣」，長編紀事本末卷一二二禁元祐黨人、陶朱新録、金石萃編卷一四四元祐黨人碑、宋會要輯稿職官六八之一均作「周誼」，後四書應作校改依據。

〔三四〕高漸　原作「高漸之」，據再造本、文海本、長編紀事本末卷一二二禁元祐黨人、宋會要輯稿職官六八之一删「之」字。

〔三五〕朱紘　再造本、文海本同，長編紀事本末卷一二二禁元祐黨人、金石萃編卷一四四元祐黨籍碑作「朱絃」。

〔三六〕吴朋　再造本、文海本、金石萃編卷一四四元祐黨人碑、宋會要輯稿職官六八之一均同，長編紀事本末卷一二二禁元祐黨人、陶朱新録均作「吴明」，作「吴明」似誤。

〔三七〕鄧忠臣　李校：原作「鄧中臣」，據長編拾補卷二四改。汪按：再造本、文海本均作「鄧中臣」。長編紀事本末卷一二二禁元祐黨人、陶朱新録、金石萃編卷一四四元祐黨人碑均作「鄧忠臣」，後三書應作校改依據。

〔三八〕韓治　原作「韓洽」，據再造本、文海本、長編紀事本末卷一二二禁元祐黨人等校改，按韓治爲韓琦孫，其事迹史籍多有記載。

〔三九〕莫俠正　李校：長編拾補卷二四作「王挾正」。汪按：再造本、文海本均作「莫俠正」，長編紀事本末卷一二二禁元祐黨人作「万俟正」，陶朱新録作「黄俠正」。宋會要輯稿職官六八之一作「萬俟正」，金石萃編卷一四四元祐黨人碑原作「莫仲正」，據清畢沅續資治通鑑校正作「万俟正」，然不知畢沅所本。

〔四〇〕高遵恪　李校：長編拾補卷二四作「高遵裕」。汪按：再造本、文海本、金石萃編卷一四四元祐黨人碑、宋會要輯稿職官六八之一均作「高遵恪」，陶朱新録作「高道恪」，長編紀事本末卷一二二禁元祐黨人作「高遵裕」，考高遵裕行迹，不當入黨籍，故似作「高遵恪」是。

〔四一〕侯顯道　李校：原作「侯顧道」，據長編拾補卷二四改。汪按：再造本、宋會要輯稿職官六八之一、清汪森粤西叢載卷一元祐黨籍石刻均作「侯顯道」，文海本、陶朱新録、金石萃編卷一四四元祐黨人碑、長編紀事本末卷一二二禁元祐黨人均作「侯顧道」。

〔四二〕周遵道　李校：三字原脱，據長編拾補卷二四改。汪按：再造本、文海本均脱，長編紀事本末卷一二二禁元祐黨人、陶朱新録、金石萃編卷一四四元祐黨人碑均有「周遵道」，後三書應作校補依據。宋會要輯稿職官六八之一亦有「周遵道」。

〔四三〕宋壽山　李校改「宋壽山」爲「宋壽岳」，謂：長編拾補卷二四作「宋壽岳」。汪按：再造本、文海本均作「宋壽山」，長編紀事本末卷一二二禁元祐黨人、金石萃編卷一四四元祐黨人碑、宋會要輯稿職官六八之一均作「宋壽岳」，陶朱新録作「宋壽巖」。難定孰是。

〔四四〕楊懷寶　再造本、文海本、説郛卷四〇下引陶朱新録均作「楊環寶」。長編紀事本末卷一二二禁元祐黨人、陶朱新録、金石萃編卷一四四元祐黨人碑、宋會要輯稿職官六八之一、范祖禹范太史集卷五五手記均作「楊瓌寶」。

〔四五〕鄧允中　再造本、文海本、金石萃編卷一四四元祐黨人碑均同，惟陶朱新録作「劉元中」。

〔四六〕扈充　李校：原作「扈允」，據長編拾補卷二四改。汪按：再造本、文海本均作「扈允」。長編紀事本末卷一二二禁元祐黨人同。然陶朱新録、金石萃編卷一四四元祐黨人碑、宋會要輯稿職官六八之一均作「扈充」。「扈充」又見於長編卷四八二、范太史集卷五五手記。李校是，今從之。

〔四七〕江洵　再造本、文海本、長編紀事本末卷一二二禁元祐黨人、金石萃編卷一四四元祐黨人碑均同。惟陶朱新録作「江詢」。

〔四八〕向紃　再造本、文海本、金石萃編卷一四四元祐黨人碑均同。惟長編紀事本末卷一二二禁元祐黨人作「向訓」。鄒浩道鄉集卷一六向紃轉左朝議大夫除司農卿等制，可參。

〔四九〕王正甫　李校改「王正甫」爲「鍾正甫」，謂：原作「王正甫」，據長編拾補卷二四改。汪按：長編紀事本末卷一二二禁元祐黨人、金石萃編卷一四四元祐黨人碑作「鍾正甫」。再造本、文海本均作「王正甫」。因鍾正甫曾參預迫害元祐黨人，故李校疑未是，暫不從李校，存疑待考。

〔五〇〕楊彥章　再造本、文海本均同。長編紀事本末卷一二二禁元祐黨人、陶朱新録、金石萃編卷一四四元祐黨人碑均作「楊彥璋」。

〔五一〕郭子旆　再造本、文海本均同。長編紀事本末卷一二二禁元祐黨人、陶朱新録、金石萃編卷一四四元祐黨人碑均作「郭子旂」。

〔五二〕高世權　再造本、文海本均同。長編紀事本末卷一二二禁元祐黨人、陶朱新録、金石萃編卷一四四元祐黨人碑均作「高士權」。

〔五三〕王琉　再造本、文海本、長編紀事本末卷一二二禁元祐黨人均同。金石萃編卷一四四元祐黨人碑作「李琉」。又長編卷三六六有武臣李琉。陶朱新録作「李玩」。

〔五四〕李倬　再造本、文海本、長編紀事本末卷一二二禁元祐黨人、金石萃編卷一四四元祐黨人碑均同。惟陶朱新録作「李綽」。

〔五五〕曾肅　原作「會肅」，再造本、文海本、長編紀事本末卷一二二禁元祐黨人、金石萃編卷一四四元祐黨人碑均作「曾肅」。陶朱新録作「魯肅」。當以「曾肅」爲是，「會」、「魯」均爲「曾」之形近誤。

〔五六〕蔡克民　再造本、文海本均同。長編紀事本末卷一二二禁元祐黨人、徐自明宋宰輔編年録卷一一、宋史卷三一四范純仁子正平傳均作「蔡克明」。又東坡全集卷一一三八月二十八日入内高班蔡克明傳宣取批答宰臣以下賀生獲果莊表也言及「蔡克明」，似作「蔡克明」是。

〔五七〕張浚明　再造本、文海本均同。據宋史卷三五六强淵明傳、皇朝編年綱目備要卷二六，與葉夢得一起給元祐人三等定罪者，係强淵明之兄强浚明，疑此處「張」字爲「强」字之形近訛。

〔五八〕風鼎　再造本、文海本、長編紀事本末卷一二八九鼎、宋會要輯稿輿服六之一四、王應麟玉海卷八八均同，宋史卷九八禮志、卷一〇四禮志、卷一三五樂志，洪邁容齋三筆卷一三十八鼎，文獻通考卷九〇郊社考、政和五禮新儀卷四作「罔鼎」，文獻通考卷一四三樂考、政和五禮新儀卷一、二作「罡鼎」。似作「罔鼎」是。

〔五九〕形鼎　原作「形鼎」，文海本同，據再造本、長編紀事本末卷一二八九鼎、宋史卷九八禮志、卷一〇四禮志、卷一三五樂志，文獻通考卷九〇郊社考、卷一四三樂考、政和五禮新儀卷一、二、四，洪邁容齋三筆卷一三十八鼎、朱彧萍洲可談卷三校改。

〔六〇〕晶鼎　原作「晶鼎」，據再造本、文海本、長編紀事本末卷一二八九鼎、宋史卷九八禮志、卷一〇四禮志、卷一三五樂志、文獻通考卷九〇郊社考、卷一四三樂考、政和五禮新儀卷一、二、四等校改。

〔六一〕貨利　原作「貸利」，據再造本、文海本校改。

〔六二〕況　原作「足」，再造本、文海本均同。據長編紀事本末卷一二四追復元祐黨人、宋史卷四四五文苑傳葉夢得、李幼武宋名臣言行録別集上卷四葉夢得校改。

〔六三〕戊戌　二字原脱，再造本、文海本同，據長編紀事本末卷一二四追復元祐黨人、宋史卷二〇徽宗紀、文獻通考卷二八六象緯考補。

〔六四〕畢　「畢」字原脱，再造本、文海本同，據長編紀事本末卷一二四追復元祐黨人、文獻通考卷二八六象緯考補。

〔六五〕卒　再造本、文海本均同。皇朝編年綱目備要卷二七作「死」，魏了翁經外雜鈔卷二作「斃」。

〔六六〕星變　再造本、文海本均作「星茀」。皇朝編年綱目備要卷二七作「星拂」，經外雜鈔卷二作「星孛」。

〔六七〕咎　再造本、文海本均同。上引皇朝編年綱目備要、經外雜鈔均作「慝」。

〔六八〕右正言　李校：原作「左正言」，據上文及輿地紀勝卷二一信州改。汪按：再造本、文海本、韓淲澗泉日記卷上均作「左正言」。皇朝編年綱目備要卷二七作「右正言」。今姑從李校。

〔六九〕諸八行　李校於「諸」後加「士」字，謂：原脱「士」字，據上下文意補。汪按：再造本、文海本均無「士」字，李校無據，似不須加字，今不從李校。

〔七〇〕置二衛　再造本、文海本均同，然繫年要録卷一一九：「蔡京爲政，嘗置三衛郎。」徐夢莘三朝北盟會編卷四五太學生陳東上書論列蔡京「置三衛以弱天子之勢」。玉海卷一三九兵制崇寧三衛：「崇寧四年二月十日己酉，置三衛郎中、郎、博士」。王明清揮麈後録卷三：「方通……其子軫……上書訟元長之過……置三衛……」。據上引，「二」似爲「三」之訛。

〔七一〕兩郊　再造本、文海本均同，揮麈後録卷三作「西郊」。

〔七二〕誰可　再造本、文海本均同，皇朝編年綱目備要卷二七、揮麈後録卷三、宋宰輔編年録卷一一均作「誰肯」。作「誰肯」似是。

〔七三〕豈宜有二　再造本、文海本、宋史卷三五一鄭居中傳均同，皇朝編年綱目備要卷二七、宋史卷六五五行志、文獻通考卷三一四物異考均作「豈容有二」。

〔七四〕任製器之役　再造本、文海本均同，宋大事記講義卷二一作「監製器之役」。

〔七五〕毛注　原「毛注」前衍「趨」字，據再造本、文海本改。

〔七六〕誣上帝　再造本、文海本均同，宋史卷四七二姦臣傳蔡京、三朝北盟會編卷五〇均作「瀆上帝」。

〔七七〕務遠略　再造本、文海本均同，宋史卷四七二姦臣傳蔡京、三朝北盟會編卷五〇均作「矜遠略」。作「矜遠略」似是。

〔七八〕進日録四卷　「日」原作「目」，再造本、文海本均同，據宋宰輔編年録卷一二、劉元高三劉家集録陳瓘與檢討二首及上文校改，日録乃王安石重要撰述。

〔七九〕宋宰輔編年録卷一二標示「鋪陳」、「執政」之間有闕文。

〔八〇〕蓋在鍾山懟上熱中之時　再造本、文海本均同，宋宰輔編年録卷一二作「蓋著撰日録在退居鍾山之時」。

〔八一〕所以立名　原作「可以立名」，再造本、文海本均同，據皇朝編年綱目備要卷二八、宋史卷三四五陳瓘傳、宋名臣言行録後集卷一三陳瓘校改。

〔八二〕所得於彼　原作「所以得於彼」，再造本、文海本均同，據宋史卷三四五陳瓘傳、宋名臣言行録後集卷一三陳瓘、自警編卷五出處類删「以」字。

〔八三〕慽屢揖瓘退　再造本、文海本、宋名臣言行録後集卷一三陳瓘、趙善璙自警編卷五出處類均同，惟宋史卷三四五陳瓘傳作「慽慚揖使退」。

〔八四〕阿骨打　原作「阿固達」，據再造本、文海本回改。

〔八五〕下有承氣　「承」字原脱，再造本、文海本均同，據宋會要輯稿瑞異一之二一補。

〔八六〕輒書　原作「轍書」，據再造本、文海本校改。又宋大事記講義卷一七：「災異不言而群瑞輒書，甚者臘月之雷指爲瑞雷，六月之雪指爲瑞雪，其視天變若童稚之可侮，痛哉。」可參。

〔八七〕詠贊　原作「詠替」，據再造本、文海本改。宋朝諸臣奏議卷四五陳公輔上欽宗論陰盛「以臘月雷爲瑞雷，三月雪爲瑞雪，拜表稱賀，作詩詠讚」，可爲佐證。

〔八八〕阿骨打　原作「阿固達」，據再造本、文海本回改。本月内下一「阿骨打」同此。

〔八九〕粘罕　原作「尼堪」，據再造本、文海本回改。

〔九〇〕胡捨　原作「烏舍」，據再造本、文海本回改。

〔九一〕銀朱　原作「尼楚赫」，據再造本、文海本回改。

〔九二〕割移烈　原作「伊立」，據再造本、文海本回改。

〔九三〕婁宿　原作「羅索」，據再造本、文海本回改。

〔九四〕闍母　原作「棟摩」，據再造本、文海本回改。

〔九五〕熟户女真阿骨打皆虜之爲用　「熟户」，皇朝編年綱目備要卷二八、契丹國志卷一〇均作「屬户」。「虜」，原作「降」，據再造本、文海本回改。皇朝編年綱目備要卷二八作「擄」，可爲佐證。

〔九六〕定王　李校：「王」字原爲空格，據長編拾補卷三四補。汪按：再造本、文海本均作「定王桓」，「王」字不空，應作校補依據。

〔九七〕專宫　再造本、文海本均同，佚名靖康要録卷一、三朝北盟會編卷二二八、陳模東宫備覽卷五崇儉均作「東宫」。

〔九八〕絶色　再造本、文海本均同，宋會要輯稿瑞異一之二二作「紅色」。

〔九九〕一萬二千六百枝　再造本、文海本均同，宋會要輯稿瑞異一之二二作「一萬二千六十枝」。

〔一〇〇〕齋施動獲千萬　再造本、文海本均同，皇朝編年綱目備要卷二八、元釋念常佛祖歷代通載卷一九均作「每一齋施動獲數十萬」。

〔一〇一〕玉清陽和宮　再造本、文海本均同，長編紀事本末卷一二七道學、宋史卷二一徽宗紀均記爲「玉清和陽宮」。

〔一〇二〕仙卿　原作「仙鄉」，文海本字模糊不辨，據再造本、長編紀事本末卷一二七道學校改。

〔一〇三〕仙獄吏　再造本、文海本均同，長編紀事本末卷一二七道學作「仙嶽吏」。

〔一〇四〕以　再造本、文海本均同，長編紀事本末卷一二七道學作「已」。作「已」似是。

〔一〇五〕皛鼎　原作「晶鼎」，再造本、文海本均同，校改依據同本卷崇寧四年三月戊午條。

〔一〇六〕牡鼎爲穌鼎　「牡鼎」原作「壯鼎」，再造本、文海本均同，並據長編紀事本末卷一二八九鼎、宋會要輯稿輿服六之一四、玉海卷八八器用崇寧九鼎，宋史卷一〇四禮志校改。「穌鼎」原作「和鼎」，據再造本、文海本及上引諸書校改。

〔一〇七〕風鼎　參本卷崇寧四年三月戊午條校。

〔一〇八〕議下　再造本、文海本均同，宋宰輔編年録卷一二作「下議」，作「下議」似是。

〔一〇九〕鼎　再造本、文海本、長編紀事本末卷一二八九鼎、容齋三筆卷一三十八鼎均同，惟宋史卷一〇四禮志作「鼐」。

〔一一〇〕祀天貯醇酒之鼎　再造本、文海本、長編紀事本末卷一二八九鼎、宋史卷一〇四禮志均同，惟容齋三筆卷一三十八鼎無「酒」字。

〔一一一〕鍊神　「神」原作「伸」，據再造本、文海本、長編紀事本末卷一二八九鼎、宋史卷一〇四禮志、容齋三筆卷一三十八鼎校改。

〔一一二〕謂之犬戎投骨於地狺然而争者犬之常也今乃摇尾乞憐　原作「限以沙塞。自適其俗，不通中國者，狄之常也。今乃遣使乞憐」，據再造本、文海本回改。

〔一一三〕求逞　再造本、文海本同，宋大事記講義卷二二作「求請」。

〔一一四〕開釁　再造本、文海本同，宋大事記講義卷二二作「啓釁」。

〔一一五〕取之　再造本、文海本同，宋大事記講義卷二二作「有之」。作「有之」似是。

〔一一六〕阿骨打　原作「阿固達」，據再造本、文海本回改。下文宣和元年三月條内「阿骨打」同此。

〔一一七〕汾脽　原作「汾睢」，再造本、文海本均同，據漢書卷二二禮樂志卷二五下郊祀志校改。

〔一一八〕角一　再造本、文海本、蔡條鐵圍山叢談卷六均作「角座」，皇朝編年綱目備要卷二八作「角角」，宋史卷六二五行志作「角生」。

〔一一九〕俄及東北　「及」，皇朝編年綱目備要卷二八、宋史卷六二五行志均作「入」。

〔一二〇〕小臣　再造本、文海本均同，宋史卷三五一曹輔傳作「小官」。下文「臣有大小」，宋史亦作

「官有大小」。

〔一二一〕胡虜　原作「敵兵」，據再造本、文海本回改。

〔一二二〕阿骨打　原作「阿固達」，據再造本、文海本回改。下文本年五月條内「阿骨打」同此。

〔一二三〕散州安置　再造本、文海本同，宋史卷三五三陳過庭傳、東都事略卷一〇八陳過庭傳、宋名臣言行續録卷一陳過庭、嘉泰會稽志卷一五人物均作「黄州安置」。

〔一二四〕虜勢　此「虜」與下文「垂盡之虜」之「虜」，原均作「遼」，並據再造本、文海本回改。

〔一二五〕酋　原作「長」，據再造本、文海本回改。

〔一二六〕粘罕　原作「尼堪」，據再造本、文海本回改。本段下一「粘罕」同此。

〔一二七〕虜酋　原作「金人」，據再造本、文海本回改。

〔一二八〕虜　此「虜」與下文「虜至燕」之「虜」，原均作「敵」，並據再造本、文海本回改。

〔一二九〕夷狄　此「夷狄」與下文「兵將之夷狄」、「盜賊之夷狄」之「夷狄」，原均作「爲禍」，並據再造本、文海本回改。

〔一三〇〕内無夷狄而外有夷狄　前一「夷狄」原作「釁隙」，後一「夷狄」原作「敵國」，並據再造本、文海本回改。

〔一三一〕虜　原作「兵」，據再造本、文海本回改。

〔一三二〕夷狄　此「夷狄」與下文「在内之夷狄」之「夷狄」，原均作「釁隙」，並據再造本、文海本回改。

〔一三三〕夷狄之患　原作「女真之禍」，據再造本、文海本回改。

〔一三四〕犬戎　原作「蕃人」，據再造本、文海本回改。

〔一三五〕虜　此二「虜」字與下文二「虜」字，原均作「敵」，並據再造本、文海本回改。

〔一三六〕阿骨打　原作「阿固達」，據再造本、文海本回改。下文宣和五年五月之「阿骨打」同此。

〔一三七〕吴乞買　原作「烏奇邁」，據再造本、文海本回改。

〔一三八〕設便門　再造本、文海本均同，皇朝編年綱目備要卷二九作「自便門」。

〔一三九〕十五刻　再造本、文海本均同，皇朝編年綱目備要卷二九作「上五刻」。作「上五刻」似是。

〔一四〇〕將用　皇朝編年綱目備要卷二九、宋名臣言行録後集卷一三陳瓘、自警編卷六事君類、樓鑰攻媿集卷七〇跋陳忠肅公表稿均作「時用」。

〔一四一〕海濱王　遼史卷三〇天祚皇帝紀、洪皓松漠紀聞卷一同，再造本、文海本、王稱東都事略卷一二四附録均作「海瀕王」。

〔一四二〕虜　此「虜」與下文「虜愆期」、「虜以兵脅之」之「虜」，原均作「敵」，並據再造本、文海本回改。

〔一四三〕十二月　再造本、文海本均同，然下文復出「十一月」，必有誤。考傅察被害、童貫逃歸、金軍南下諸事皇朝編年綱目備要卷二九、宋史卷二二徽宗紀亦繫十二月。

〔一四四〕斡离不　原作「斡里雅布」，據再造本、文海本回改。下文二「斡离不」同此。

〔一四五〕虜酋　原作「金帥」，據再造本、文海本回改。下一「虜酋」同此。

〔一四六〕共圖　原作「共國」，再造本、文海本均同，據皇朝編年綱目備要卷二九、明馮琦原編陳邦瞻增輯宋史紀事本末卷一三金人南侵校改。

〔一四七〕十一月　前已有「十二月」，此又出「十一月」，時序顛倒。然三朝北盟會編卷二四引沈琯南歸録：「宣和七年十一月……二十七日，據燕山府鹽場官申金人擁重兵壓壞鹽場」。宇文懋昭大金國志卷三：「冬十一月，斡离不軍至燕山府鹽場」。則下所記事確爲十一月事。然下述「金人南犯朔武」以下事，大金國志又繫於十二月。宋史卷二二徽宗紀則繫「己酉」、「庚申」於十二月。存疑待考。

〔一四八〕粘罕　原作「尼雅滿」，據再造本、文海本回改。

〔一四九〕知朔寧府孫翊　再造本、文海本均同，前言「朔州」，此言「朔寧府」，疑爲同地異稱，待考。「孫翊」，宋史卷四四六忠義傳作「孫益」。

〔一五〇〕凶酋　原作「金人」，據再造本、文海本回改。

〔一五一〕廣丈餘　再造本、文海本均同，宋史卷六二五行志作「廛丈餘」。

宋史全文卷十五

宋欽宗

丙午靖康元年春正月，詔求言。監察御史余應求，先爲校書郎，嘗上奏，略曰：「獻言者皆曰夷狄外侵，而邊鄙未寧，爲可慮。百姓久困，而財用日急，爲可慮。兵革未弭，而士馬不彊，爲可慮。臣以爲選將帥以守邊，治險阻以固圉，積粟治兵，實之塞下，則邊備何患乎不嚴。罷不急之務，減無名之費，躬節用裕民之德，去蠹國害財之政，用計數之臣，治轉運之法，則財何患乎不足。下募兵之令，高買馬之直〔一〕，明賞罰以收人心，嚴軍政以勵士氣，付之良將，何往不克，則士馬何患乎不彊。」詔特賜章服。自金人犯邊，屢下求言之詔，事稍緩則復沮抑言者。故當時有「城門閉言路開，城門開言路閉」之諺。丁卯，金人犯濬州，内侍梁方平領兵在黄河北岸，賊騎奄至〔二〕，倉卒奔潰。時南岸守橋者望見虜中旗幟〔三〕，燒斷橋纜，陷没凡數千人，虜因不得濟。何灌軍亦望風潰散〔四〕，我師在河南者無一人。初，虜至邯鄲，遣郭藥師爲前驅，付以二千騎。藥師疾馳三百里，質明遂至濬。其言州縣無備，邀取金繒，暴宮禁間事者，皆藥師之爲也。己巳，詔親征。先是，太學生陳東率在學諸生伏闕上書，略曰：「臣等聞堯之時，有八元八凱，而未暇用，有四凶，而未暇去。堯非不知其可用、可去也，意謂我將倦於勤，必以天下授舜，特留以遺之，使大明誅賞，以示天下耳。故傳曰：舜有大功二十，而爲天子，天下誦之，至今不息。臣竊謂在道君皇帝時，非無賢才如八元八凱而未用者，非無奸臣賊子如四凶而未去者，道君亦非不知之，特留以遺陛下。今日之事，蔡京壞亂於前，梁師成陰賊於內，李彦結怨於西北，朱勔結怨於東南，王黼、童貫又從而結怨於二邊。敗祖宗之盟，失中國之信，創開邊隙，使天下勢危如絲髮，此六賊者，異名同罪。伏願陛下擒此六賊，肆諸市朝，傳首四方，以謝天下。」至是，黼竄永州。黼賣官取贓無厭，京師爲之語曰：「三百貫，且通判。五百索，直秘閣。」黼至雍丘縣南固村，吴敏、李綱指燕山之役爲黼罪，請誅之，取其首以獻。勔削官放歸田里，繼而羈管循州，尋賜死。彦亦賜死。皆籍其家。上皇如南京。庚午，以兵部侍郎李綱爲尚書右丞、東京留守，同知樞密院李棁副之，聶山爲隨軍轉運使。時從官以邊事求見者皆非時賜對，綱待班延和殿下，適宰執奏事，議欲奉鑾輿出狩襄、鄧。綱語知東上閤門事朱孝莊曰：「有急切公事，欲與宰執廷辨。」孝莊曰：「舊例未有宰執未退而從官求對者。」綱曰：「此何時，而用例邪？」孝莊即具奏。

詔綱立執政之末。因啓奏曰：「聞諸道路，宰執欲奉陛下出狩避狄，果有之，宗社危矣。且道君皇帝以宗社之故，傳位陛下，今捨之而去，可乎？」上默然。白時中曰：「都城豈可以守？」綱曰：「天下城池，豈復有如都城者。且宗廟社稷、百官萬民所在，捨此欲何之。若能率勵將士、慰安民心，豈有不可守之理。」上顧大臣曰：「策將安出？」皆默然。綱進曰：「今日之計，莫如整厲士馬，聲言出戰，固結民心，相與堅守，以待勤王之師。」上曰：「誰可將者？」綱曰：「朝廷平日高爵厚禄，畜養大臣，將用之於有事之日。今白時中、李邦彦等皆書生，未必知兵，然藉其位貌，撫馭將士，以抗敵鋒，乃其職也。」時中厲聲曰：「李綱莫能出戰？」〔五〕綱曰：「陛下不以臣爲懦，儻使治兵，願以死報。第人微官卑，恐不足以鎮服士卒。」上即命除綱右丞。内侍王孝竭奏曰：「中宫國公已行，陛下豈可留此？」上色變曰：「卿等無執，朕將親往陝西治兵以復都城，決不可留此。」綱泣拜俯伏以死請，會燕、越二王至，亦以固守爲然。上意稍定，即俾中使追還中宫國公，顧謂綱曰：「卿留朕，治兵禦寇專以委卿。」綱受命與棁同出。中夜，上遣中使諭宰執欲詰旦決行。質明，綱入朝，見禁衛擐甲乘輿服御皆已陳列，綱厲聲曰：「爾等願以死守宗社乎？願扈從以巡幸乎？」皆呼曰：「願以死守。」綱入見曰：「陛下已許臣留，今復戒行，何也？且六軍之情已變，彼父母妻子皆在都城，豈肯捨去。萬一至中道散歸，陛下孰與爲衛？且虜已逼〔六〕，彼知乘輿之去未遠，以健馬疾追，何以禦之？」上悟，始命輟行。辛未，上御宣德樓，宣諭六軍將士，於是固守之議始決。命李綱爲親征行營使，侍衛親軍馬軍都指揮使曹曚副之。白時中罷，坐主出奔議也。李邦彦起復爲太宰，張邦昌爲少宰，仍兼門下、中書侍郎，趙野、王孝迪門下、中書侍郎，蔡懋尚書左丞，簽書樞密院耿南仲同知。壬申，詔：「每路差近上内侍一，並督帥臣將勤王兵入援。」癸酉，斡離不至京城西北〔七〕，屯牟駝岡天駟監，即孳生馬監之所，芻豆山積。異時郭藥師來朝，得旨打毬於其間，金人兵至，徑趨其所，藥師導之也。自虜騎扣河，梁方平燒橋而遁，虜不得遽渡，取小舟能容數人者以濟，凡五日，騎兵方絶，步兵猶未集也。旋濟旋行，無復隊伍。虜笑曰：「南朝可謂無人，若以一二千人守河，我輩豈得渡哉。」是夕，金人攻宣澤門。李綱臨城，募敢死士斬獲百餘人，迨旦始定。初，治都城四壁守具，凡四日，治具粗畢而虜抵城下矣。以鄭望之充軍前計議使，高世則副之。望之即行，少頃，虜亦遣吴孝民至。甲戌，鄭望之入奏，引見金使吴孝民，奏曰：「上皇與大金結約海上，復違盟誓，皆已往事。今日少帝陛下與大金別立誓書，結萬世歡好可也。向者李鄴來議割獻三鎮事。皇子遣使人代朝見之禮，願遣親王、宰執到軍前報禮。大金喜禮意之重，前日割地之議往往可罷。」少帝之稱自此始。上顧宰執，未有對者。李綱請行，上不許，曰：「卿方治兵，不可。」命同知樞密院事李棁奉使，鄭望之、高世則副之。乙亥，虜攻通天、景陽門一帶甚急。上命李綱督將士扞禦。又攻陳橋、封丘、衛州等門，綱登城督戰。自卯至申，殺賊凡數千乃退〔八〕，武泰軍節度使何灌死之。虜遣游騎四出抄掠，畿縣惟東明、太康、雍丘、扶溝、鄢陵僅存。虜耻小邑不破，再益騎三千，急攻東明。京東將董有鄰率衆拒之，斬首十餘級，最後得金環者，三太子也。李棁、鄭望之等在虜營，斡離不見之，需金五百萬兩、銀五千萬兩、牛馬萬匹、衣緞百萬匹，割大原、中山、河間三路地，並欲宰相、親王爲質。望之辭以親王年幼，乞遣郡王。望之再三言之。斡離不：「遣親王、郡王各一人，至河即還，宰相候交物了及撥地畢日可還也。」斡離不遣蕭三寶奴、耶律忠、王汭等來。丙子，詔：「大金所需犒軍物數浩瀚，朝廷竭力應副，如供祀宗廟器皿亦不敢吝，至於親王内外百官之家已行告諭，盡數供助，尚恐未能敷數。忠義之民，理宜體國，將私家所有，願助國用者，限日下於户部尚書聶山等處送納。」又詔：「蕃衍宅諸王金銀絹帛，道官、樂官、伎術等官及五司官察視曾經賜帶各家，有見在金銀，只今納元豐庫。若敢隱庇轉藏，並行軍法。諸宫觀寺廟，奉先、普安諸墳，六尚局，諸局並開封府公用金銀，拘收納左藏庫。」時從王孝迪之議，揭榜立賞，括在京軍民官吏金銀，違者斬之。都城大擾。限既滿，得金二十餘萬、銀四百餘萬兩，而民間藏蓄爲之一空。李綱因對奏曰：「收簇金銀限滿，民力已竭，復許告訐，恐生内變。外有大敵而民心内變，不可不慮。」上曰：「卿可往收榜，毋得告訐。」綱因巡城傳聖旨，收榜，人心稍安。以康王爲軍前計議使，令張邦昌、高世則副之。上命引王詣殿閣見宰執，李棁云：「大金恐南朝失信，故要親王送到河，亦無他。」王正色曰：「國家有急，死亦何避。」聞者悚然。丁丑，宰執進呈金人所須之目。李綱力争，以謂：「犒師金幣其數太多，雖竭天下亦不足充，況都城乎。當量與之。太原、河間、中山國家屏蔽，號爲三鎮，割之何以立國。又保塞，翼祖、順祖、僖祖陵寢所在〔九〕，子孫奈何與人。至於遣使，宰相當往，親王不當往。今日之計，莫若擇使，與之熟議，道所以可不可者。金幣之數，令有司會計，少遲之，大兵四集，彼以孤軍入重地，勢不能久留，必求速歸。然後與之盟，彼且不敢輕中國，其和可久也。」宰執皆謂：「都城患在朝夕，尚何有三鎮，而金幣之數又不足較也。」綱因求去。上慰諭曰：「卿第出治兵，益固城守，恐金人款我，此徐議也。」朝廷即以誓書往，所求皆與之。以李鄴、高世則爲送伴使副。綱尚留三鎮詔書不遣，幾少遲延，以俟勤王兵集，徐爲後圖也。庚辰，張邦昌從康王詣虜營。壬午，統制官馬忠以京西募兵至，遇金人於順天門外，乘勢擊之，殺獲甚衆。范瓊將萬騎自京東來，營於馬監之側，王師稍振。丁亥，靖難軍節度使、河北河東路制置使种師道，武安軍承宣使姚平仲以涇原、秦鳳兵至闕下。既入見，上曰：「今日之事，卿意如何？」師道曰：「女真不知兵，豈有孤軍深入人境而能善其歸乎？」上曰：「業已講好矣。」對曰：「臣以軍旅之事事陛下，餘非所敢知也。」李綱言於上曰：「勤王之師漸集，兵家忌分，非節制歸一不能濟。願敕兩將聽臣節制。」上曰：「師道老而知兵，且職位已高，與卿同官，替曹曚可也。」於是別置宣撫司，以師道同知樞密院事，充京畿河北河東路宣撫使。以平仲爲都統制。應四方勤王兵並隸宣撫司。又撥前後軍之在城外者屬之。而行營司所統者，獨左右中軍而已。上屢申飭兩司不得侵紊，而節制既分，不相統一。宣撫司所欲行者，往往託以機密，不復關報。自是權始分矣。太學生陳東又言：「梁師成當正典刑。」詔黜爲散官，命開封府吏押至八角鎮殺之。癸巳，李綱、李邦彥、吴敏、种師道、姚平仲等是日同對於福寧殿，議所以用兵者。綱奏曰：「金人之兵，張大聲勢，然其實不過六萬。吾勤王之師集城下者二十餘萬，固已數倍之矣。彼以孤軍入重地，正猶虎豹自投於檻穽中，當以計取之，不可角一旦之力。爲今之策，莫若扼關津，絶粮道，禁抄掠，分兵以復畿北郡邑。俟彼遊騎出則擊之，以重兵臨賊營，堅壁勿戰，如周亞夫所以錮七國者。俟其芻粮乏、人馬疲，然後以將帥檄取誓書，復三鎮，縱其歸，中渡而後擊之，此必勝之計也。」上然之。

二月丁酉夜，都統制姚平仲率步騎萬人劫虜寨〔一〇〕，以敗還。初，种師道以「三鎮不可棄，城下不可戰，朝廷姑堅守和議，俟姚古來，兵勢益甚。軍中共議自遣使人往諭虜，以三鎮係國家邊面，决不可割，寧以其賦入增作歲幣，庶得和好久遠。如此三兩返，勢須逗遛半月，重兵密邇，彼必不敢遠去劫掠，粮草漸竭，不免北還。俟過河，以騎兵尾襲，至真定、中山兩鎮，必不肯下，彼腹背受敵，可以得志。」會李綱主平仲之謀，師道言卒不用。平仲，古之養子也，上以其驍勇，屢召對，許以成功當授節鉞。平仲議欲夜叩虜營，生擒斡離不，奉康王以歸。而其謀泄，未發數日，行路及虜人皆知之。虜先事設備，故反爲所敗。李綱會行營左右軍將士，質明出景陽門，分命諸將解范瓊、王師古等圍，虜騎出没鏖戰，斬獲甚衆，復犯中軍，綱親率將士以神臂弓射卻之。上初滿意平仲必成功，既而失利，宰執、臺諫交言西兵勤王之師及親征行營司兵爲所殲，無復存者。上大震驚，有詔不得進兵，遂罷綱尚書右丞親征行營使，以蔡懋代之，因廢行營使司，止以守禦使總兵事，蓋欲罪綱以謝虜也。辛丑，遣資政殿大學士宇文虛中、知東上閤門事王球使斡離不軍，齎李綱所留割三鎮詔書以往，仍就迎康王。太學生陳東率諸生數百人伏宣德門下上書曰：「在廷之臣，奮勇不顧，以身任天下之重者，李綱是也。所謂社稷之臣也。其庸謬不才，忌嫉賢能，動爲身謀，不恤國計者，李邦彦、白時中、張邦昌、趙野、王孝迪、蔡懋、李棁之徒是也。所謂社稷之賊也。」又曰：「綱起自庶官，獨任大事。

邦彦等嫉如仇讎，恐其成功，因綱用兵小不利，遂得乘間投隙，歸罪於綱。然一勝一負，兵家常勢，小勝固未足爲喜，小挫亦豈足爲辱。況示怯示弱[二]，奇謀秘計，豈可遽以此傾動任事之臣。」又曰：「竊聞邦彦、時中盡勸陛下他幸，見事有急，各除親黨外任，遣家屬隨之遠去，豈身爲大臣，不能以一家死社稷之難。其意止欲倉卒之際，各保妻孥耳。諸大臣一鼓而倡之，百官有司群起而和之，遂令京城之人鬨然騷動，弗安其居。若非綱爲陛下建言，則乘輿播越在外，宗廟社稷已爲丘墟，生靈已遭魚肉。陛下將有棄宗廟社稷之名。賴聰明不惑，特從綱請，中外聞之，雖愚夫愚婦莫不舉手加額，仰歎聖德之盛。綱之力豈曰小補之哉。是宜邦彦等譖謗忌嫉無所不至。」又曰：「若以綱用兵小挫，遂當廢罷，則童貫創開邊隙，以貽今日之禍，近又引兵數十萬以事雲中之役，幾於匹馬隻輪無還，朝廷曾不議貫之罪，何綱小挫而加罪乎。一進一退，在綱爲甚輕，在朝廷爲甚重。今日宗社安危在此一舉，幸陛下即反前命，復綱舊職，以安中外之心。付种師道以閫外之事。」於是軍民數萬人擁伏闕下，相謂曰：「非見李右丞、种宣撫復用，毋得歸。」會百官退朝，衆指李邦彦數其罪，欲毆之。邦彦疾驅以免。百姓乃擊登聞鼓，山呼震地。開封尹王時雍至，謂諸生曰：「脅天子可乎？胡不退。」諸生應之曰：「以忠義脅天子，不愈於以姦佞脅之乎？」復欲毆之，時雍逃去。殿帥王宗濋奏於上曰：「事已爾，亡可奈何，當黽勉從之，不然且生變。」於是遣簽書樞密院事耿南仲言於衆曰：「已得旨宣李綱矣。」內侍朱拱之先得旨宣諭未到，而後發之使先至，衆取拱之臠而磔之，號於衆曰：「此逆賊也。」即矯詔曰：「殺內臣者無罪。」綱惶懼入對，泣拜請死。上即復李綱尚書右丞，充京城四壁守禦使，而罷蔡懋。綱固辭，上不許，命復節制勤王師，种師道亦歸其廨。士庶知二人復用，遂散。時師道實不罷，蓋外議流傳之妄云。范仲淹追封魏國公，司馬光贈太師，張商英贈太保，除黨籍學術禁。王孝迪罷，以徐處仁爲中書侍郎。壬寅，以沈晦假給事中，從皇弟肅王使斡離不軍。先是，康王在虜營幾月，斡離不憚之，不肯留，更請肅王代之。己巳，康王自金營還。丙午，虜退。圍京城凡三十三日，既得三鎮詔書及肅王至，不俟金幣數足，遣使告辭而去。己酉，李綱言：「澶淵之役，雖與遼人盟約，及其退也，猶遣重兵護送之，蓋恐其無所忌憚、肆行虜掠故也。金人之去三日矣，盍遣大兵用澶淵故事護送之。」上可其請，於是分遣將士數道並進，且戒諸將度便利可擊即擊之。李邦彥奏立大旗於河東、北：「有擅出兵者，依軍法。」李綱奏備邊禦敵八事。詔：「自今並遵祖宗舊制，選用大臣，裁抑內侍，不崇飾恩倖，不聽用奸人，不輕爵祿，不濫賜予，不奪爾居以營燕游之地，不竭爾力以廣浮用之費。凡蠹國害民之事，一切寢罷。」詔河北堅守，仍出奇掩擊。時斡離不師還，抵中山、河間兩鎮，兵民固守不肯下，即以矢石及之而退〔一二〕。沿邊諸郡亦然。李邦彦罷，以張邦昌爲太宰，吴敏爲少宰，李綱知樞密院事，耿南仲左丞，李梲右丞。蔡京責授祕書監分司南京，尋移德安府，衡州安置。正言崔鶠上言：「賊臣蔡京以奸邪之術，誑耀人主，收天下之士以爲腹心，遂致賊盜蜂起，夷狄亂華。陛下安得而赦之。」遂竄京儋州，尋又竄京子孫三十三人，遇赦不許量移。京行至潭州而死。京患失之心無所不至，根株結盤，牢不可脱，卒以召釁誤國，爲宗社奇禍，雖以譴死，而海内以不及正刑誅爲恨。蔡攸從道君南下，或云將遂復辟於鎮江，尋責永州安置，徙潯、雷二州，又移萬安，上復命即所在斬之。蔡翛亦以復辟之謗被誅。童貫初貶池州居住，移郴州，尋下詔數其十罪，追斬於南雄州。貫惡稔釁盈，卒以起戎胎禍流毒四海，雖醢其軀不足以謝天下云。楊時兼國子祭酒。虜陷隆德府。先是，太原堅守，粘罕攻之不克〔一三〕，遂分兵而南。既逾南北關，仰而歎曰：「關險如此而使我過之，南朝可謂無人矣。」遂至隆德，城中素無備，二日而陷，守臣張確死之。自李綱建議，盡遣城下兵追斡離不之師，及邢、邵間〔一四〕，相去二十餘里，金人懼，其行甚速。至是，澤州奏粘罕兵次高平，執政懼，密啓於上前，以御前金字牌追兵還甚速。綱力争於上前，得旨復遣，而諸將還已數程矣。再進，猶及金人於滹沱河，然將士知朝論二三，悉解體，不復邀擊，第遥護之而已。當時行移文字出於密院者則令破賊，出於三省者則令護出境，諸將莫知適從。

三月，張邦昌罷，以徐處仁爲太宰，唐恪中書侍郎。靖康之初，首爲宰相而因循失措者，吴敏與處仁也。奸巧自營而廢國隄防者，恪與聶昌也。詔：「金人要盟，終不可保。今粘罕深入，南陷隆德，先敗元約。朕夙夜追咎已黜元主和議之臣，又詔种師道等往助三鎮，播告中外，使知朕意。」命李綱迎上皇於南京。

夏四月，上皇至京師，復春秋學官，追復吕公著等官。

五月，罷王安石配享孔子。從楊時之請也。徽猷閣待制譚世勣又言，亦不當以安石從祀。不報。

六月丙辰，太白、熒惑、歲、鎮四星聚張。壬戌，彗出紫微垣。

秋七月，除元符上書邪等禁。彗出東北，長數丈，北拂帝座，掃文昌。徐處仁、吴敏罷，以唐恪爲少宰，何㮚中書侍郎，陳過庭尚書右丞。許翰罷同知，以聶昌代之，李回簽書樞密院事。

九月，金人陷太原。始粘罕久攻太原不下，乃於城外築城居之，分兵防守，使内外不通。已而歸雲中，留銀朱大王攻城。至是，粘罕復至，乘勝急攻。丙寅，城陷。金人盡殺勝捷軍，帥臣張孝純被擒，副總管王禀負原廟太宗御容赴汾水而死，轉運韓總、提舉單孝忠三十六餘人皆被害。太原自去年十二月乙卯受圍，凡二百六十日，城中軍民餓死十八九，固守不下，至是始破。初，粘罕、兀室〔一五〕、余睹自太原〔一六〕，斡離不、撻懶〔一七〕、闍目自燕山〔一八〕，會於山後草地避暑，且議事及秋乃還，議者謂粘罕、兀室、余睹三大帥棄太原北去，往返千有餘里，而我援兵雲集，不能解太原之圍，失計甚矣。

冬十月，竄李綱。言者謂綱專主戰議，喪師費財，又指言十罪，於是落職宫觀，責授節副，建昌軍安置。以綱上疏辨論，謂退有後言，以惑衆聽，再謫寧江。丁酉，斡離不陷真定府，帥臣李邈措置乖謬，本路兵馬都鈐轄劉竤率衆盡夜搏戰城上，虜人初攻北壁，竤力拒之，至是僞移攻東城，邈復趣竤往應。力攻兩日，一夕潛移攻具還北城，城中不知也。黎明虜人忽鼓衆憑堞而上，城陷，李邈不能死，爲虜所擒，竤猶率衆巷戰，顧其弟曰：「我大將也，其可受賊戮乎。」因策馬挺刃潰圍欲出，而諸門皆爲金人所守，遂之孫氏園山亭中，解絛絶脰而死。邈被執至燕山，亦不屈死之。戊戌，斡離不、粘罕以書來，責問契丹梁王及余睹蠟書並割三鎮，差楊天吉、王汭爲問罪使〔一九〕，請速令皇叔越王、皇弟鄆王並太少宰一員同詣行府，賫書陳謝過咎。命王時雍、曹曚館之。時雍議盡以三鎮所入絹增歲幣，並祖宗内府所藏珍玩悉歸二帥，且以河東宿師暴露日久，欲厚犒之。天吉、汭頗領其説，先取犒師絹十萬匹以行。

先是，斡離不軍既還，粘罕尚留隆德，遣簽書路允迪等以和議之書上之粘罕。聞斡離不獲金帛不貲，而己無所得，於是遣使數輩求賂。時勤王之師踵至，大臣有輕敵意，猥曰：吾兵盛如此，當與虜抗。且彼既領肅王過河，吾盍留其使與之相當。於是館其使踰月不遣。有都營趙倫者，燕人，狡獪懼不得歸，乃訐詐以情告館伴邢倞曰：「金國有余睹者，領契丹精鋭甚衆，貳於金人，願歸大國，可結之以圖二酋。」〔二〇〕倞遂以聞。大臣信之，即以詔書授倞，賜余睹納衣巾中，仍賜倫等絹各千匹、白金千兩。倫至粘罕所，首以其書獻之，粘罕大怒，以倫書表聞其主。其主報云：「深入攻討，委元帥從長措置。」粘罕遂復提兵南下。又麟府折可求來獻言：「夏國之北，有大遼天祚梁王與林牙蕭太師，出牓稱金人不道，與南朝奸臣結約，毁我宗廟。今聞南朝天子遜位，嗣君明聖，如能合擊金人，立我宗社，則當修好如初。」吴敏以爲然，乃奏上，令致書梁王，由河東入麟州，爲粘罕遊兵所得。故虜以爲辭云。

粘罕陷汾州。知州張克戩堅守以待敵，俄聞朝廷分河東爲兩路，隆德爲東路，平陽爲西路，各命守臣，救汾兵未至而城陷。克戩朝服南向，焚香拜舞，乃自引決。其家死於難者凡八人。紹興中，贈忠愍。下哀痛詔，命兩河互相救援。雨木冰。壬子，詔太常禮官集議金主尊號。命康王使斡離不軍。先是，王雲奉使軍前，回稱金人索謝和議禮物，須康王親到，議乃可成，故有是命。粘罕陷平陽府。初，金人犯汾州，議者謂汾州之南有回牛嶺，險峻如壁，可以控扼，於是命將以守。朝廷又遣劉琬統衆屯平陽，以扞北邊。

然國用乏竭，倉廩不足，士之守回牛嶺者，日給豌豆二升，或陳麥而已。士笑曰：「軍食如此，而使我戰乎！」金人領精銳師寇回牛嶺，於山下仰望官軍，曰：「彼若以矢石自上而下，吾曹病矣。」徘徊未敢進前。俄而官軍潰散，遂越嶺至平陽。琬領兵遁去，城遂陷，凡官吏皆縋城而出。已而威勝、隆德、澤州皆陷。追王安石所贈王爵。辛酉，种師道薨，上臨其喪，哭之甚哀，後謚忠憲。

十一月甲子，康王入辭，上賜以玉帶，撫慰甚厚。王出城北，權留定林院，候冠服禮物成而行。戊辰，雲至自軍前，言事勢中變，欲得三關而止。不然進取汴都。中外大駭。康王復入門。己巳，集百官議三鎮於延和殿，各給筆札，文武分列廊廡，凡百餘人，惟梅執禮、孫傅〔二〕、呂好問、洪芻、秦檜、陳國材等三十六人言不可與，當范宗尹以下七十人皆欲與之。會李若水歸自粘罕所，慟哭於庭，必欲從其請。先是，金人遣王雲，約以十五日以前告割地書到，不然以十五日渡河矣。何㮚謂唐恪曰：「三鎮之地，割之則傷河外之情，不割則太原、真定已失矣，不若任之，但飭守備以待。」恪唯唯。梅執禮建議清野，尋召孫傅及執禮入對，議遂定。癸酉晚，金人至河外，宣撫副使折彥質領兵十二萬與之對壘。有妻宿大王者曰〔三〕：「南兵雖多，不足畏之，與之戰則勝負未可知，不若加以虛聲，盡取戰鼓擊之，達旦以觀其變。」衆以爲然。黎明，王師悉潰，遂長驅而南。

乙亥，命康王再使斡離不，許割三鎮，並奉衮冕輦輅以行，仍尊金國主爲皇叔，上尊號十八字。丙子，王及之同金國通和使王汭來，云軍已至西京，不復請三鎮，直以畫河爲言。陛對，殊不遜，有「奸臣輔闇主」之語，上下洶懼，即許之，且以兩府二人行。唐恪既書敕，何㮚大駭曰：「不奉三鎮之詔，而從畫河之命，何也？」㮚不肯書，因請罷。遂斷諸路門橋，諸軍城守。至晚，詔金人已渡河，百官疾速上城。虜兵由汜水關渡河〔二三〕，京西提刑許高、河北提刑許亢各統兵防洛口，望風而潰。京師聞之，閉門清野。丁丑，王雲、耿延禧、高世則等從康王出城。雲白王曰：「京城樓櫓天下所無，然真定城高幾一倍，金人使雲等坐觀，不移時破之。此雖樓櫓如畫，亦不足恃也。」王不答。庚辰，康王至相州。壬午，康王次磁州。州人殺副使王雲。先是，雲奉使歸過磁、相，言虜人聲勢非前日比，勸二郡爲清野計。二郡從之，撤近城民居，令運積穀入城。磁人以是怨雲。王至，懇謁嘉應侯廟，百姓遮馬諫曰：「不可北去。肅王已爲人誤。初言二太子重信義，肅王至河必還，大臣亦保無他。今果如何？」雲乘馬在後，語百姓曰：「大王謁廟即歸，非去也。」或曰：「已有萬人守北闕〔二四〕，雖欲行不可。」耿延禧、高世則諭雲勿與辯，雲曰：「人言何足恤。」徐進至廟，民心益忿，至厲聲指雲曰：「清野之人，真奸細也。」祠神畢，雲出遂被害。及王出廟門，父老百姓前擁言曰：「大王不可北去。今離北門五六十里即有蕃兵。王尚書是細作，適已打疊了。」王遣人諭以不復北行，衆乃引退。初過河之明日，巡警任永爲虜騎所掩，問王所在，永不答，後得脱，因請王回相州。會汪伯彦亦以蠟書來，言虜遣五百餘騎沿路訪問，欲邀襲王。王即回，具奏：「河北民心不寧，磁人殺王雲不令北去，且聞虜已南渡，故復回相以俟聖裁。」王令韓公裔訪得他道，潛師夜起，遲明至相，磁人無一知者。何㮚罷，以陳過庭爲中書侍郎，孫傅尚書右丞〔三五〕。遣耿南仲使斡離不軍，聶昌使粘罕軍，許以大河爲界，且告和。甲申，初下詔清野，内外驚擾，軍民乘時掠財貨、焚屋宇，有城東巡檢龍清等捕殺三百餘人，稍定。未幾，罷清野指揮，民間鼓舞。而鐵騎已逼城下矣。乙酉，斡離不犯京師。初，种師道聞真定、太原皆陷，檄召南道總管司勤王兵及陝西制置司團結兵。時總管張叔夜、制置使錢蓋得檄，各統兵赴闕，會師道卒，唐恪、耿南仲專務議和，語聶昌曰：「今百姓困匱，養數十萬兵於京城下，何以給之。兼既已議和，使金人知朝廷集兵闕下，寧不激怒。乃止兩道兵令毋得妄動，如已起發，卻於元來處分屯。」兩軍遂散。陝西軍往秦、鳳、熙、河，南道軍往金、房、安、復州。及寇傅城，四方兵無一人至者，城中惟衛士上四軍、中軍效勇及東西路弓手七萬人，分四壁守禦。大風拔木。張叔夜帥師入衛。初，上以手札趣叔夜提兵入衛。叔夜即自將中軍，二子伯奮、伯熊將前後軍凡三萬人至尉氏，遇賊遊騎，轉鬬。己丑，至京城，屯於玉津園。至是勤王之師無一來者。東道總管胡直孺爲虜生得，以示城上，都人益恐。尋擢叔夜簽書樞密，以其兵入城，同孫傅措置四壁。

閏月，唐恪罷，以何㮚爲右僕射。甲午，金人陷懷州，守臣霍安國、通判林淵、鈐轄張彭年、都監趙士詝張謀張潛、統制沈敦張行中及部隊將五百人皆死之。初，城既陷，粘罕問不肯降者爲誰。安國曰：「安國是宋朝守臣，率衆不降。」又問淵等，同對云：「某等與知州一體，皆不肯降。」於是引令東北望金國拜降，皆不屈。粘罕令解衣反縛之，遂害十三人而釋其餘。安國一門幾無噍類。丙申，陷拱州。粘罕犯京師，屯青城。戊戌，殿前副都指揮使王宗楚率牙兵千餘下城與虜戰，統制官高師旦死之。庚子，金人遣蕭慶等來貸粮，且議和。癸卯，張叔夜聞南壁飛石擊樓櫓，與范瓊分麾下兵襲虜營，欲燔砲架，遥見鐵騎，王師不克陣而奔，相蹈藉及溺隍死者以千數。聶昌至絳州，諭令割地，絳人不奉詔，爲鈐轄趙子清所殺，刳其目，碎切之。昌附南仲至顯位，每佐佑其説以誤國論，卒至禍變，天下以此罪之。丙午，遣簽書樞密院事曹輔、尚書左丞馮澥、宗室士諲詣金營請和，乞罷攻城。斡離不復遣使來曰：「南朝約和失信。今欲盡得河東、河北之地，然後罷兵。可先割兩路地，次遣不割地大臣過營，再講和好。」虜以洞子屋負土填壕。戊申，命康王構爲天下兵馬大元帥。初，虜攻城日急，殿中侍御史胡唐老言：「聞康邸奉使至磁、相間，爲士民所遏不得進，此天意也。乞就拜大元帥，俾率天下兵入援。」宰臣視奏，猶以大字爲難。唐老力争曰：「今社稷危矣，仰其拯國，顧惜一大字，非計也。」於是募武學生秦仔及張九成、馮朝英、甄邦傑四人齎詔皆假閤門祗候，惟仔先至，出宸翰云：「檄書到日，康王充兵馬大元帥。陳遘充兵馬元帥，宗澤汪伯彦副元帥，速領兵入衛王室，應辟官行事並從便宜。」王捧詔嗚咽，望闕拜恩，軍民感動。壬子，復遣曹輔、馮澥及仲温、士訸使虜營。癸丑，仲温、士訸回，云：「金人須親王並何㮚至軍前。」甲寅，大風自北起，俄雪下，鋪地數尺，連日夜不暫止。虜於通津門及宣化門東立天橋數座，下瞰城中，砲傷王燮足流血。范瓊發兵千人，自宣化門出戰，氣甚鋭，迫逐虜衆，虜棄而北。士卒貪功渡河，未及北岸十餘步間，冰陷裂，卒驚亂，虜衆臨岸，效死迎敵，没者五百餘人，自是士氣益挫折。乙卯，大雨雪。彗竟天。丙辰，金人由宣化門擁兵登城，守禦人棄甲争走，通津門之南亦破，虜兵下城縱火，殺旁居人殆盡。虜酋傳令殺人者族〔二六〕，遂止。京城自十一月二十五日被圍，是日午時陷。上聞城陷，慟哭曰：「朕不用种師道言，以至於此。」初，虜騎之去也，師道嘗勸上半渡擊之，不從，曰：「異日必爲後患。」至是果然。初，虜用雲梯薄城，我以撞竿衝仆之，殺虜兵三千人，虜即收瘞。及再攻城，殺我軍三百五十餘人，經宿猶伏尸城上，破腦貫胸，横卧血中，士卒見之心懼欲潰。又王宗濋嘗許策應軍士告身、金椀，卒不與，軍士皆怒，出怨言，再召策應不肯就募。京城闊遠，斥候音問不相接，妄傳語言相鼓唱，將帥莫有以身先士卒而禁制之。故兩日之間，四壁卒皆下。丁巳，先是，李若水出使留軍中久之，及城陷，二酋令若水歸報〔二七〕，趣何㮚來議事。若水入城見上曰：「二酋止欲得兩河地，別無他事。」乃遣㮚及濟王栩爲請命使。午後，㮚、栩回，同金人四人來議和。御史中丞秦檜、右司員外郎司馬朴相繼納款軍前。戊午，上御宣德門赦守禦官吏軍民之罪，傳宣撫諭：「兩國已有和議，各令歸業。」何㮚、鄆王楷詣軍前請和。金人謂㮚、楷曰：「自古有南即有北，不可相無也。金人所期在割地而已。」又欲邀上皇出郊。㮚回，道金人意。上曰：「上皇驚憂已病，不可出。必欲堅要，朕當親往。」己未，何㮚再往軍前。詔曰：「大金堅欲上皇出郊，朕以宗廟生靈之故，義當親往。咨爾衆庶，無致驚疑。」辛酉，車駕詣青城。尚書右僕射何㮚、中書侍郎陳過庭、同知樞密院事孫傅等從二酋相見。上與語，惟粘罕應答琅然，斡離不唯唯而已。

十二月壬戌，車駕留青城。是日，康王開兵馬大元帥府於相州。粘罕遣蕭慶入城居尚書省，朝廷動靜並先關白。晚有榜云：「奉聖旨，和議已定，止是往來禮數未畢。切慮軍民等疑慮。今曉諭更令知悉。」癸亥，車駕自青城回，父老夾道山呼拜於路側。

甲子，上御祥曦殿，百官始造朝，車駕詣延福宫朝太上皇帝。金人索金一千萬鋌、銀二千萬鋌、縑帛如銀之數，欲以犒軍。朝廷令群臣獻金帛，諸王、内侍、帝姬亦如之。又置局買金銀。金價至五十千，銀至三千五百。命王時雍兼領開封府尹，與徐秉哲分東西廂括金帛。御史監視納數。虜索京城騾馬。詔除見任職事官留馬一匹外，並限三日赴開封府納，隱留者全家行軍法，賞錢三千貫。於是自御馬而下得七千餘匹，悉歸之。甲戌，金人乞割河中府、解州。許之。乙亥，康王至大名府。時虜騎充斥，攝大名尹張慤請王移行府〔二八〕，以河冰方堅，自相至大名，雖涉河而地里不遠，密邇王室，發勤王之兵爲便。先是，虜酋遣使者致書〔二九〕，且傳二酋意云〔三〇〕：「康王已據河北，恐諸郡不肯交地，請遣使迎之。」乃命曹輔由京東往。先是，輔回，稱不知康王所在。庚寅，康王如東平府。尚書省火。雨雹。

丁未靖康二年春正月辛卯朔，車駕詣延福宫，朝太上皇帝，命濟王栩、景王杞出賀二酋。粘罕亦遣真珠大王同使臣八人入賀。壬辰，金人迎康王甚急。學士院具詔，虜再三易之，遣中書舍人張徵行。以曹輔不見王而還故也。癸巳，康王次東平府。庚子，車駕復幸青城。時虜索金銀益急，欲縱兵入城，上以問蕭慶，慶答云：「須陛下親見元帥乃可。」何㮚、李若水亦欲上親行。上將從之。會粘罕致書，以諸國畢集，加其王徽號，請再幸虜營。金使有高尚書者，奏云：「陛下不必親出，但遣親王大臣以行可也。」上欲無往，恐虜縱兵殘民，乃以同知樞密院孫傅兼太子少傅，吏部侍郎謝克家兼賓客，輔皇太子監國。傅仍爲留守，户部尚書梅執禮副之。遂出城，㮚以下皆從。至晚，遣王孝竭歸傳旨，議事未畢，來日入城。詔令王若沖、邵成章衛皇太子赴宣德門。自是並稱制行事。遣閤門宣贊舍人符彬持詔至北道總管司，詔曰：「朕即位以來，交戰不已，京師再圍，略無外援。比者虜已登城，按兵議和，凡所請求，靡有不從，終未肯斂兵而去。咨爾河北之民，各宜奮發忠孝，更相結集，自保土疆，使予中國，不失於蕃夷。天下安平，與汝等分土共享之。朕言及此，痛若碎首。」辛丑，車駕在青城，留儀衛三百，命侍衛親軍馬軍副都指揮使郭仲荀統之〔三一〕，減七百餘人，遣入城。除親王、宰相、執政、學士院、禮部、太常寺官外，餘並令先歸。於是鄆王楷而下九人、宰相何㮚、執政馮澥曹輔、翰林學士承旨吴开〔三二〕、吏部尚書莫儔、中書舍人孫覿、尚書禮部侍郎譚世勣、太常少卿汪藻皆分居青城齋宫。初，上幸虜營，約五日必還，至是，民以爲金銀未足，各竭其家所有獻之。有福田院貧民亦納金二兩、銀七兩。而虜來索不已。於是增侍從郎官二十四員再根括，又分遣搜掘戚里、宗室、内侍、僧道、伎術、倡優之家。丙午，太學生徐揆詣南薰門，以書白守門者，乞達二酋，請車駕還闕。二酋取揆赴軍中詰難，揆厲聲抗論，爲所殺。是日，通奉大夫劉韐死於虜營。韐守真定有威名，虜人知之，欲用爲尚書僕射，許以家屬行。韐不可，手書片紙，遣人遺其子曰：「忠臣不事二君。此予所以必死也。」乃以衣絛自經於城南壽聖院。己酉，開封府言：根括得金十三萬八千兩，銀六百萬兩，衣段一百萬匹。詔令權住納。庚戌，大風霾。上遣中使還城中，以陰雨，打毬之會未成，尚須少留。自上再幸青城，都人日日迎駕，自內前抵南薰門不可勝數，至有然火於臂，或自燒其指，或望門而拜者。風寒雨雪不減。是日，大雪終日，泥淖没膝，人不聊生。於是就相國寺、定力院、保勝院、興國寺置四場糶米，人三升，錢六十二文。都人又各率錢啓祝聖回鑾祈晴道場，晝夜不絶。遣鴻臚卿康執權、秘書省校書郎劉才卲、國子博士熊彥詩等，押監書及道釋經板並館閣圖籍納虜營。

二月辛酉朔，車駕在青城。乙丑，都人傳聞軍前已擊毬，駕即日回，相率迎候者數萬人。至晚云，來日入城。時括金帛已申了絶，會軍前取過教坊人孟子著、周禮義，內侍藍折〔三〕，醫官周道隆等稱各有窖藏金銀，乞差人搜取。二酋大怒，遣金牙郎君來責云：「少尹稱已盡數發絶，何由尚有藏匿。」遂遣人荷鋤入城，掘取內侍鄧珪及教坊諸工所窖。於是開封府復根括，立賞限陳首，京城大恐。丙寅，虜塹南薰門路，自上出郊，日遣王孝竭入京撫諭，都人亦日候駕，雖風雪不憚。是日，孝竭不至，人心大恐。頃之，傳監國皇太子令旨：「以皇帝出郊多日未回，太上皇來日往軍前，乞駕早還。」已而吴幵、莫儔自虜營持文書至，令依戎主詔推薦異姓堪爲人主者，從軍前備禮册命。仍邀太上皇帝出城。孫傅等讀詔號絶，即以狀懇請。不報。次日，復申前請，乞立趙氏。虜以非其主本意，卻之。丁卯，太上皇帝、太上皇后同詣青城，鄆王以下三十餘人，諸王妃、公主、都尉等皆從。至午，燕王、越王，民擁留之，開封尹輔斬爲首者一人乃止。初，太上皇遲疑未行，金令范瓊邀請。已而徐秉哲以兵衛出南薰門。先是，金取内侍四十五人，各問所掌畢，遣其半還，但索曾管宫閣被任用者，留守司不悟其計，謂欲效禁中所爲，及來邀上皇並取諸王，孫傅欲匿不遣，並示以鄧述與管宫閣者所供名字乃盡發焉。述亦内侍，爲真定府走馬承受，真定陷，金人置之軍中用事云。辛未，皇后、皇太子同詣青城。百官軍民奔隨號泣，太學諸生擁拜車前，哭聲震天。自太上皇出郊，孫傅乞留皇后、皇太子以主國事。至是幵、儔來督脅不已，傅言於衆曰：「上蒙塵託孤於傅，豈可自脱。分付與人，請從皇太子往，死生同之。」遂以留守事付王時雍，隨至南薰門。范瓊以死扞拒，不令出，傅留宿門下。初，太子將出，人情洶洶，瓊慮變生，以危言讋衛士，然後益兵擁衛以出。於是召百官會議，相視久之，計無所出。衆曰：「今日當勉强應命，舉在軍前者一人。」時都城先鬨傳：金人已定立張邦昌爲大楚皇帝，都金陵，抑令城中官員、父老、僧道簽狀推舉，若不從，便屠城。尚書左司員外郎宋齊愈適自外至，或問以虜意所主，齊愈寫張邦昌三字示之。既與所傳符合，議遂定。議狀云云。是日，不書議狀者惟孫傅、張叔夜。壬申，取傅及叔夜往軍中。癸酉，吏部尚書王時雍、户部尚書梅執禮行留守事，百官赴秘書省，士庶僧道赴朵樓，軍民赴大晟府，集議推戴事。時孫傅、張叔夜已出，獨時雍主其事，恐百官不肯書，乃先自書以率之，百官亦隨以書，吴幵、莫儔持往虜營。御史中丞秦檜不書，獨具單狀云。虜人於宗正寺取玉牒簿，指名要南班宗室，自二王宫以近屬官序高者先取。甲戌，幵、儔齎虜牒，據文武官申，乞立張相治國事。己申，本國册立爲皇帝訖，令取册寶及一行册命禮數。乙亥，金人取秦檜並太學生三十人、博士正録十員。何㮚已下隨上在軍前人，並取家屬。戊寅，虜遣元隨肅王張邦昌、路允迪、三節官吏等歸。辛巳，尚書禮部侍郎李若水爲虜所殺。若水知虜不可以義動，因歷數其失信五事，肆駡不已。粘罕大怒，即圜丘下敲殺之，時年三十五。若水將死，奮駡愈切。虜相謂曰：「大遼之破，死義者十數。今南朝惟李侍郎者一人。」初，若水之出使也，修武郎王履副之。使還，遷觀察使〔三四〕，抗虜不回，卒以俱死，履臨被害，略無懼色，且歌詩末章云：「矯首問天兮天卒無言，忠臣效死兮死亦何愆。」人聞而悲之。癸未，城内復以金七萬五千八百兩、銀一百十四萬五千兩、衣段四萬八十四匹納軍前。

康王次濟州。觀文殿大學士〔三五〕、中太一宮使唐恪薨。張邦昌攝位，朝士無貴賤多拱手臣之，獨恪先事而死，識者推其節。乙酉，虜以金銀不足遣人來取，提舉官以下八人受約束，户部尚書梅執禮、尚書禮部郎陳知質、尚書刑部侍郎程振、給事中安扶同見虜，責以金銀不足，曰：「胡不賦之於民。」四人同辯對曰：「今天子蒙塵，臣民皆願前死，雖肝腦不計也。於金繒何有哉。顧誠亡以塞責。」虜大怒，問官長安在，欲加以罪，而置其餘。振恐執禮坐之，遽前曰皆長官也。虜不勝其忿，先取其副，侍御史胡舜陟、殿中侍御史胡唐老、監察御史姚舜明王俟各杖之百，幾死，殺執禮等四人，梟其首。乃下令曰：「根括官已正典刑。金銀或尚未足，當縱兵自索。」延寧宮火。元祐皇后因廢，出居相國寺前之私第。初，上與李若水大更張弊政，乃尊后爲元祐皇太后，已草詔書，未及行也。時六宮有位號者皆從二帝，惟后以廢得存。戊子，夜，白氣貫斗。

三月辛卯朔，車駕在青城。金人令御史臺報百官，詣南薰門外迎邦昌，用申時入城。邦昌與百官交拜於道，以鐵騎裹送，及門而返。以付范瓊，即入憩，幕次與從官語移時，入居尚書令廳募〔三六〕。吴革謀起兵，范瓊誘殺之。初，革既募兵，後遷居同文館，附者至數萬人，又引太學生吴銖、朱夢説、徐仁等數十人與參謀議。革率衛士殺妻子以圖迎二帝，欲奉九廟神主以從軍，先誅范瓊等數十人，乃命兵突出十八門，期用三月八日舉事。與謀者惟兵部尚書吕好問、監察御史馬伸張所、奉議郎致仕吴給等數人。革將起兵，其參謀吴銖等曰：「事急矣，緩則且泄，有不測之禍。」是夜，班直班廣等數百人排闥曰〔三七〕：「邦昌以翊日受策，請舉事。」革以衆不可奪，被甲上馬。時已黎明，北行至咸豐門，四面皆瓊兵，瓊遂與權主管殿前司公事左言謀〔三八〕，紿革至帳下議事，遂斬之，其徒百餘人併戮河上。革至死顔色猶不少變。革爲人天資忠勇，天文、地理、人事、兵機無不通，死之日，知與不知，皆爲泣下。丁酉，金人奉册寶立邦昌，百官等會於尚書省。邦昌泣，即上馬至西府門，佯爲昏憒欲仆，立馬少蘇，復號慟，導至宣德門西闕下馬，入幕次，復慟。金人持御衣紅繖來設於次外，邦昌出次步至御街褥位，望金國拜舞，跪受册，略曰：「咨爾張邦昌，宜即皇帝位，國號大楚，都金陵。」邦昌御紅繖還次訖，金人揖上馬，出門，百官引導如儀。邦昌步入，自宣德門由大慶殿至文德殿前，進輦卻弗御，步升殿，於御牀西側别置一椅，坐受官員等賀。訖，文武合班，邦昌乃起立，遣閤門使傳云：「本爲生靈，非敢竊位。」傳令勿拜。王時雍等懇奏，復傳旨云，如不蒙聽從，即當歸避。時雍率百官遽拜邦昌，急回身面東拱手以立。大抵往來議事者开、儔也。逼逐上皇以下者，時雍、秉哲也。脅懼都人者，范瓊也，遂皆擢用。乙巳，邦昌往青城見虜酋致謝〔三九〕。既至，迎接殿下，揖而升，致賓主之禮，酒三行，面議七事：其一，乞不毁趙氏陵廟。其二，乞免取金帛。其三，乞存留樓櫓。其四，乞俟江寧府修繕畢，三年内還都。其五，乞五日班師。其六，乞以帝爲號，稱大楚帝。其七，乞借金銀犒賞。金皆許之。又請歸馮澥、曹輔、路允迪、孫覿、張澂、譚世勣、汪藻、康執權、元當可、沈晦、黄夏卿、鄧蕭、郭仲荀，太學、六局官，秘書省官等，亦從之。先是，虜須六經秀才各五人，至是亦聽回，其八人不回，皆平日士流不檢者，甘心歸之。惟何㮚、孫傅、張叔夜、秦檜、司馬朴等，或以言語，或以廢立事不遣回，令舉家北遷。丁巳，邦昌率百官詣南薰門五嶽觀内，望軍前遥辭二帝。邦昌慟哭，百官軍民皆哭，有號不能起者。道君皇帝北狩，寧德皇后及諸親王妃嬪以下皆行，斡離不軍護送，由滑州路進發。戊午，金人漸下城，令户部尚書邵博提舉修繕。是日交割外城，虜既不能下南京，乃自寧陵而上盡僞置官屬，安撫士民。至是，率驅而北。己未，虜兵下城盡絶。我兵分四壁屯守。邦昌詣虜營辭，服赭袍張紅蓋，所過起居並如常儀。從行者王時雍、徐秉哲、吴幵、莫儔。

夏四月庚申朔，大風吹石折木。車駕北狩，皇后、皇太子偕行。粘罕軍護送，由鄭州路進發。辛酉，金營始空。其行甚遽，以四方勤王兵大集故也。營中遺物甚多，令户部拘收，象牙一色至二百擔，他不急之物稱是。秘閣圖書狼籍泥土中，金帛尤多，踐之如糞壤。

呂中曰：靖康元年正月，因太學生陳東等六賊之論，竄殛王黼、朱勔、李彥等，此舉差足以快天下之憤。然虜已至城下矣。寇迫京師，始謀避狄，以李綱一言而更爲城守之策。既已堅守，又以李邦彥一言而更爲卑辭之請〔四〇〕。种師道既至，又以師道一言而爲不和之謀。師道方請堅守不戰，以老虜師。未幾，以姚平仲一言而爲急擊之計〔四一〕。平仲既敗，又以李綱爲誤國而罷之〔四二〕。諸生伏闕，又以李綱爲可用而復之。自二月金人退，至十一月復入寇，凡閱十月〔四三〕，宜上下協力，以救旦夕危亡之急。而朝堂方争立黨論，臺諫方追論前事，士大夫争法之新舊，辯黨之邪正，追復呂公著等官，罷安石配享，除元符上書邪等禁，復春秋學官，真所謂不論砲石而論安石，不講防秋而講春秋也。虜之退師，非吾德足以感之，吾力足以制之，特以二酋之勢未合，恐爲吾勤王之師所乘耳。而一退之後，吾之上下相與稱慶，迎上皇於東南，散西兵於關陝，勤王之師盡歸諸道。出於密院者則令破賊，出於三省者則令護出境。以种師道一言，詔河北出兵掩擊矣。李邦彥又奏立大旗於河東、北，不得擅出兵。三鎮不可棄，固當外爲棄之之辭，而陰爲援之之實。今也，一人言棄之便，則不復念軍民死國之忠，一人言不棄，便則下尺寸不可與人之詔。三鎮之民固守不下，無一人負朝廷，而朝廷之負其民多矣。自古未有數十萬不叛之民，而不能守其國者。使其合數十萬以爲一，誰能克之。所以不能當者，特以權輕兵寡勢孤力分，遂爲金人所困耳。朝廷坐視其困，其爲棄民棄師大矣，猶可謂之不棄三鎮乎。粘罕已據太原〔四四〕，斡離不已陷真定，兩河咽喉已塞，而朝廷猶集議存棄三關地孰便。范宗尹等七十餘人欲與之，秦檜等三十六人欲勿與。金人嘗謂吾使曰：「待汝家議論定時，我已渡河矣。」大抵上下之心，稍急則恐懼而無謀，稍緩則遲疑而又變其説，此靖康之所以敗也。以四海之大，無一人可以繫天下之望，而大臣多出蔡京父子、童貫、梁師成、王黼之門。虜既以無人狎中國，天下亦以無人輕朝廷，獨李綱以眇然一介，放逐之餘，出負天下山嶽萬鈞之重。首陳至策，而徽宗決内禪之計。繼發大論，而欽廟堅城守之心。虜退之後，數陳出師邀擊之可以必勝，與其得氣再入之不可不憂，則讒間蜂起，遠謫遐荒矣。而大臣如李邦彦、張邦昌、吴敏、徐處仁、唐恪、聶昌、耿南仲終始以割地請和爲言，皆墮虜人計中。此小人以和誤國，尤甚於夷狄之以和誤我也〔四五〕。何㮚、孫傅猶以爲地不可割，謂金人之志不在割地，都城既陷，乃反傾意講和。夫不信於造謀之始，而反信於城陷之後，幸天下之望，成不治之疾，由惑於和議而戰守不固也。靖康之禍視石晉亦無以異，然契丹三入中國而三敗，契丹極力以攻之，而晉人亦極力以禦之，若非杜威之降虜，晉未亡也。契丹之取晉以百戰之力，而靖康之取燕，取兩河，再渡河，再迫京師，未嘗有一戰之勞，皆小人之夷狄終始實誤之也。其始也開釁召禍，其敗也又欲速和以免禍。靖康之賣國降虜，即靖康主和之人也。靖康主和之人，即宣和開釁之人也。誤宣和者，小人之魁，而誤靖康者，小人之積習也。惟張叔夜一人帥師入衛，其後北邊卒不入其境，不食其粟，惟吴革一人，欲出兵與之決勝，其後謀起義兵，卒爲范瓊所殺。惟劉韐與太學生徐揆二人死於虜營，惟李若水罵賊而死，他臣尚忍言哉。嗚呼。我祖宗以仁結民心，未嘗妄殺一人，以義結士大夫之心，未嘗濫誅一賢者。建隆開其源，慶曆以後浚其流，此治平丁未以前所以中外無事也。自安石行新法，而祖宗以仁結民心之意失矣。自司馬光等凡幾追貶，劉安世等凡幾竄逐，而我祖宗以義結士大夫之意失矣。章子厚則因安石之所未甚者而甚之，京、黼則反因章惇之所未甚者而甚之，此靖康小人所以被禍最慘也。然吾觀河東、河北、陝西之民死不忍忘君父，自宣和間迄於紹興，迨十年寧不肯降虜。太原孤城羸兵饑民，尚二百六十日不下。中山一郡，被圍歲餘而後墮。壽春一有虜百計死守，凡三受攻而不能拔。朝廷割城與之，而其民閉門以拒之，則吾民之不負吾祖宗之仁者多矣。士大夫受國厚恩，而反忍於降虜，忍於事異姓，忍於背君父，則士大夫負吾祖宗之義者亦多矣。爲吾祖宗之民者，猶知有君民之義，而爲吾祖宗之臣者，不知有君臣之義，甚矣，其可痛矣哉。

校證

〔一〕買馬　靖康要録卷五同，再造本、文海本、陳均皇朝編年綱目備要卷三〇均作「賈馬」。

〔二〕賊騎　「賊」，原作「敵」，據再造本、文海本回改。

〔三〕虜　此「虜」及下文二「虜」字，原均作「敵」，據再造本、文海本回改。

〔四〕何灌　再造本、文海本同，皇朝編年綱目備要卷三〇作「何瓘」，文獻中代指同一人的「何灌」、「何瓘」互出，現從宋史卷三五七何灌傳作「何灌」。

〔五〕李綱莫能出戰　再造本、文海本同，皇朝編年綱目備要卷三〇作「非李綱莫能戰」。

〔六〕虜　此「虜」及本段下文十「虜」字，原均作「敵」，據再造本、文海本回改。

〔七〕斡離不　本卷内「斡離不」出現凡二十次，原均作「斡里雅布」，據再造本、文海本回改。下不復出校。

〔八〕賊　原作「敵」，據再造本、文海本回改。

〔九〕僖祖　原作「信祖」，文海本同，宋朝無「信祖」，再造本作「僖祖」，又李綱梁谿集卷一七一靖康傳信録上：「保塞，翼、順、僖三祖陵寢所在」。同書附録李綱弟李綸撰李綱行狀所載同。可知「信祖」乃「僖祖」之訛，據校改。

〔一〇〕虜寨　此「虜」字及本月内「虜」字原均作「敵」，據再造本、文海本回改。

〔一一〕示弱　李校：靖康要録卷二作「示强」。汪按：再造本、文海本作「示弱」，陳東少陽集卷二伏闕上欽宗皇帝書亦作「示强」。明程敏政新安文獻志卷三江致乞復用李綱种師道疏（靖康元年二月與陳東同上）則作「示弱」。

〔一二〕即以矢石及之而退　上引諸書均同，令人費解，靖康要録卷五、徐夢莘三朝北盟會編卷四八、東都事略卷一百七种師中傳、梁谿集卷一七三靖康傳信録均作「肅王、張邦昌及割地使等躬至城下説諭，即以矢石及之而退」，似是。

〔一三〕粘罕　本卷内「粘罕」出現凡二十七次，原均作「尼瑪哈」，據再造本、文海本回改。下不復出校。

〔一四〕邢邵間　李校：「邵」字疑誤，或當爲「祁州」之「祁」。汪按：再造本、文海本亦作「邵」。宋史卷三五八李綱傳、皇朝編年綱目備要卷三〇均作「邢、趙間」，「邵」字似應爲「趙」字之訛。

〔一五〕兀室　原作「烏實」，據再造本、文海本回改。下文「兀室」同此。

〔一六〕余睹　原作「伊都」，據再造本、文海本回改。下文四「余睹」同此。

〔一七〕撻懶　原作「達蘭」，據再造本、文海本回改。

〔一八〕闍目　原作「棟摩」，據再造本、文海本回改。

〔一九〕王汭　原作「王芮」，再造本、文海本同，據下文及宋史卷二三欽宗紀、皇朝編年綱目備要卷三〇、靖康要録卷九、三朝北盟會編卷六三校改。

〔二〇〕酋　原作「敵」，據再造本、文海本回改。

〔二一〕孫傅　原作「孫溥」，再造本、文海本同，據宋史卷三五三孫傅傳、靖康要録卷九、三朝北盟會編卷六二、東都事略卷一〇八唐恪傳孫傅傳校改。下文「尋召孫傅」之「孫傅」同此。

〔二二〕婁宿　原作「羅索」，據再造本、文海本回改。

〔二三〕虜　此「虜」與下一「虜」字，原均作「金」，據再造本、文海本回改。

〔二四〕守北闕　再造本、文海本均同，宗澤宗忠簡集卷七遺事作「守北門」。

〔二五〕孫傅　原作「孫傳」，再造本同，據宋史卷三五三孫傅傳、靖康要録卷九、三朝北盟會編卷六

二、王稱東都事略卷一〇八孫傅傳校改。下文「孫傅措置四壁」、「孫傅猶以爲地不可割」之「孫傅」同此。

〔二六〕虜酋　原作「金帥」，據再造本、文海本回改。

〔二七〕二酋　原作「金人」，據再造本、文海本回改。下文四「二酋」同此。

〔二八〕張慤　原作「張從」，再造本同，據繫年要録卷一、宋史卷三六三張慤傳、熊克中興小紀卷一、皇朝編年綱目備要卷三〇校改。

〔二九〕虜酋　原作「金帥」，據再造本、文海本回改。

〔三〇〕二酋　原作「二帥」，據再造本、文海本回改。下文「出賀二酋」之「二酋」同此。

〔三一〕馬軍副都指揮使　原脱「軍」字，再造本、文海本同，據文義及繫年要録卷三補。

〔三二〕吴开　原作吴幵，據上下文及再造本、文海本校改。

〔三三〕藍折　再造本同，三朝北盟會編卷七八作「藍訢」，繫年要録卷三、靖康要録卷一一作「藍忻」，疑作「藍忻」是。

〔三四〕遷觀察使　「觀」原誤「勸」，據再造本、文海本、繫年要録卷二校改。

〔三五〕觀文殿大學士　「觀」原作「勸」，據再造本、文海本、宋史卷三五二唐恪傳校改。

〔三六〕尚書令廳募　繫年要録卷三作「尚書令廳」，靖康要録卷一二作「尚書省令廳」，均無「募」字。疑「募」字衍，或爲「幕」之訛。

〔三七〕班廣　再造本、文海本、皇朝編年綱目備要卷三〇同。繫年要録卷三、三朝北盟會編卷八四作「崔廣」。似以後者爲是。

〔三八〕誅　再造本、文海本、繫年要録卷三同，惟皇朝編年綱目備要卷三〇作「誘」，從下讀，似誤。

〔三九〕虜酋　原作「金帥」，據再造本、文海本回改。

〔四〇〕李邦彦　原作「李彦」，再造本同，據上下文及吕中宋大事記講義卷二三校改。

〔四一〕急擊之計　再造本、文海本同，宋大事記講義卷二三作「急擊之舉」。

〔四二〕李綱　宋大事記講義卷二三於此「李綱」及下一「李綱」後各有「种師道」三字。

〔四三〕凡閲十月　再造本、文海本同，宋大事記講義卷二三作「凡十閲月」，似更合宋人行文習慣。

〔四四〕粘罕　原作「尼雅滿」，據再造本、文海本回改，本書四庫本前文粘罕作「尼瑪哈」，此作「尼雅滿」，何以致此，待考。

〔四五〕夷狄　原作「敵人」，據再造本、文海本回改。